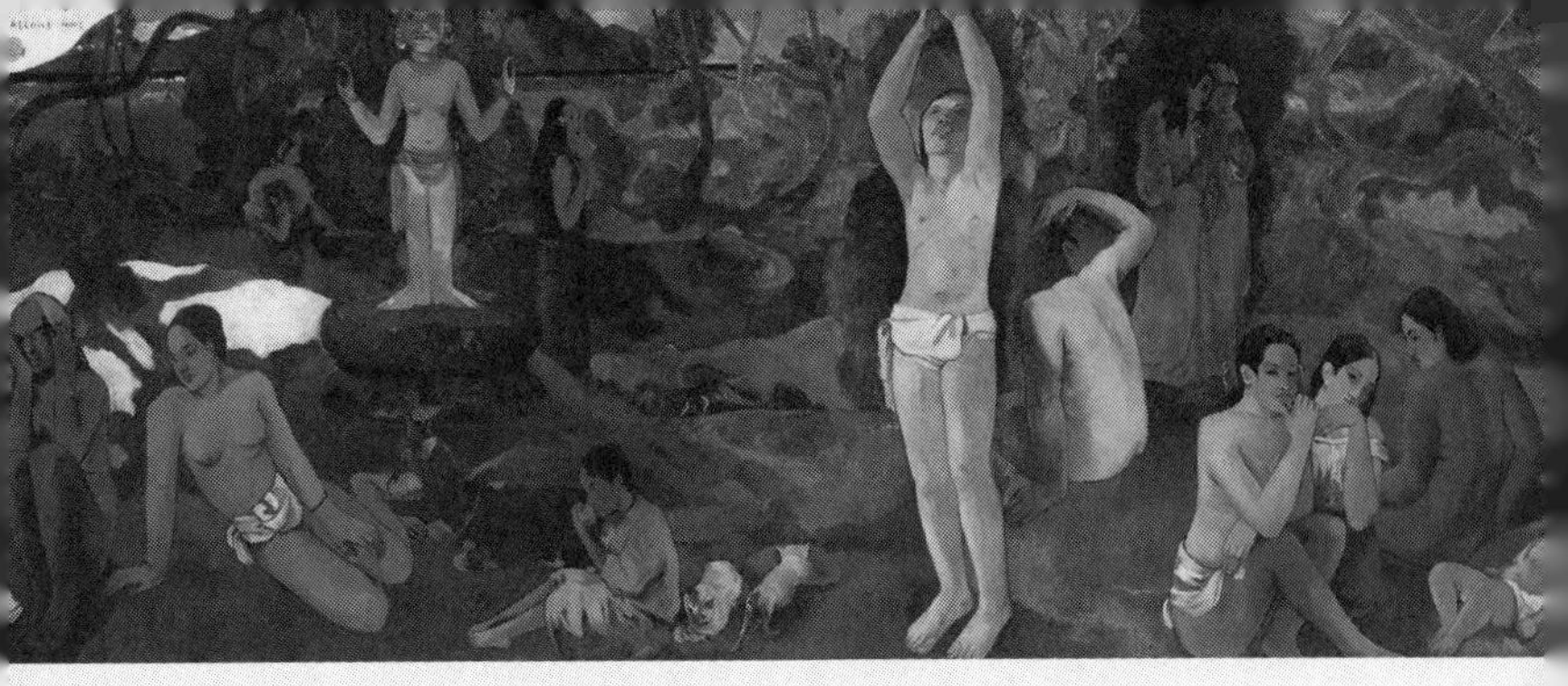

人はどこから来て、どこへ行くのか？

――《神のかたち》の人間観

河野勇一［著］

YOBEL,Inc.

装丁・ロゴスデザイン・長尾　優

はじめに

2009年に私は、すでに閉館が決まっていた名古屋ボストン美術館で、ポール・ゴーギャン作の一枚の絵画を見ました。それは、彼が晩年に移り住んだタヒチでそこに住む老若男女を描いた、幅が374・6センチもある大きな絵です。しかしその絵は、それが持つ独特なインパクトとともに、絵の左上に自筆で書かれたタイトルと思われる文字「我々はどこから来たのか　我々は何者か　我々はどこへ行くのか」で有名になったとも言えます。私自身が若い日に、この絵の写真とタイトルを通して、「人とは何者か、人生とは何なのか、人は死んだあとどうなるのか」などを意識的に考え始めたように、多くの人もこれに触発されて、いろいろな機会にその問いを自分に課しているようです。しかしこの問いは、これほどのものは他にはないと言っていいほどに、答えるのが難しい問いです。

現代、「人間論（人間学）」として多くの人が色々な方面から取り組んでいるのが、とりもなおさず、この問いであると言えましょう。しかしそれは、生物学（進化生物学）、医学、社会人類学、神経心理学、そして情報科学など、それぞれの特殊分野に分けられての人間研究がほとんどです。それに対して、哲学としての人間研究は総合的で、その本質を問うものであったと言えるでしょう。

その問いをそのまま表題としたような本書ですが、同様な表題で発刊された日本語の本もいくつかあります。私が手にしたひとつは、高間大介（NHK取材班）著『人間はどこから来たのか、どこへいくのか』（2010年、角川文庫）です。それは、NHKで2008年から2009年にかけて放映された『サイエンス　ZERO「ヒトの謎に迫る」』のプロデューサーが、その取材をもとに書き下ろしたもので、人とは何者か、人の心とは何かを、進化生物学、人類学、脳科学、ロボット工学の専門家たちの観点からまとめたものです。

もうひとつは、森達也著『私たちはどこから来て、どこへ行くのか』（2015年、筑摩書房）で、著者が、科学諸領域の第一線で活躍している科学者たちに「いのち」の根源を問いかけた対話集です。表紙の帯には「HOWではなくWHYと問うことでみえたのは、科学者たちの葛藤や煩悶の声だった。」とあるように、彼らの多くは率直に「科学は『なぜ?』について答えることができない。『人はどこから来て、どこへ行くのか』については、ほぼお手上げといっていい。」と異口同音で答えています。そう言いながらも、彼らは一人の人間としてこの問いを発することを止めることはできないので、それを一つの動機としつつ、人間や宇宙や生命を科学的に研究しているのです。

聖書が語る人間観

古来、人は「この世界はいつ、どのように始まったのか」、「世界は何からできているのか」、「人間は他の生物と違うのか。違うなら、その違いは何なのか」などと問い続けてきました。そして、人類はそれを「哲学」として、さらには「科学」として究明しようとしてきた一方、様々な「宗教」こそがそれに答えようとしてきたものだとする理解もあります。そして、キリスト教もそのうちの一つだとされます。しかし、私たちキリスト者は、キリスト教という「一つの宗教」を信じているわけではありません。キリスト教とは、まず何よりも、主なる神が自身の創造した世界、とりわけ人間を愛して語りかけ、働きかけている啓示を基盤としており、それが記されている聖書とその中心であるイエス・キリストを通して神に捕らえられた人(神の民)の、「神の啓示に対する応答＝信仰」です。そして、聖書に示され、真の神、真の人であるイエス・キリストによって開かれた、新たな世界観と人間観に沿って「この世を生きること＝生活」です。

その聖書は、この世界の始まりを、「初めに神は天と地を創造された。」(創世記1：1)と書き出しています。すなわち、世界(天地)は主なる神が創造することによって存在するようになった被造物であり、それは「極めて良かった」と語ります(1：31)。次に人については、その天地創造のクライマックスとして《神のかたち》に創造されたと言い表しています(1：27)。このように、創世記の冒頭で人の「原像」として示された《神のかたち》は、それに続く旧約聖書全体、そして新約聖書に至るまで漸次進展していく神の啓示の中で、人の本質を語っているものとして様々な角度から記され、最後には、その「完成像」までもが明らかにされていきます。

ですから、「人はどこから来て、どこへ行くのか？」を表題とする本書では、以降、「《神のかたち》としての人間観」を聖書の記述しているところに従って述べていくことになります。それは神の啓示である聖書に基づいての思考であり、いわば「神学的・信仰的人間論」（神の前での人間論）とでも言えるものです。人を単に地上の生物の範疇で考えるのではなく、神との関係を中心にして考察するものです。ですからそれは、上述の哲学的、科学的な研究などの人間論とは異なった前提から出発し、異なったアプローチによって語られるものですが、それらと対立、矛盾するものでもありません。かえってそれは、哲学や科学的人間研究に深い洞察をもたらし、大いに貢献し得るものであると考えます。なぜなら、神の啓示に基づく神学的人間論は、世界と人に関する『なぜ？』に答えて、単純でありながら最も重要かつ本質的なことがらを明らかにしていると、私たちキリスト者は考えているからです。

本書の構成と読み方

本書の構成は次のようになっています。

まず第一章では、聖書が人の本質について《神のかたち》と表現していることの由来について述べます。そして第二章では、人がその《神のかたち》として神に創造されていることの意味とその尊厳を、三つの概念によって分析します。そして、その同じ人間につきまとっている邪悪性が、どこから来たと聖書は語っているのかを取り扱うのが、第三章の罪による《神のかたち》の毀損です。以降は、そのような邪悪性を帯びた人間と世界を、それらを創造した神はどのように扱うのか、実際扱ったのかを述べていくことになります。第四章では、そのために神の御子（イエス・キリスト）が受肉して、十字架に死に三日目に復活されたこと、そしてそのことが、どうして人を罪から救い出すことになるのかについて語ります。その結果、人と世界に与えられた救いである《神のかたち》の回復についてを第五章で、そのように《神のかたち》の回復されたキリスト者のこの世での生き方と、その時の聖霊なる神の働きかけについては第六章と第七章で述べることになります。そして最後の第八章では、《神のかたち》の完成が約束されている、新たな世における神の国がどのように展望されているかを記します。

また、これらすべての展望をひとつの図表〈救いの構造＝《神のかたち》のスキーマ〉にまとめて14〜15頁に載せています。第二章から第八章に至るまでこの図表に従っていますので、読んでいる箇所はこの図表のどの部分に当たるのかを確かめつつ読んでくださるようお勧めします。

何よりも、読者の皆さんが本文を物語のように読んでいただけるよう願って、言語や表現の詳しい説明、参考文献などはできるだけ注で示すようにしました。いずれにしても、理解のために必要と思われるカタカナ表記の聖書言語や外国語については、頭に印をつけて、[ヘ]はヘブライ語、[ギ]はギリシア語、[ラ]はラテン語、[英]は英語であることがわかるようにしました。また、少し専門的になる神学的議論については、三つの〈研究ノート〉として巻末にまとめて置きました。引用聖書は断りのない限り、最新の『聖書協会共同訳』を使用していますが、『新改訳２０１７』が意味のある違いを示している場合は、できるだけ明示するようにしました。

人はどこから来て、どこへ行くのか？　——《神のかたち》の人間観

目　次

神のかたち》のスキーマ

図案：河野勇一

救い（回復された神のかたち）		
所与（開始）	課題（継続）	約束（完成）
義 和解 Iコリ 1：30) カ 15：11 ～ 32)	神の国と神の義とを探し求め続けなさい 信（堅持）Great Communion （マタイ 6：33, 25：1 ～ 13）	神との 直接的交わり （黙示 22：3, 4）
証印 フェソ 1：13)	聖霊のパースペクティヴ 霊に満たされ続けなさい （エフェソ 5：18）	
聖め 新生 Iコリ 1：30) カ 15：3 ～ 7)	隣人を自分のように愛しなさい 愛（聖化）Great Commandment （マタイ 22:39, 25:31 ～ 46）	霊の体による よみがえり （黙示 22：1, 2）
内住 ローマ 8：11)	聖霊のパースペクティヴ 霊の実を結び（なさい） （ガラテヤ 5:22 ～ 23）	
贖い 召命 Iコリ 1：30) カ 15：8 ～ 10)	自分の十字架を負って私に従いなさい 望（献身）Great Commission （マタイ 16:24, 25:14 ～ 30）	神の国の 相続 （黙示 22：5）
保証 フェソ 1：14)	聖霊のパースペクティヴ 霊の賜物を用いて仕え合いなさい （Iペトロ 4:10）	

救いの構造=

	創造された神のかたち	毀損された神のかたち	真性の神のかたち（キリスト
関係（契約）概念	神との交わり (創世記 2：16, 17)	断絶 疎外 (創世記 3：24)	神の小羊 ―代理― (コロサイ 2：13b ～ 14
実体（生命）概念	神の 霊の命 (創世記 2： 7)	腐敗 滅亡 (創世記 3：22)	第二のアダ ―代表― (コロサイ 2：11 ～ 13a)
目的（職能）概念	神からの委託 (創世記 2：15)	虚無 歪曲 (創世記 3：23)	神の僕 ―模範― (コロサイ 2：1

＊本書全体はこの図表に沿って書かれていますので、
本文を読みつつ図表で確認することができます。
つねに、この図表を念頭に置きながら読まれることをお薦めします。

第一章　人の原型である《神のかたち》

1　聖書が語る《神のかたち》とは

人とは何ものか

旧約聖書の詩編8編には、次のような言葉があります（4〜5節。ヨブ記7：17、詩編144：3も参照）。

あなたの指の業である天を
あなたが据えた月と星を仰ぎ見て、思う。
人とは何ものなのか、あなたが心に留めるとは。
人の子とは何ものなのか、あなたが顧みるとは。

ここの「人とは何ものなのか？」との問いに対して、聖書はどう答えているのでしょうか。その続きはこう語っています（6～7節）。

あなたは人間を、神に僅かに劣る者とされ
栄光と誉れの冠を授け
御手の業を治めさせ
あらゆるものをその足元に置かれた。

すなわち、人間は神より僅かに劣る（低い）者でありつつ、神から栄光と誉れの冠を授けられている者として創造されていると言うのです。また、聖書の冒頭である創世記1章の天地創造記事の最後部では、神が人を創造したときのことを次のように書いています（創世記1：26、27節。9：6も参照）。

神は言われた。「我々のかたちに、我々の姿に人を造ろう。そして、海の魚、空の鳥、家畜、地のあらゆるもの、地を這うあらゆるものを治めさせよう。」
神は人を自分のかたちに創造された。
神のかたちにこれを創造し
男と女に創造された。

人について語るとき、聖書には多くの表現や見方がありますが、それらの中でも、ここに出てくる《神のかたち》が最高、最適であると、私には思われます。なぜならそれは、聖書の冒頭に出てくる言葉であるだけでなく、単純でありながら包括的であり、これほどに、創造から終末まで一貫して用いられている表現とイメージは他にないからです。しかも、《神のかたち》は人のすばらしさ、栄光と誉れ、尊厳、人格的価値を表すとともに、それを毀損した罪人としての人がいかに悲惨であり、邪悪であるかを、見事に表現する術語となっていると考えるからです。

旧約聖書における《神のかたち》の由来

さて、創世記1章26節で、神が「我々のかたちに、我々の姿に人を造ろう。」と言ったときの「かたち」(ヘツェレム)の日本語訳に、肖像の「像」という字をあてたものが多くあるのは、この言葉が、メソポタミアの王が自分の存在と支配を示すために町や神殿に建てた「像」という言葉として使われていたものと同じものだったからです。また、それは神々の「像」すなわち偶像としても聖書に出てきます(サムエル記上6：5、列王記下11：18、アモス書5：26など)。

では、創世記1章の中で創造の冠として創造された人が、なぜ《神のかたち＝像》と呼ばれているのでしょうか。浅井 導はこう述べています。

〝われわれに似るように、われわれのかたちに、人を造ろう」という創世記のことばを、抽象的な意味ではなく、文字どおり、「われわれの姿に、われわれの像として、人を造ろう」と訳すことも、可能であることが分かってきます。つまり、神は人間を神の「像」として造られた、ということです。それは、ちょうど、王が自分の像を自分の占領地に置いて、自分の存在をそこにいる人々に示すものであったように、神は、ご自分の存在をこの地に示すものとして、人間を造られたということです。人間は、神の存在を現す「像」です。つまり、神を代表する者、見えない神を見える「かたち」として、この地にその栄光と恵みと力を現す者であるということになります。……聖書はその創世記の初めから、人間そのものが神の存在を現す者、つまり、神が宿る神殿であることをはっきりと示しているのです。〟（『神のかたちに』キリスト新聞社、１９９３年、442〜443頁。）

ですから《神のかたち》は、現代における人格性、人間性などの言葉をもじれば「神格性」とも言えるような人の尊厳と栄誉を、創造論的に語っていると言えるでしょう。次頁の図はそのような人のユニークさを示したものです。人は一方では神によって創造された「被造物」の仲間であって、決して神ではありません。しかし他方では、《神のかたち》として、他の被造物とは一線を画していると聖書は主張しているのです(1)。

新約聖書に見る《神のかたち》の反映

新約聖書においては、人が「神のかたちに、神の姿に創造された」と文字どおり語っているテキストは、コリントの信徒への手紙一11章7節の「男は神のかたち（[ギ]エイコーン。創世記1：26の「かたち」[ヘ]ツェレム）」のギリシア訳語。）であり、栄光を映す者ですから、……」とヤコブの手紙3章9節の「私たちは舌で、父なる主をほめたたえ、また、舌で、神にかたどって（神の似姿に＝新改訳2017、[ギ]ホモイオーシン。創世記1：26の「姿」[ヘ]ドゥムート」のギリシア訳語）造られた人間を呪っています。」しかありません。しかし、直接その言葉が使われていなくても、「《神のかたち》としての人間観」が反映されているのをあちこちに見ることができます。

主イエスが、律法学者から「あらゆる戒めのうちで、どれが第一でしょうか。」と尋ねられたときに引用した次の言葉も、まさに人は《神のかたち》として神の栄光と誉れを与えられていることが根拠となっていると思われます。「第一の戒めは、これである。『聞け、イスラエ

〈《神のかたち》に創造された人のユニークさ〉

神

《神のかたち》性

人

被造物性

他の被造物

ルよ。私たちの神である主は、唯一の主である。心を尽くし、魂を尽くし、思いを尽くし、力を尽くして、あなたの神である主を愛しなさい。」（マルコ12：29～30。申命記6：4～5参照）これは、「礼拝する動物」とでも表現されうる人間存在の特有性を表現しています。英語の「礼拝する・賛美する＝ワーシップ英worship」が、「worth（価値）」と「-ship（状態／性質）」との合成語であって、人は神を神として尊重し、すなわち神を愛し、その神を礼拝しつつ生きるものであることを意味しているように、です。このように聖書とイエスは、人が神によって《神のかたち》に創造されていることが、その最も基礎的、本質的なことであると、人々に銘記させようとしています。

また、マルコによる福音書12章13～17節に、こういうエピソードが記されています。

さて、人々はイエスの言葉尻を捕らえて陥れようとして、ファリサイ派やヘロデ党の人を数人イエスのところに遣わした。彼らは来て、イエスに言った。「先生、私たちは、あなたが真実な方で、誰をもはばからない方だと知っています。人に分け隔てをせず、真理に基づいて神の道を教えておられるからです。ところで、皇帝に税金を納めるのは許されているでしょうか、いないでしょうか。納めるべきでしょうか、納めてはならないのでしょうか。」イエスは彼らの偽善を見抜いて言われた。「なぜ、わたしを試そうとするのか。デナリオン銀貨を持って来て見せなさい。」彼らがそれを持って来ると、イエスは「これは、だれの肖像と銘か」と言われた。彼らが、「皇帝のものです」と言うと、イエスは言われた。「皇帝のものは皇帝に、神のものは神に返しなさい。」彼らは、イエスの答えに驚嘆した。

ファリサイ派やヘロデ党の人たちとイエスとのやりとりです。彼らのイエスに対する悪意と偽善に満ちた問いかけ、「皇帝に税金を納めるのは、許されているでしょうか、いないでしょうか。」に対して、イエスはデナリオン銀貨を見せて「これはだれの肖像（ギエイコーン＝かたち。）と銘か。」と問い返し、彼らが「皇帝のものです」と答えると、イエスは「皇帝のものは皇帝に……返しなさい。」と、暗に税金を納めることを認めました。機知に富んだイエスのその宣明は彼らの問いに対して十分なものでしたが、イエスはさらに「神のものは神に返しなさい。」と追加し、彼らの問いかけを逆手にとって彼らの根源的な問題点を突いたのでした。先のデナリオン銀貨問答から考えれば、ここでの「神のもの」とは、「神の肖像《かたち》が刻まれたもの」のことですから「人」を意味します。するとイエスの意図は、「《神のかたち》として造られている人は神のものであるから、あなた自身を神に返して神の栄光を現さねばならない。そのことのほうがはるかに重要なのに、あなたがたはそれをしていない！」と糾弾することにあったと言えます。それを聞いた人々は、イエスの言葉の意味することがよく理解できて、その問答に「驚嘆」しています。当時のユダヤ人たちは、人が《神のかたち（肖像）》に造られたものと知っていたことを、うかがい知るのではないでしょうか。

そうすると、ルカによる福音書15章のなかで、イエスが語った短い「無くした銀貨のたとえ話」(8~10節)の意図も洞察できます。

「あるいは、ドラクメ銀貨を十枚持っている女がいて、その一枚を無くしたとすれば、灯をつけ、家を掃き、見つけるまで念入りに捜さないだろうか。そして、見つけたら、女友達や近所の女たちを呼び集めて、『無くした銀貨を見つけましたから、一緒に喜んでください』と言うであろう。言っておくが、このように、一人の罪人が悔い改めるなら、神の天使たちの間に喜びがある。」

このたとえ話は、ある意味でとてもユニークです。それは、イエスが人を命のないものにたとえているのはここだけだからです。イエスが人のことを他のものにたとえるときにはいつも、命のある生物、すなわち、羊やぶどうの枝や麦、魚などを用いています。それは人が生きていて、命のあるものだからでしょう。ではイエスがここで、人をお金のような命のないものにたとえたのは何故でしょうか。それは、お金と人の類似点として、これらのものにはそれぞれ造り手の「かたち(肖像)」が刻まれており、それは、造り手によってひとつの目的をもって造られたこと、そのために価値が注入され、それが造られたものの信用保証となっていることを意味しているからだと考えられます。《神のかたち》が刻まれているがゆえに高価で尊いと神がみなしてくれている存在、そのような「人の価値」を語ろうとしたところにイエスの意図を見ることができます（イザヤ書43：4参照）。

「救い」とは《神のかたち》が回復、完成されること

ところが、人（アダムとエバ）は《神のかたち》として造られたにもかかわらず、神に背いて《神のかたち》を毀損してしまい、以来、人自身では「人とはどういうものか」わからなくなってしまいました。そういう人を、本来の人である《神のかたち》に回復し、それを完成させていく神の御子・キリストと聖霊の御業を、聖書は「救い」と呼んでいます。ですから、《神のかたち》は、その完成に向かって造り変えられていく救いの過程の「目標・完成像」としても語られます。「私たちは皆、顔の覆いを除かれて、主の栄光を鏡に映すように見つつ、栄光から栄光へと、主と同じかたち（ギエイコーン）に変えられていきます。これは主の霊の働きによるのです。」（Ⅱコリント3：18）がその代表です。他に、「新しい人は、造り主のかたち（ギエイコーン）に従ってますます新たにされ、真の知識に達するのです。」（コロサイ3：10。エフェソ4：23〜24も参照）ともあります。

このように聖書は、人とは神によって《神のかたち》に創造されたものであればこそ、人が《神のかたち》に完成されるよう、その神が働きかけ続けていると言います。ですから、《神のかたち》こそが人を言い表す神学的表現として最高のものと言えるでしょう。そして、現代の日本で「キリストによる救いの福音」を宣べ伝えていくときにも、《神のかたち》としての人間理解を語ることが、非

常に有効であると私は考えます。

2 《神のかたち》の原型は御子・キリスト

さて本書は、《神のかたち》としての人間観を語ろうとしているのですが、そもそも、「神」を見ることができず、理解できない私たちには、《神のかたち》は漠然としていてわかるはずがないと思う方は多いと思います。ところが聖書は、神が人に自分を理解させるように働き続けてきたことを告げています。それが「啓示」ということであり、人には見えず、ヴェールで包むように自らを隠している神が、自分のほうからそのヴェールを取り除いて、人に理解できるようにしてくれたことを意味しています。その究極が、イエスとしてこの世に来た神の御子・キリストです（Ⅱコリント3：4〜4：6参照）。

キリストによって神を知る

ヨハネによる福音書8章48〜59節におけるユダヤ人たち（ユダヤ教の指導者たち）との対話において、イエスは「よくよく言っておく。アブラハムが生まれる前から、『私はある。（ギ エゴー・エイミ）』」（58節）と宣言しました。ヨハネにおいて目立って用いられている、この『私はある』（ヨハネ4：26、6：

20、8：24、58、18：5～6）は英語で「I am」に当たる言葉であり、直接にはイザヤ書43章10節の七十人ギリシア語訳による表現を背景にしていると言えるでしょうが、出エジプト記3章14節の「私はいる、という者である。」との神名と関係づけられます。[2] そうすると、受肉した神の御子であるイエスは、自分が主（ヤハウェ）なる神自身であることを表明したことになります。ゆえにキリスト教会は、その神の御子・キリストなる神と、父なる神、聖霊なる神を「三位一体の神」と表現し、御子はその第二位格として永遠から永遠まで存在していると理解しています。

ところが私たちは、「キリストは神であるか？」と問うとき、神とはどのような存在であるかはわかっているつもりで、キリストがそれに匹敵するかどうかなどと考えがちです。しかし実は、神とはどのような方であるかは、ほんとうには誰にもわかっていないのです。ですから聖書の論点はむしろ、神がどのような方かを、人である私たちはどうしたら知ることができるか、なのです。そこで以下、神がどのような方かは、御子・キリストを見ることによってのみ知り得るのだということを述べましょう。

日本語聖書での「神」という言葉は、ヘブライ語「エル（複数形ではエロヒム）」、ギリシア語「セオス」の翻訳語ですが、いずれも一般名詞です。その点では、日本語の「神」と同じです。ということは、それは、旧約聖書の「[ヘ]ヤハウェ」という固有の名前を持った真の神とは異なる、異教の神々にも使われている言葉であり、そこには、「神と呼ばれる存在」一般に対する人間側の先入見が入りやすいことが推測されます。その先入見には人によって色々な傾向がありますし、その人が育った文化によって影響を受けてもいます。多神教文化の日本で生きてきた私たちが聖書を読んで「神」という言葉に出会った時、初めは自然に、自分の文化のなかでイメージしてきた神観を読み込むことになりかねないことは、理解できるでしょう。

しかし私たちキリスト者は、聖書こそが神の言葉、神の啓示の書であると告白していますので、聖書に記されていることのみに基づいて真の神を理解しようとします。とはいえ、私たちが、特に旧約聖書に啓示されている神の語りかけと働きを知っても、それが神の性質の片鱗を明らかにしてはくれますが、私たちを容易に神の全体像とその本質を理解する域にまで導くことはありません。その理由は、神に背いて、真の神がわからなくなった人類に対して、主（ヤハウェ）なる神はまず一人の人、アダムからアベル、セト、ノア、セム、アブラハム、イサクそしてヤコブを選んで自分を顕す（啓示する）ことから始めなければならなかったからです。以降も、その子孫であるイスラエルの民に長期間をかけて、彼らの神受容の段階に応じて徐々に自身を啓示し続けるという、忍耐深く知恵に満ちた方法が、神によって採られたのです。そのような旧約聖書の長い歴史を通しての啓示の進展を、神学的には「漸進的啓示」と呼んでいます。

そして、遂に御子・キリストがイエスとして受肉する時が来たのです。肉となった、この御子・イエスこそが神の全体像と本質を私たちに見える形で啓示し、人間の言葉で語りかけ、行動をもって示してくれた方ですから、彼こそは、神の啓示そのもの（神の言《ことば》）です(3)。

言は肉となって、私たちの間に宿った。私たちはその栄光を見た。それは父の独り子としての栄光であって、恵みと真理とに満ちていた。……いまだかつて、神を見た者はいない。父の懐にいる独り子である神、この方が神を示されたのである。（ヨハネ1：14～18）

とあるように、です。ヨハネによる福音書5章19～47節、14章1～14節、コリントの信徒への手紙二4章4節、ヘブライ人への手紙1章1～4節、ペトロの手紙一1章20～21節も参照ください。ですから、「神」について知ろうとするならば、私たちは聖書全体に聞き、とりわけイエス・キリストを見なければなりません。

「見えない神のかたち」である御子

神の御子・キリストについての、もうひとつの重要な証言は、彼が「オリジナルな《神のかたち》」であるというものです。人の創造について、旧約の創世記では「神は人を自分のかたちに創造された。神のかたちにこれを創造し、男と女に創造された。」（1：27。9：6も参照）と記していますが、新約聖書の、御子・キリストの受肉した生涯と死、そして復活と昇天を経験した弟子たちの洞察として、次のような言葉があります。

御子は、見えない神のかたち（ギ エイコーン・トゥ・セウー・トゥ・アオラトゥ）であり、
すべてのものが造られる前に
最初に生まれた方です。
天にあるものも地にあるものも
見えるものも見えないものも
王座も主権も
支配も権威も
万物は御子において造られたからです。
万物は御子によって、御子のために造られたのです。
御子は万物よりも先におられ
万物は御子によって成り立っています。（コロサイ1：15～17）

彼らの場合、この世の神が、信じない者の心をくらまし、神のかたち（ギ エイコーン・トゥ・セウー）であるキリストの栄光に関する福音の光が見えないようにしたのです。（Ⅱコリント4：4）

　ここでは、三位一体の神が理解され始めており、創造以前にも御子・キリストが《神のかたち》として生まれ、「見えない神（父）のかたち」として存在していたように、天地創造とそれに続く摂理の業も御子によってなされていることが示唆されています。そうすると、受肉前から、そして創造以前から存在していた神の御子・キリストは、「まったき神でありつつ《神のかたち》」、言い換えると、永遠において「真の神でありつつ真の人（オリジナルな人）」であると言えます。

　私たちは、「人」というとすぐに自分たち人類のことを考えてしまいます。それは仕方のないことですが、聖書を読むと、人が「人」と呼ばれるのは、永遠において真の神でありつつ「真の人、すなわち真性の《神のかたち》」である方に似せて造られた存在だからだと理解できます。それは、「人とは何ものか」を考えるとき、私たち人類を対象としていくら研究したとしても限界があることを意味しています。「本当の人」について知りたければ、《神のかたち》を毀損した人（罪人）を観察するだけでなく、「真の人、オリジナルな《神のかたち》」である御子・キリストを知らなければならないのです。

　地上での御子・イエスはあらゆる人生の試練に直面し、敵に攻撃され、悪魔の誘惑にも会いましたが、「真の人」として、父なる神の御心に従い通しました。ヨハネによる福音書19章5節のピラトの言葉「見よ、この人だ」（ギ イドゥー・ホ・アンスローポス）は、ピラトが語った何でもないような言葉を、ヨハネは読者に「見よ、真の人だ。」という含蓄あるメッセージとして理解されることを願って、福音書に記録した可能性があるとの解釈は、それを意味しています。

旧約にも登場している御子

その「真の神、真の人である御子・キリスト」が、旧約時代においても折りにふれて姿を見せていると考えられる代表的な個所に、創世記18章1～19節があります。そこでは、「主（ヤハウェ）はマムレの樫の木のそばでアブラハムに現れた。」と書き出しています。実際には、そこに三人の旅人が登場するのですが、その一人を主（ヤハウェ）と呼び、他の二人を御使いと呼んではっきり区別しています（特に18：13、17～22、33、19：1、12～13参照）。ここでの主（ヤハウェ）は、どのように理解したらよいのでしょうか。姿かたちを持たない父なる神がこのように人の姿をとって現れたというのは考えにくいことです。聖霊とも考えられません。「真の神（ヤハウェ）でありつつ真の人」である御子（三位一体の神の第二位格）が、「霊の体」をもって地上に現れた（後に述べる「受肉の体」ではなく）と考えるなら納得のいくことです。

旧約の他の箇所、創世記28章10～19節、32章22～32節、出エジプト記3章4～6節、ダニエル書3章24～27節、10章16節（「人のような姿の者」）など、また、新約のペトロの手紙一3章19～22節が言及している創世記6章のノアの時代におけるキリストの宣教のことも、御子・キリストが霊において現れたと考える可能性があります（Ｉコリント10：1～4、9も参照）。さらには、それ以外でも旧約全般の多くの箇所において、「見えない神のかたち」であり、神の言《ことば》（啓示）である御子が、王や預言者たちに語りかけたと理解できるところが多々あるのではないでしょうか。このようなキリストの状態を、私たち教会は「先在のキリスト（イエスとして地上に誕生する前のキリスト）」と呼んできました。

新約聖書にも、御子の先在について書いた箇所があります。ヨハネによる福音書のプロローグである1章1～18節の前半（1～13節）は、バプテスマのヨハネのことなどの挿入がありますが、「言（御子）」の天における先在について書き（1～2節）、その「言」によって万物は成ったこと、すなわち創造されたこと（3～5節）、さらには、「言」は世にあり、世は「言」によって成ったのに、世は「言」を認めなかった。「言」は自分のところ（自分の国＝聖書協会共同訳脚注。イスラエルのこと）へ来たが、民は「言」を受け入れなかった。」しかし「言」は、自分を受け入れ、その名を信じる人々（イスラエルとして選ばれて、「言」に信頼した人々）には、神の子となる権能を与えた（9～13節）と、旧約時代における「言（御子）」の臨在と働きについて書いています。そして、続く後半（14～18節）になってやっと、「言」の受肉について書きます(4)。

このように、御子・キリストは天地創造の前から永遠において「神であり、同時に霊の体を持った真の人、すなわち真性の《神のかたち》」として天におり、必要に応じて地にある神の民、イスラエルに現れて働きをしたと考えることができます(5)。

〈キリスト論的認識（類比）の構造〉

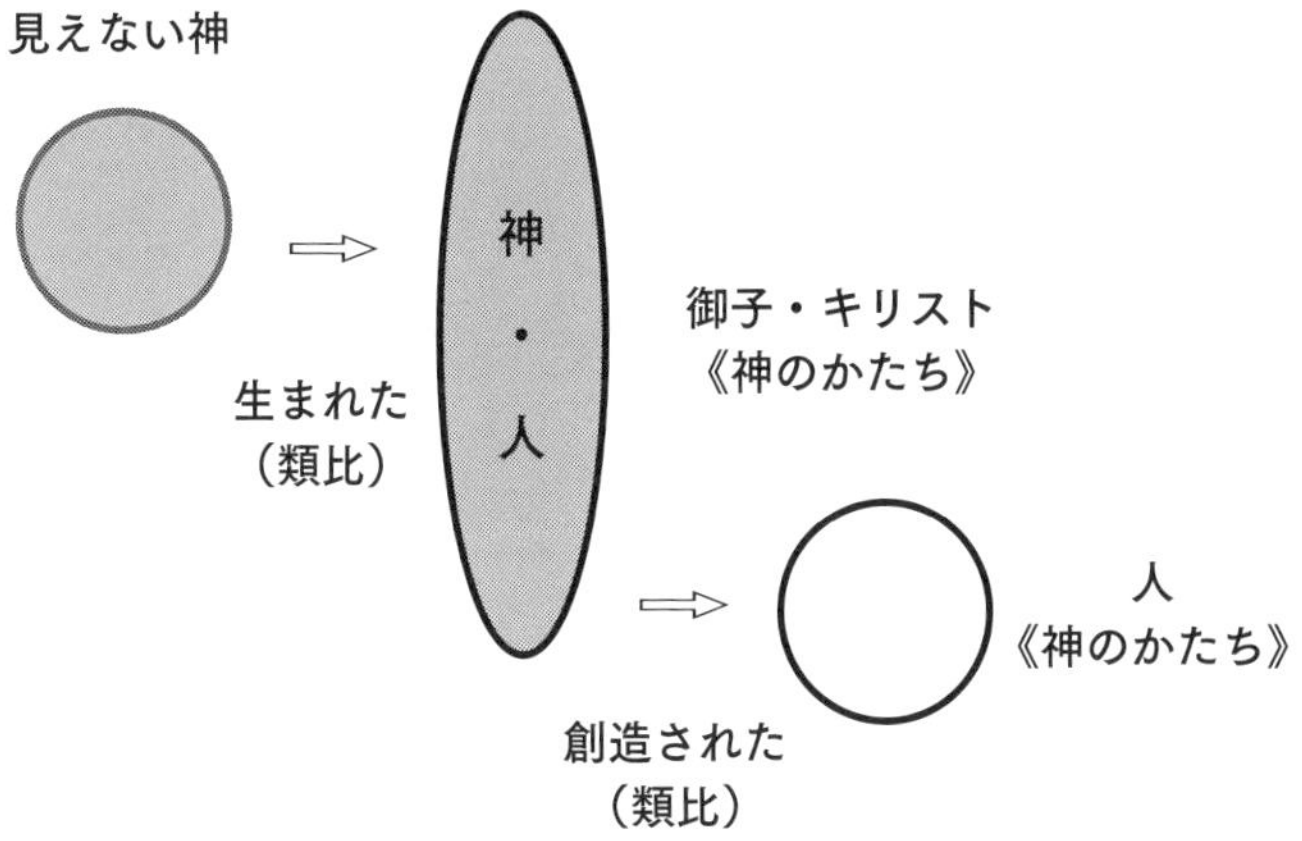

御子・キリストに似せて創造された人

このような聖書の読み方は「キリスト論的認識」と呼ばれ、神と人についての認識はすべて、《神のかたち》である御子・キリストを支点として成り立っていると考えるものです。言い換えると、この御子・キリストと父なる神との間に類比（[ラ]アナロギア [英]アナロジー）があるので、御子・キリストを見れば神がわかるということです。また、御子・キリストこそが「見えない神のかたち」すなわち「真の人、人の原型」であることと併せて考えると、人について知りたければ、罪人となった私たち自身を見るのではなく、「真の人、オリジナルな《神のかたち》」として、私たち人間と類比関係にある御子・キリストを見なさい、ということでもあります。

ギリシア教父と東方正教会の研究者であるジョー

ジ・A・マローニィは、その御子・キリストというオリジナルな《神のかたち》を原型として人が創造されたのだということを、以下のように言っています。(『人間、神のイコン』あかし書房、の第三章「聖エイレナイオス」、54〜55頁)

〝エイレナイオスは、人間を理解するために、アダムが神人イエス・キリストの像《かたち》によって造られたと明確に言っている。人間となられた神のロゴスは型であり、この型によって、創造主なる神は、人間を造った。イエス・キリストは、人間の原型である。つまり、イエス・キリストはアダム(つまり全人類)が完成することによって、なるように運命づけられていた「人間の型」である。『使徒たちの使信の証明』のなかで、エイレナイオスは、この点を次のように書いている。「なぜなら、神は、神の像《かたち》として人間を造られました(創世記9:6)。」この『像《かたち》』は、神の御子であり、この御子の像《かたち》によって、人間は造られたのである。〞

すなわち、新約聖書の啓示を経た目で創世記1章27節を読むとき、「神は人を自分のかたちに創造された」とは、直接、「父なる神のかたち」として造ったのではなく、この「オリジナルな《神のかたち》」である御子に似せて造ったことが記されていると結論づけられます。

《神のかたち》の完成は御子に似ること

この御子の受肉と十字架上の死、そして霊の体への復活を通して、罪人を《神のかたち》に造り直してくれるのが、神による救いの業です。すなわち、ここでは「《神のかたち》の完成像」としての御子・キリストが語られています。

死者の復活もこれと同じです。……自然の体で蒔かれ、霊の体に復活します。自然の体があるのですから、霊の体もあるわけです。聖書に「最初の人アダムは生きる者となった」と書いてありますが、最後のアダムは命を与える霊となりました。……最初の人は地に属し、土からできた者ですが、第二の人は天に属する方です。……私たちは、土からできた人のかたち（ギエイコーン）を持っていたように、天上の方のかたち（ギエイコーン）をも持つことになります。（Iコリント15：42～49）

さらに、創造と救いの両方を神の聖定（神が永遠のみ旨によって、天地創造の前から定めていた計画のこと。）として一気に語っているのが、以下の文章です。

神は前もって知っておられた者たちを、御子のかたち（ギエイコーン）に似たものにしようとあら

かじめ定められました。それは、御子が多くのきょうだいの中で長子となられるためです。（ローマ8：29）

神は、キリストにあって、天上で、あらゆる霊の祝福をもって私たちを祝福し、天地創造の前に、キリストにあって私たちをお選びになりました。私たちが愛の内に御前で聖なる、傷のない者となるためです。御心の良しとされるままに、私たちをイエス・キリストによってご自分の子にしようと、前もってお定めになったのです。（エフェソ1：3後半〜5）

そのほかに、フィリピの信徒への手紙3章20〜21節、ヨハネの手紙一3章2〜3節も同じことを語っていると言えるでしょう。

＊

このように、抽象的に響く《神のかたち》とは、具体的には神の御子・キリストのことであり、私たちが「イエスはキリスト」と告白するのは、肉をとって地上を歩まれたイエスがそのキリストであるという意味だ、ということになります。そこにこそ、私たちがイエスの生涯と発言と行動、そして、十字架につけられての死と三日目の復活という歴史的出来事を真剣に見つめるとともに、そのイエスによって人生を変えられた人たちの姿や宣教の言葉に真摯に耳を傾ける根拠があります。ではここからは、できるだけ聖書に即しつつ、その《神のかたち》として神に造られ、生かされて、救われ、完成されていく、私たち人類の物語を述べていきましょう。

注

（1）リン・ホワイトが『機械と神』（みすず書房、1972年、原著は1968年発行）で、このように人と他の被造物との間に一線を引くことがキリスト教の特徴であり、それが人間の他の被造物、自然的支配、収奪に許諾を与えて来たと批判して以来、日本の多くの識者たちがその見方を受け入れてきました。確かに西欧キリスト教文明はユダヤ的キリスト教とギリシア哲学を融合したような面があり、近代には科学技術や資本主義を伴ってそのようなことが生じましたが、それをもってキリスト教に原因ありとするのは短絡に過ぎます。この点における資本主義への洞察は、斎藤幸平『人新生の「資本論」』（集英社新書、2020年）をご覧ください。

（2）「私はいる（ある）」のヘブライ語「エヘイエー」は、「神が、自分が『あろう』とする神であられること、すなわち、ご自分が意志された、その言葉を成就させるべく、絶対的権威を持って事を行っていかれること」を意味していると、浅井導は書いています（『神のかたちに』キリスト新聞社、159～164頁参照）。

（3）通常「言葉」と訳されているギロゴスが、人格的な御子・キリストを指している場合、聖書協会共同訳は「言

（ことば）」と表現しています（ヨハネ1：1〜14）。

（4）この「言」の思想的源泉として、旧約後期における人格的「知恵」（箴言8：22〜36など）も参照。また、御子・キリストの、このような状態の歴史的変化（キリストの三状態）についての詳しい著述は、拙著『わかるとかわる！《神のかたち》の福音』136〜153頁をご覧ください。

（5）聖書における、神がおられる「天」の意味については、N・T・ライト『クリスチャンであるとは』（あめんどう、2015年）の第5章「神」を参照。

第二章　《神のかたち》に創造された人

1　アダムとエバとは何者か？

本書の「はじめに」で、多くの科学者たちの人間研究に関する所感を載せている著書を紹介しました。彼らの多くはキリスト者ではありませんが、皆さん、真摯に、しかも謙虚に人間についての研究に勤しんでおられる方々です。そのような方々にとっても、ここで述べる人間についての聖書理解は科学と矛盾、対立するものではなく、真実として受け入れ得るものであると信じます。

創世記1、2章の読み方

創世記1章の中では、創造の冠として人が創造されたことが記されており、続く創世記2章4節後半以降では、そのことがもう一度、今度はさらに具体的に書かれています。創世記1章と2章では、人の創造について重複した記述がなされているように感じる人がいるでしょうが、それらは、単に二つの創造伝承が並べられているのではありません。その記述法において、宇宙の秩序構築と機能を中心に描く第1章（2章4節前半「これが天と地が創造された次第である」まで。）[1]はどちらかと言えば科学的に読まれがちですが、実は高度に文学的ですし、メソポタミアの汎神論的神話に対する唯一神信仰の弁証的意図がありありとうかがわれます。しかし、「神である主が地と天を造られたとき、」（4節後半）で始まる第2章は、「アダムとエバ」という一組の夫婦を中心としたおとぎ話のように、人間中心に描かれたもう一つの創造物語です。私はそれぞれに重要な意味とメッセージがあると考えますが、ここでは詳しく述べる暇はありません（拙著『現代を創造的に生きるために――創世記1～11章からの52の黙想』いのちのことば社、2007年参照）。

現代において、科学的に考える傾向の強い多くの人は、創世記1、2章の記述をどのように理解したらよいのかと戸惑い、以下のような両極端のどちらかに行きがちになっています。一方の人たちは、このような創造物語をいわゆる人間が考え出した「神話」として片づけて、物理的な地球の成り立ちとの調和や生物進化論との両立に思いをはせることさえありません。他方で、この創造物語が歴史的、科学的にも事実であることを主張する「創造主義キリスト者」たちは、すべての種の形成においては神が主権をもって「創造」したのであって、環境適応（種内のミクロ進化）以上の進化論（一つの種から別の種へのマクロ進化）は偽科学だと攻撃する傾向があります。しかし近年、従来の化石を中心とした進化研究からDNAを中心とした進化研究への重心移動と相俟って、科学と創世記を対立的にではなく、それぞれは一つの真実をそれぞれの視点から研究したり、書いたりしたものであるとする見方が日の目を見るようになりました。この「進化的創造主義」によれば、両者の間には基本的に矛盾も対立もないはずですし、その立場に立つことによってむしろ、科学研究だけでなく聖書研究においても、さらに真理に近づいて行く強い動機を与えられることになります。現に、そのような視点からの研究も紹介されるようになっています。(2)

「アダムとエバ」をどのように理解するか

では、「進化的創造主義」の立場から考えられたモデルは、ここでの神によって創造された「人」、「アダムとエバ」についてどう理解するのでしょうか。ことの中心は、創世記冒頭の神学的（信仰的）言明のどこに、科学的（歴史的）事実の可能性を見出すかです。デニス・アレクサンダーは、神学的なテキストに科学的な意味付けを始めるのではなく、提供された神学的説明と一致するどのような種類の出来事があったのか、あるいはあり得るのかと問うことだとして、次のような可能性を述べています。(3)

〝おそらく8千年前に（正確な年代は、このモデルではほとんど重要ではない）、神は神の恩寵によって近東の新石器時代の農民夫婦、または恐らく農民の共同体を選び、彼らに対して特別の方法で神自身を顕すことを選び、人格的な神として知るように、彼らを神自身との交わりの中に招いたことになる。……この最初の夫婦、または共同体は、ホモ・デウス（ラ Homo Divinis）――創世記の説明にあるアダムとエバと対話する、唯一の真の神を知る神の人――と呼ばれる。……ホモ・デウスは、ユダヤ人の信仰の霊的な源を与える者であり、神との交わりの中で真に霊的に生きた最初の人間であった。……神は、ホモ・デウスにおいて初めて、神自身を顕すと共に、人間に対する目的を顕すことを選択した。〃

ここでは、「アダムとエバは人類の始祖である」との考えが避けられています。そして、彼らの始祖（最初の夫婦）としての意義は「真の神が自身を顕すよう最初に選んだ者である」こととしています。とはいっても、その考えは創世記を科学に合わせようとする苦肉の策ではありません。創世記の記述と解釈自体から出て来る考え方です。私自身もほぼ同じように考えていることを、以前から次のように表明していました（前掲拙著、4頁）。

〃いわゆる「世界原初史（歴史以前）＝英 protohistory」とされている旧約聖書・創世記の1～11章を「始源論＝英 protology」として学ぶことによって、天地創造、人間存在の意味、神の選びの民の信仰など、世界と人間に対する神の意図を把握することです。……それは、この部分を旧約の他の部分と同じく、神に選ばれた民であるイスラエルへの神の啓示として読むことです。言い換えると、世界の成立についての歴史書として読むのではなく、神とイスラエルを中心とした「神の選びの啓示とそれへの信仰の書」として読むことです。〟

そうすると、創世記2〜5章での[ヘ]アダムが「アダム」あるいは「人」と訳されていることも、このように理解することになります。そもそも「神である主は、土（[ヘ]アダマ＝聖書協会共同訳脚注）の塵で人（[ヘ]アダム＝聖書協会共同訳脚注）を形づくり、その鼻に命の息を吹き込まれた。」（2：7）という由来の語ですので、「[ヘ]アダム」は「人類の始祖」または「類としての人、集合的人」を意味するものと考えられてきました。実際、ここの日本語聖書で「人」と訳されているすべての語がヘブライ語では「アダム」なのですから、すべてを「人」と訳しても良さそうなものです。しかし、日本語聖書では基本的に、定冠詞がついている場合は「人」と訳し、定冠詞がついていない3章21節（聖書協会共同訳は、ここも「人」としています。）や5章の系図のようなところは固有名「アダム」と訳しているようです。私も、固有名詞（個人）としての「アダム」と一般名詞（人類の始祖というよりも、人の典型、あるいは人類の代表）としての「人」が重なり合う両義性（流動性）がそこにあると理解してよいのではないかと思っていますが、翻訳においてはやはり、「アダム」か「人」かのどちらかに訳さざるを得ません。[4]

すなわち、神に選ばれた固有人「アダム」について語りながら、彼の祖先、彼の周りにすでに存在している多くの人を含む、すべての「人」の典型、神学的本質、そして、神の前と地の上での人の生き方について啓示したのだと理解します。その最も核心となる言葉が《神のかたち》です。

2　聖書が三つの概念を駆使して語る《神のかたち》の三重の意味

ここからは、人が《神のかたち》に創造された点に話を戻しますが、本書がここ以降の記述において採用している重要な枠組みについて、その思考の基盤を説明しておきたいと思います。それは、《神のかたち》には三重の意味があるということです。まず、良く知られている聖書箇所に典型的に表れている三重の意味から述べることにします。

ルカによる福音書15章に見る「救いの三重の意味」

ルカによる福音書15章には、三つのたとえ話、「見失った羊」のたとえ、「無くした銀貨」のたとえ、そして「いなくなった息子」のたとえが連続して書かれています。ところが、3節の「そこで、イエスは次のたとえを話された。」の「次のたとえ」は単数形ですから、三つのたとえ話は一連の物語として書かれていると考えることができます。たしかに、三つのたとえ話には一貫した共通のテーマとストーリーの流れがあります。それは、（i）人は本来、神とともにいるべきこと、（ii）人は神の前に失われた者（罪人）となったこと、（iii）その罪人は一人であっても神には大切な一人であり、神はその一人を捜しに出かけること、（iv）その罪人は自分のほうから神のもとへ帰ることができず、ただ神によって「見つけられる」ことが必要なこと、そして（v）失われた罪人が見つかって初めの状態が回復されることを、誰よりも神が喜ばれること（キリストによって救われることのすばらしさ）などです。ですからこれは、最後のクライマックス「いなくなった息子」のたとえに向けて話を進めていく、一つの物語とも言えるでしょう。

それにも関わらず、それぞれのたとえ話において、救いの別な側面が浮き彫りにされていることも見逃してはならないと考えます。なぜ、イエスはここで三つのたとえ話を重ね、ルカはそれをこのようにまとめて書き残したのかを考えてみる価値はあると思います。第一、第三のたとえについては多くの人が豊かな注解書や説教を残しているのですが、二番目の「無くした銀貨」のたとえについてだけは、これまで私が読んだどんな注解書においても、その特有な意味の納得できる説明を見出すことはできませんでしたし、いまだ、この短いたとえ話単独をテキストとした説教にも出会ったことがありません。たしかに、イエスは人間をたとえるときにはいつも羊や魚、ぶどうの枝、麦など、命のあるものを用いましたが、このたとえ話は、イエスが唯一、人間を銀貨（お金）にたとえたユニークなものなのです。しかし、この三つのたとえ話がそれぞれ異なった視点からの「罪人の救い」の説明であることが見えてくると、その短いたとえの持っている重要な意味がわかってきます。以下、順に要

点を記してみます。(5)

第一のたとえ（「見失った羊」のたとえ）では、100匹の羊のうちの一匹が群れから迷い出ます。羊は山羊とは違って弱く、外敵と戦う武器を持たず、羊飼いのもとでの保護と養いなしに野生の動物として生きていくことはできません。ですから迷い出た羊は、すぐに命の危機に陥ってしまいます。しかし、99匹を荒れ野に残して一匹を捜しに行った羊飼いによって、捜され、見つけられ、担がれて帰った羊は命を取り戻します。すると、ここでは「キリストによる救い」が、死と滅びの運命にあった罪人が命に生かされること（命の回復）として描かれているのがわかります。

第二のたとえ（「無くした銀貨」のたとえ）は、10枚の銀貨のうちの一枚が落ちて失われます。銀貨は人の手の中にあってこそ、本来のお金（通貨）としての働きができますが、一旦人の手から落ちてしまうと、銀貨の価値は失われてはいませんが、その価値を発揮すること、それが造られた目的を果たすことができなくなってしまいます。そんな銀貨が女の人によって捜され、見いだされ、女の手に取り戻されるとき、銀貨は本来の価値を再び発揮し、目的を果たすことができるようになります。それは、「キリストによって救われること」が、人として神の栄光を現して生きるように創造されていながら、生きる目的を失って空しく生きるようになった罪人が、その本来の充実した生き方に回復されること（目的の回復）であると告げています。

最後のたとえ（「いなくなった息子」のたとえ）では、弟息子が父親の財産を分けてもらうと父と家を捨てて出ていきますが、身を持ち崩して全てを失い、落ちぶれてしまいます。しかしその息子は我に返って、父親のもとを出たことが困窮の始まりであったことに気づき、「もう息子と呼ばれる資格はないが、雇い人の一人にでもしてもらおう」と一種の打算によって家に向かいます（ここで悔い改めているわけではありません）。しかし、息子の帰りを待ち続けていた父親は彼を見つけるや走り寄り、首を抱き、その背きを赦して彼を息子として迎えます。そこにおいて息子は父親の腕の中にとどまり、悔い改めに導かれます。もはや彼の口から「雇人の一人にしてください」の言葉は出ることがありません。それは、神に反逆し、神から離れて生きている罪人が赦されて、神の子として迎えられる（関係の回復）という「キリストによる救い」をよく表しています。

考えてみると、「救い」という言葉は聖書で多く使われていますが、この語そのものは多義的で特定の意味はなく、文脈から考える以外にないものです。ですから、「キリストによって罪から救われる」という言葉を聞いただけでは、それが「どのようなことが起こる」ことを言っているのか、私たちにはイメージすることができないのです。だからこそイエスは、そして、それを記録したルカは、「キリストによる救い」には「命の回復」「目的の回復」「関係の回復」という三重の意味と実効結果があるとして、それらをこの三つのたとえによって絵画のように描いてみせたといえるのではないでしょうか。

パウロもコリントの信徒への手紙一1章30節において、「キリストは、私たちにとって神の知恵となり、義と聖と贖いとなられたのです。」と言いました。この「義、聖、贖い」は恣意的に書かれたものではないと思われます。なぜならそれは、奇しくも上述したルカによる福音書15章の三つのたとえの意味に結びついているからです。本書第五章で詳しく述べることになりますが、キリストが与える「義」とは、何よりも神と断絶している人を神との義しい関係に回復すること（関係の回復）であり、「聖」とは、通俗的な理解とは違って、霊的に死んでいる者に神の命と性質を注ぐこと（命の回復）と関係しており、「贖い」とは、奴隷状態にあった者を解放するということが基本的な意味であるゆえに、本来の目的にそって生きる自由へと解放すること（目的の回復）だからです。また旧約聖書の詩編103編3～4節には「主はあなたの過ちをすべて赦し（関係の回復）、あなたの病をすべて癒す方（命の回復）。あなたの命を穴から贖い（自由の回復）、あなたに慈しみと憐みの冠をかぶせる方。」とあり、ここでも主がくださる良いもの（救い）を三重に語っています。

三つの概念で語られる理由

なぜこのように、神のくださる救いが度々、三つの側面から書かれているのでしょうか。ただの偶然とは考えられません。神経心理学分野の研究者である山鳥重は、「意味の記憶」についてこう述べています（『「わかる」とはどういうことか――認識の脳科学』ちくま新書、2002年、71～72頁）。

〝出来事の記憶にたいして、意味の記憶と呼ばれている記憶があります。出来事は移り変わる生活の流れですが、意味の記憶はその中の変わらない部分です。生活に必要なさまざまな概念や約束事の記憶です。意味の記憶には三つくらいの種類が考えられます。〟

そして、人間が物事の意味を理解、記憶、表現しようとする概念には、おもに『ことがらの意味』『関係の意味』そして『変化の概念』がある。そしてそれは、どのような言語にも共通する普遍的なものであることを、山鳥は指摘しています（詳しい説明は、山鳥重の同書、71〜88頁参照）。

たとえば、私たちが初めて出会った人に自己紹介するときのことを想像してみてください。まず私は、自分の名前や年齢、住所や出身地、そしてある場合には身長や好物などについて話すでしょう。それを聞いた人は、それによって私の人物像をイメージしていきます。それは『ことがらの意味』であり、私と言う人間の『実体（存在）概念』的紹介となります。すると次に、相手の人は「ご家族は？」と聞いてくるかもしれません。そうすると、私には妻がいて、子供は何人と答えますし、その人の知人が家族・親戚にいたりすると、「あなたの知っている誰だれは、私の母方の叔父です」と答えたりします。また、その人の友人である人を「私も彼を知っています」と告げたりするかもしれません。これらは、私自身のことがら（実体概念）ではなく、私と他の人との関係を述べることによって私のことを知ってもらおうとしていますので、『関係概念』的紹介と言えるものです。しかしことはそれで終わらず、たいていの人は「あなたの職業は何ですか?毎日、何をしておられるのですか?」という疑問を持ち出してきます。すると、「私はキリスト教会の牧師をしており、日曜日には教会で多くの人と一緒に礼拝をささげ、多くの場合そこで説教します。週日は、聖書の学びや教会の牧会にあたり、神学校でクラスを受け持ったりしています」また、「休日には趣味として音楽を聴いたりします」などと説明します。これは、私の働きや活動から私を知ってもらおうとしており、『変化の概念(目的・機能・活動概念)』にあたるものです。このように、私たちは一人の人を理解しようとするときにも、無意識のうちに三つの概念で考えているのです。

神の言葉(啓示)である聖書も、実際には人の手によって人間の言葉で書かれていますので、聖書記者たちの生きていた時代や文化の特殊性や限界による制約があることはもちろんですが、それには次のことも含まれていると考えられます。たとえば豊かな神の性質一つを述べるにしても、それは人間にとってあまりにも大きく豊かですので、人間の使っているただ一つの言葉や概念によって表現したり、理解させたりすることは不可能です。《神のかたち》としての人間についても、堕落、救い、教会、神の国にしてもそうです。実際、そのような様々な神学的主題においても、教会史上、おもには三つの概念(側面)それぞれによる解釈によって議論されていることが共通的に見られます(具体的な神学分野の議論は、拙著『わかるとかわる!《神のかたち》の福音』77~81頁を参照。)。

それは、イエス自身が神の国について語るとき、多くのたとえを使わなければならなかった理由や、聖書が「救い」を表現するのに、赦し、義とされること、和解、新生、聖め、贖い、召命などと多くの言葉を使わなければならなかった理由を理解することにつながります。

《神のかたち》の三概念的解釈

本章の論考と直接関係している、創世記1～2章での《神のかたち》解釈においてもそうです。その諸説は、J・モルトマンによって以下のようにまとめられています（『創造における神』新教出版社、323～325頁）。

〝人間の神の似姿性はどこにあるのだろうか。神学的伝統が与えた答は、次のように要約されよう。（1）実体の類比によれば、魂、つまり人間の理性と意志の本性が神の似姿性の場所である。魂は不死であり、神の本性に似ているからである。（2）形態の類比によれば、人間の直立歩行と視線を上へ向けていることである。（3）比例の類比によれば、神の普遍的世界支配に対応しているかぎり、神の似姿性は、地に対する人間の支配の中にある。（4）最後に関係の類比によれば、神の似姿性は、神の三位一体内の交わりに対応している男と女の交わりの中にある。〟

このうち、（2）は神との関係を語っているとして（4）と一緒に考え、代表的解釈としては（1）、

（3）、（4）の三説と考えてよいでしょう。ミラード・エリクソン（『キリスト教神学』いのちのことば社）やJ・リチャード・ミドルトン（J. Richard Middleton, *The Liberating Image: THE IMAGO DEI IN GENESIS 1*, 2005, Brazos Press.）も、《神のかたち》についての諸解釈として、（1）実体的解釈、（2）関係的解釈、（3）機能的解釈と整理しています。

このように、《神のかたち》が三つの解釈をもたらしたことは、多くの神学者によって認められているのですが、エリクソンはそのうちの「実体的解釈」が、ミドルトンは他の解釈の可能性を認めつつも、旧約聖書神学的には「機能的解釈」が優位であると見ています。しかしモルトマンが、人間の《神のかたち》としての地上的現れはこれらの三つともにあるとしているように、私も《神のかたち》の意味としては、これらのうちのどれかひとつだけを排他的に選択しなくてもよいのではないか、いやむしろ、聖書（特にこれから取り上げる創世記2章）は、三つの解釈のすべてを語っていると理解するべきではないのかと考えます。

結論として、《神のかたち》に創造された人や、それを毀損した罪人の悲惨、そして、そこから《神のかたち》を回復する救いについて説明しようとするとき、基本的にはこれらの解釈の元となっている「三つの概念」で語ることが非常に有効であろうと考えます。まず、「関係概念」では、神と人間との関係（交わり）の側面から語りますが、それは聖書の語っている「契約」がその中心的思想としてあるからです。次には「実体概念」ですが、それは、私たち自身の実体的存在が神の聖なる性質を反映したものであり、それが堕落、救いによってどのように変わるかという側面からの説明です。ここで聖書は「生命」的表現を多用します。最後に、聖書が人について語るとき、神に委託された「使命」を果たすこと（働くこと）の重要性を描いていますが、これは、人間がこの世にあっての生きる目的、職能、力についてのものですから、「目的概念」という呼び方をしたいと思います。

十字架のメッセージを効果的に伝えるために

さて、このように豊かな「《神のかたち》の回復としての救い」の分析と「三つの概念（側面・視点）」による説明の有効性を納得していただくために、私たちの一般生活での経験をとりあげて考えてみましょう。立体的な（三次元の）構造物を平面的な（二次元の）設計図において表そうとすると、平面図、正面図、側面図の三つの図を必要とすることと似ていると言えるでしょう。現代ではコンピュータによるキャドや3Dプリンターなるものもありますが、三つの方向からの図面を見ることは今でも便利です。聖書の記述を三つの概念を考慮して読むということは、それに似ています。

アリスター・マクグラスが次のように語っているのは示唆に富んでいます（『キリストの死と復活の意味』いのちのことば社、1995年、121〜126頁）。

〝十字架とは、たとえば解放であり、いやしであり、赦しです。この三つのイメージは互いに補い合っています。それぞれが合わさって、一つにまとまったものとなるのです。イエス・キリストの十字架と復活とによって変えられるとは、解放され、いやされ、赦されることです。いな、それ以上です。〟

そして、なぜ、このように救い（『キリストの死と復活の意味』）を分析的にまとめなければならないかについて、こう続けます。

〝十字架のメッセージは一つですが、それは複雑に重なり合ったものです。それぞれの要素を一つ一つ調べることによって、全体のメッセージがよく分かるのです。しかし、これらの要素は発明されたものではありません。見出されたものです。神学的に過敏な想像力の所産ではないのです。すでに『十字架のメッセージ』の中に存在するものであり、私たちの分析を待っているのです。神学者がしたことは、それらを分けることであり、それによって一つ一つを研究することができます。

……

どうして、このような分析にこだわるのでしょうか。その目的は何でしょうか。答えは、重要であるとともに単純です。そのメッセージを聴衆に伝えるためです。十字架のメッセージができるかぎり効果的に伝えられるようにする必要があります。……十字架のメッセージの要素はすべて、人間の状況に対して意味のあるものですが、個々人の必要は違っています。たとえば、ある人は心から死を恐れているでしょう。ですから、福音をこの状況に合わせてしつらえる必要があります。それは福音の価値を減じることでしょうか。いいえ。それは、この人の場合には、ここからならうまくいくということを見つけることです。残りは、福音によるいやしの意味が信仰という新しいいのちのなかで明らかになるにつれて、自然と後についてきます。……ですから、「十字架のメッセージ」をその要素に分けることで、私たちの手の内にある豊かな富の本質を理解することができます。〟

まことに、私の狙っていることを言い当ててくれています。

3　三つの概念による《神のかたち》としての人

《神のかたち》に造られた人を描く創世記2章

私たちの関心事である「人の創造」について言えば、創世記1章は、壮大なスケールで語られる天地創造の一環、クライマックスとして、《神のかたち》である人の創造を描いているのに対して、2章は、現代的表現で言えば、それをズームアップ、スローモーション化し、さらには時系列的にも再構成した動画のようです。しかも、人の創造を一組の夫婦「アダムとエバ」のこととして、神との関係と同時に、地である被造世界との関連の中で語りなおしているのです。その意図は、1章で語っていた《神のかたち》の意味を詳しく、具体的に説明することでもあります。

そこで以下、エデンの園での物語として描かれている創世記2章の記述に即して、《神のかたち》の三概念（側面）による具体的な意味を解明してみようと思います。実際に、三つの概念のすべてがここに記されており、それが《神のかたち》理解にとって重要であることを示したいからです。ただ、ここからは、聖書の記述順序に必ずしも沿いませんが、本書全体にわたっての一貫性を保つために、「関係概念」「実体概念」「目的概念」の順序で述べることとします。

3—1 神との交わりに生きるようにされた存在：関係概念

神に応答する能力を与えられた人

エデンの園には「見るからに好ましく、食べるのに良さそうなあらゆる木」が生えていて（2：9）、神である主は人に「園のどの木からでも食べなさい」（2：16）と許可を与えていました。しかし同時に、主は次のように言いました。

「ただ、善悪の知識の木からは、取って食べてはいけない。取って食べると必ず死ぬことになる。」（2：17）

それは16節とは一転して禁止と警告になっていますが、その木が「善悪の知識の木」と呼ばれている意味については具体的に書かれていません。おそらく善と悪を区別できる（物事の尺度を支配する）神のみが持っている立場を現すシンボルと言えるでしょう。ですから、「それからは、取って食べてはならない」との禁止は、神が人を祝福する代わりに人は自らの立場をわきまえて、神を神として尊敬し、神との義しい関係（約束・契約）を守ることの大切さを告げるものです。そして「それを取って食べると必ず死ぬことになる。」とは、「そのような神との関係が壊れる」ことを意味していると思われます（本書第三章の3　毀損された《神のかたち》の悲惨〔84頁以下〕を参照）。するとこの聖書箇所は、人が神と向かい合い、神の語りかけに応答して生きるべく造られているという、《神のかたち》の関係概念的意義を物語っていると言えます。

他のどんな動物にも無い、神と対等に交わるそのような人の特質を神への「応答責任性（英 responsibility）」と言います。英語の responsibility が二つの言葉「英 response（応答する）」と「英 ability（能力）」の合成語であることがよく表しているように、全被造物のうちの人にだけ神に応答する能力が与えられているゆえに、人は神との豊かな交わりと会話を体験するとともに、神と約束を交わすことができるのです。[6] そしてそれは、人にはその約束を守る責任が与えられていることをも意味します。以降、旧約の歴史で、神が人、特に選びの民としてのイスラエルに対して「契約」を結び、それを守るように呼びかけ続けることにつながっていくものです。

社会的存在としての人

さらに、それは人（アダム）が向かい合い、語り合って交わる相手として女が造られ、二人が一体となるべきだと言われていることにまで関連しています（2：18〜25）。興味深いことにその前には、主が「人が独りでいるのは良くない。彼にふさわしい助け手を造ろう。」と言い、あらゆる野の獣や鳥などを人の前に連れて来て人に名前をつけさせますが、どれも人にふさわしい助け手とはならなかったと書かれています（2：19〜20）。そして、人のあばら骨から造り上げられた女だけがそれにふさわしかった、と続くのです（2：21〜23。1：27も参照）。この場合の「助け手」[7]という言葉は、詩編33編20節において「この方（主）こそ我らの助け（手）、我らの盾」と、主なる神を指しても使われている言葉ですので、男女同権を唱えるフェミニズム（女性解放思想）の主張を待つまでもなく、女性を単なる助手と考えてはならない「男女の対等性」を意味します。他方それは、ふさわしい助け手（向かい合う相手として、違いをもって互いを補い合う、信頼と交わりの対象）として、「男女の相補性」「夫と妻の呼応性」をも意味していると見るべきでしょう。[8]

そして、「二人は一体（ひとつの肉）となる。」（24節）も、性の衝動や子の誕生よりもむしろ、夫と妻の持つ最も緊密な社会関係を表していると考えます。ですからここは、夫婦関係以外の他の人との関係にまで広がる人間同士の社会関係・交わりも視野に入れられていると言ってよいでしょう。それは、聖書の神が自身の内で、父と子と聖霊という三つの位格としての交わりを持っているという、三位一体としての存在のあり方が反映された《神のかたち》ということができます[9]。

3―2　神の息（霊の命）を吹き込まれた存在：実体概念

鼻に命の息が吹き込まれた人

神が人（アダム）をどのようにして造ったのかは、次のように書かれています。

神である主は、土の塵で人を形づくり、その鼻に命の息を吹き込まれた。人はこうして生きる者となった。（2：7）

ここでは、人間が他の被造物と同じく「土の塵」によって造られているものでありつつ（2：19参照）、反面、それらとは違って「その鼻に命の息が吹き込まれている者」と描かれています。それは、人間についての根源的で深い理解を語っており、人とは、被造物性と同時に、《神のかたち》性（ある意味での神性）をも併せ持っている独特な存在であることを告げているのです。

たしかに、1章30節や6章17節、7章15節で、動物のことが「命の息のあるもの」と書かれているように（コヘレトの言葉3：18～21はそのことを強調しています）、人間を含むすべての被造物、特に微生物に至るまでのすべての生物が、神から命（息）を与えられた存在であることを表しているといってよいかもしれません。すると、地球全体をひとつの生態系と見て、それを、命の循環という複雑でありながら共生的・統一的な体系をなしているものと理解する根拠を見出すことができます。しかし、そのような生態系に組み込まれていながらも人間にだけ、「〔その鼻に〕命の息が吹き込まれている」とわざわざ書いていることから見て、聖書には、他の生物とは違う人間と神との生命的つながりの深さが描写されていると考えずにはいられません。

H・W・ヴォルフも、こう言っています（『旧約聖書の人間論』日本基督教団出版局、1983年、134～136頁「呼吸」の項）。

〝生命の標識としての呼吸は、人間がヤハウェと、ときはなすことができないほど固く結びついていることを、明示している。およそ人間的なるものは、たとえヤハウェ自身によって造られたにしても、すべて地上的・物質的である。しかし人は生きているものである限り、ヤハウェによって吹き込まれた息に依存している。……動物の息については、はっきりとした表現はない（ただ創世記7：22で、それは原形の文脈の中で暗示されているに過ぎない。）〟

この引用文は私の語っていることを援護してくれていますが、ノアの洪水物語の中での創世記7章22節の理解については、直前の21節と直後の23節において、人を含んだ地上のすべての生きものが死んだことを述べている二つの文章に挟まれて、「乾いた地にいたすべてのものの中で、〔鼻に〕命の息のあるものはすべて死んだ」（22節。新改訳2017は〔鼻に〕を訳出していません。）と語られていることから見て、「〔鼻に〕命の息のあるもの（者）」とは、人間のことと理解する可能性があると考えます。ですから「〔その鼻に〕命の息を吹き込まれた。」と書いていた創世記2章7節では、人間が《神のかたち》であることのもうひとつの意味として、人間は特別に霊的（神的）な命に生かされる存在であるということを、生命論的かつ実体概念的に説明しているのです。詳しくは、巻末の〈研究ノート2：「聖」と「霊」と「命」〉の「2『〔ヘ〕ルーアハ』の人間論的意味」をご覧ください。

あくまでも一被造物である人

とはいえ他方で、人間はあくまでも「土の塵で造られた」一被造物であることも銘記すべきです。上述のように、鼻から命の息を吹き込まれて「生きる者」となった人ですが、神の霊（息）に由来するその命は、もともと人間に寿命がなかったことを必ずしも意味しているのではないでしょう。人は被造物の仲間としての有限性・時間性——それは罪のゆえではない——を共有しているからです。[10] 月本昭男はこう言います（『創世記Ⅰ』日本基督教団・宣教委員会、１９９６年、95頁）。

〝人間の死をおしなべて身体機能の停止と考える現代とは異なり、旧約聖書において死はなによりも関係性の喪失、生の交わり（Lebensgemeinschaft）の断絶を意味したのである（並木浩一「旧約聖書の死生観」、村上伸編『死と生を考える』ヨルダン社、１９８８年所収）。だから、生の交わりが満たされ、齢満ちて死ぬことは、２つの条件（嗣子を得ることと手厚い葬りをされること）が満たされさえすれば、祝福の結果であっても、怖れの対照ではなかったのである（創世記15章15、25章8、35章29、士師記8章32、他）。〟

では、命の息（霊）によって生かされている人の《神のかたち》性はどのようなところに現れているかと言えば、それは、人間だけが、他の被造物とは違って神に似た「霊的人格性」を与えられていることと言えるでしょう。具体的には、人間だけが理性や豊かな感情や創造性を備え、意志によって決断する自由を与えられていることです。ですから人間は、真理を探求する知的欲求心に満ち、多様な文化の中においても善を受容するという倫理的性質を共通に持ち、美を喜び楽しむ感性によって人生を豊かにしています。それらの根拠がここにあるのです。

3—3　神の共働者として地を治めることを委託された存在：目的概念

神から仕事を委託されている人

神である主は、人をエデンの園（喜びの園）に置いたとき、彼に十分な実りを約束しつつも働くべき仕事を与えました。

神である主は、エデンの園に人を連れて来て、そこに住まわせた。
そこを耕し、守るためであった。（2：15。2：8も参照）。

初めに天地を創造するという大きな働きをし、それ以降も摂理（地を治め、被造物が生きるために必要なものを絶えず供給する働き）をもって働き続けている神が、自身に似せて人を造ったからです。それは、人は生きていて何をするのかという《神のかたち》の目的概念的意味を語っていると言えましょう。働くことについて、ここでは「耕し」、「守る」（2：15）という二つの動詞が使われています。「耕す（英 cultivate）」は「文化（英 culture）」を連想するように、ここでの命令を「文化命令」と呼ぶ神学もあります。《神のかたち》である人間は、神の共働者（パートナー）として、この地を耕し、利用し、文化を築いていくように命じられたのです。ただ、「耕す」は人に対する場合は「仕える」と訳されている言葉ですから、強圧的にではなく、仕えるように地を治めることを意味していると考えられます（「仕える」はヘオヴダハ、名詞形の「僕」はヘエベド）。すると、続けて「守る」とあるように、神は人に、地を破壊しないで神の御旨にそった文化を築いていくよう、管理者としての責任を与えたのだと言えるでしょう。人は地にある全被造物の代表として、そこに属する被造物一つ一つが神に造られた目的を果たすことによって神の栄光を現していくように、神に執り成していく責任者とされたとも言えるものです。

人間以外の被造物は自覚的に働くことを目的としません。高度な文化を築いていくこともありません。本能と習性に従って生きているだけです。そのようななかで人間だけは働くために生きる動物ですし、被造世界を管理しつつ文化を築いていくように、立場と権能と責任が与えられている存在です。20世紀後半になって、地球規模の環境問題が大きく取り上げられるようになってきましたが、それとともに、創世記1章28節「神は彼らを祝福して言われた。『産めよ、増えよ、地に満ちて、これを従わせよ。海の魚、空の鳥、地を這うあらゆる生きものを治めよ。』」の、「従わせよ」と「治めよ（支配せよ＝新共同訳までの従来の日本語訳）」が与えてきた印象もあって、人間が欲するがままに他の被造物を支配・収奪することを良しとする「人間中心主義」の元凶として攻撃する人たちが出てきました。

しかしその聖書箇所を、上述したように、人間には被造世界に対する管理責任が与えられているとの言及とともに考えるとき、その非難は一面的であることがわかります[11]。

責任とともに権能を移譲されている人

その裏付けとして、地を治める責任を与えられている人間にだけ、神から大きな権能が委譲されていることを聖書の中に垣間見ることができます。新約の福音書において、主イエスが弟子たちとともに湖で舟に乗っていたとき、暴風で波をかぶって慌てる弟子たちに、主イエスが「なぜ怖がるのか。信仰の薄い者たちよ。」と語るとともに風と湖を叱りつけると、凪になったことがありました（マタイ8：23～27。マルコ4：36～41、ルカ8：22～25も参照）。真の神であり、真の人であるイエス自身がこのような権能を持っていることを、私たちは容易に受けとめることができますが、主イエスが弟子たちに「もし、からし種ほどの信仰があるなら、この桑の木に、『根を抜き、海に植われ』と言えば、言うことを聞くであろう（あなたがたに従います＝新改訳2017）。」（ルカ17：6。マタイ17：20、21：18～21、マルコ11：23も参照）と語った言葉には戸惑いを覚えます。しかしこの言葉は、《神のかたち》として造られている人には本来、それほど大きな「地を従える権能」が与えられていることが前提となっていると言えないでしょうか（マルコ9：14～29、ヤコブ5：15～18も参照）。

ですから、人間は他の被造物と同様、生きるために必要なものはすべて神から恵みとして与えられている者でありつつも、被造世界を治めるために働いて生きる特別な存在であり、その労働は、神を喜び、神に仕える礼拝行為、文化を築いて神の栄光を現していく創造的行為でもあるのです。

*

創世記1章の天地創造記事を振り返ってみると、それを終えたとき「神は、造ったすべてのものをご覧になった。それは極めて良かった。夕べがあり、朝があった。第六の日である。」（1：31）と記していました。ここの「極めて（良かった）」とは、「ヘトーブ」という言葉であり、それは直接的には、創造主である神にとっての満足を意味する「見事である。好ましい。」ことを表しているでしょうが、旧約聖書全体でのこの語の用法を見るとき、「良い」ではその豊かな意味を表現し尽くしていないことがわかります。それは、「調和がとれていて美しいこと（関係概念）」、「生き生きとして命に満ちていること（実体概念）」、かつ「それぞれが与えられた機能を果たしていること（目的概念）」の三つの概念すべてを含むような、大きな言葉です。[12] ですから「極めて良かった」は奇しくも、創世記2章4節後半から、エデンの園に置かれた《神のかたち》としての人間がそれぞれの概念で語られる前の総括的表現として、ふさわしいものとなっています。

注

（1）「次第」と訳されている[ヘ]トーレドースは、以降5：1、10：1、11：10、27、25：12、19、36：1、9、37：1では「系図」と訳されている語と同じです。

（2）特に、生物学者であると同時に神学者でもあるデニス・アレクサンダーによる『創造か進化か——我々は選択せねばならないのか』小山清孝訳、ヨベル、2020年は啓発的です。併せて、訳者による入門テキスト『今、よみがえる創世記の世界——進化論と聖書との対話』ヨベル、2020年も参照。

（3）前掲書275頁。創世記4：26後半の「その頃、人々は主の名を呼び始めた。」も、セトという神が選んだ人の誕生の頃として読むにしろ、2：4後半からここまでのまとめの言葉として読むにしろ、この解釈を支持しているように思われます。また、6：2、4の「神の子ら」については、ノアの時代における、神に選ばれたセトの子孫を意味する可能性が増します。

（4）アダムとエバを、人類歴史の中で、神に選ばれて真の神を知らされた最初の夫婦（神の子）と理解する場合は、定冠詞が付いている「[ヘ]アダム」を「その人」と訳す可能性があります（デニス・アレクサンダー、前掲書、第9、10章参照）。いずれにしても、冠詞の有無に関わらず、創世記1：26、27、2：5は「アダム」でなく、「人」が良いでしょう。

（5）この三つのたとえ話からの説教は、拙著『わかるとかわる！《神のかたち》の福音』いのちのことば社の14頁以降で読むことができます。ついでに述べておくと、最後のたとえの25〜32節を省略しているのは、ここでの論点に集中するためです。

（6）創世記1：28～30で、創造された人（彼ら）に対してだけ、神は祝福の声をかけ「あなたがた」と呼んだことも参照。

（7）ヘエゼル。旧約聖書における「エゼル」はおもに神の行為を記述するときに使われている言葉です。申命記33：29なども参照。

（8）キリスト教史における女性観の変遷については、竹下節子『女のキリスト教史』ちくま新書、2019年があります。その中での、「フェミニズム」に代わる「フェミノロジー＝女性学あるいは女性論」の提唱は興味深いものです。

（9）ここでの「男（イシュ）と女（イシャ）」としての人の性別への言及は、それを生物的また人格的な属性としてだけでなく、人の社会的存在の最も基本的な事柄（人間同士の交わりの代表としての男女の交わり）と理解することによって、生物的には「男と女」で割り切れない身体的性や性自認を抱く人々、さらには独身者の社会的存在についての聖書的思考にも、ひとつの土台を提供し得ると考えます。新約のパウロが、ガラテヤ3：28において『男と女』でありません。あなたがたは皆、キリスト・イエスにあって一つ（一人）だからです。」と、男女の区別を相対化していることも考えさせられます（浅野淳博『ガラテヤ書簡』日本基督教団出版局、2017年、311～315頁参照）。

（10）ラインホルド・ニーバー『人間の本性』聖学院大学出版会、2019年、「第6章Ⅲ被造物としての人間についての教理」は、すべてに賛同できるわけではありませんが、そのことを述べています。また、生命科学の研究において明らかになっている、細胞にはそれぞれ寿命があり、それを新たに補う細胞分裂の回数に限界があること（ヘイフリック限界）や、染色体の両末端にあるテロメアの決まったＤＮＡ塩基のくりかえし回数が分裂とともに短くなってくるらしいこと、また無限の分裂能を得た癌細胞に対する癒しとして、それを殺すアポトーシス機能が存在することなどは、人も寿命（生物学的死）という被造物全体の属性を持っている可能性をうかがわせます（柳澤桂子『われわれはなぜ死ぬのか　死の生命学』草思社、１９９７年、小林武彦『生物はなぜ死ぬのか』講談社現代新書、２０２１年参照）。また、最近出版されたキリスト教書である、デニス・アレクサンダー『創造か進化か――我々は選択せねばならないのか』ヨベル、２０２０年の特に第11章、12章は、詳しくそのことを論じています。

(11)「治めよ」についてＣ・ヴェスターマンは、「ここで用いられている動詞〔radah〕は、『服従させる』を意味し、特に王の『統治』の表現に用いられる。……しかし古代人の理解によれば、このことは決して搾取を意味しない。むしろ王は、彼が君臨する人々の福祉と繁栄に、自分自身で責任を負わなければならないのである。」と述べています（『創世記Ⅰ』教文館、45頁）。本書第一章の注１も参照。

(12) 月本昭男は、「日本語の『よい』と同様、倫理的善に限らず、美、幸、快、利、うまい、好などをも含む。」と述べています（『創世記Ⅰ』日本基督教団・宣教委員会、103～104頁）。また、ジョン・Ｈ・ウォルトンは創世記1章全体から、「よい」は特に「適切に機能する」を意味していると主張しています（『創世記1章の再発見』いのちのことば社、61～62頁参照）。

第三章　罪による《神のかたち》の毀損

人間とは何ものかを考えるとき、これまでに述べてきた《神のかたち》としての人の栄光を認めつつも、現実の人間は、他の動物と比べて格段の邪悪さと弱さと愚かさを持っていることを、誰も否定できないでしょう。そのような人間の負の性質はどこから来ているのか、それはもう一つの大きな問いです(1)。聖書は、それを人間の「罪」として描いているのですが、本章では、《神のかたち》として造られた人がそれを毀損して罪人となってしまう経過、罪の意味、そしてその罪人として生きる人生の悲惨について述べていきます。

1　罪の始まりとしてのアダムの堕罪

神を裏切ったアダムとエバ

創世記1章にある天地創造の記述においては、《神のかたち》としての人の創造をもって完成された被造世界は「極めて良かった」（31節）と書かれており、2章4節後半からは、その《神のかたち》の具体的意味が三つの側面から（三つの概念をもって）説明されていることを、本書の前章で述べました。ところが続く創世記3章では、人はそこにとどまっていなかったことを記しています。

エデンの園で悪魔、サタンが蛇を口先にしてエバを誘惑しました。「神は本当に、園のどの木からも取って食べてはいけないと言ったのか。」（1節）と、まずエバの神への信頼を揺り動かし、疑いを起こさせようとします。彼女の答えは「私たちは園の木の実を食べることはできます。ただ、園の中央にある木の実は、取って食べてはいけない、触れてもいけない、死んではいけないからと、神は言われたのです。」（2〜3節）と、もう自信なげに答え、「食べてはいけない」のほうを「食べてよい」よりも誇張しています。

神への信頼が揺らいだとき、悪魔は次に「決して死ぬことはない。」（4節）と、神の言葉を否定します。むしろ、「それを食べると目が開け、神のように善悪を知る者となることを、神は知っているのだ。」（5節）と、神への不信を決定づけたのです。本当は、人は神に似るように造られて、すでに「神のようである」栄光と誉れを享受していたのに、です（詩編8：6などを参照）。エバの頭の中が悪魔の言葉で一杯になると、ついに、その木は食べるに良く、目に美しく、また、賢くなると思われるようになり、彼女は実を「取って」、一緒にいた夫、アダムと共に食べてしまいます（6節参照）。このようにして、人は禁じられた木の実をもぎ取ることによって「神の地位を奪い取る」罪に陥り、堕落したのです。

この悪魔はやがて、アダムとエバの子孫である人類の救い主として遣わされたイエスに対しても、まず神への絶対信頼を揺るがし、ついで、神殿の端から飛び降りても死なないことによって神の言葉の真理性を証明するよう迫り、さらに世の支配者になることを自分で奪い取るように誘惑しましたが、イエスはそれに打ち勝ちました（マタイ4：1〜11参照）。そのことをフィリピの信徒への手紙2章6〜7節では「キリストは、神の形でありながら神と等しくあることに固執しようとは思わず、かえって自分を無にして僕の形をとり、人間と同じ者になられました。」と書いており、それはイエスが、アダムとエバとは違って、同じような誘惑に会いながらも「神の地位を奪い取らなければならないとは考えなかった」ということを意味しています。ここで「固執しよう」と訳されている「ギアルパグモン」は聖書に一回だけ出てくる語ですが、「奪う、強奪する ギ アルパゾー」の名詞形であり、「奪い取るべきもの」と訳す可能性が強いものですから、アダム、エバとイエスとの対照性がよく表されています。

このように、「罪」とは単に一つの犯罪行為ではなく、心の奥底からの神への不従順、背信、反逆、そして「神よりの逃走」（マックス・ピカートの言葉）と自立願望が、神の地位と栄光の乗っ取りという行為に至ったものです。

堕罪したアダムと神の怒り

ここでまず、神が、善悪の知識の木から取って食べると、人は「必ず死ぬ」（創世2：17）と言ったことは、どのようなことを意味していたのでしょうか。[2] 人は元来、神によって創造されたときから、被造物（生物）の仲間として一定の人生を生きた後に「死ぬ」ものであったということを本書第二章で述べました。ですから、神に背いて、神から逃れたアダムへの報いとしての「死」は、この堕罪によりアダムの子孫である全人類に、神が「生物学的な死」を定めたということではないでしょう。それはむしろ、神と豊かに交わることのできる関係の断絶——それを「霊的な死」と言います——を意味していると、私は考えます。[3] 創世記3章において、堕罪後のアダムとエバがエデンの園から追放されたと描かれているものです。月本昭男はこう説明します（『創世記Ⅰ』121頁）。

〝続いて神は、人間が「生命の樹からも取って食べ、永遠に生きる」ことがないように、と語る（22節後半）。エデンの園の中央のもう一本の樹、すなわち「生命の樹」（2章9節）の意味が、物語の最後でようやく読者に告げられる。それは人間に永生を付与する樹だった。神は、しかし、「善と悪」を知り、「神のようになった」人間が、さらにこの樹の実を食べて、永遠に生きることを望まなかった。……「神のようになった」人間ではあっても、この一点において、神と等しくなることは許

されなかった。〃

その「エデンの園からの追放」を、後のパウロは「神の天からの怒り」（ローマ1：18）と表現し、「そこで神は、彼らが心の欲望によって汚れるに任せられ……恥ずべき情欲に任せられ……無価値な思いに渡され、……」と、「任せる／渡す」（ギリシア語では同じ「パレドーケン」。通俗的には「『勝手にせよ』と放任した」こと。）という言葉を用いてアオリスト（過去）時制で書いています。（ローマ1：24～32）。すなわち神は、神に背いたアダムを怒って、彼が生きたいがままに、「汚れるに」、「恥ずべき情欲に」、「無価値な思いに」(4) 渡した（任せた）ことを意味します。それに対して、その文節の冒頭にある「不義によって真理を妨げる人間のあらゆる不敬虔と不義に対して、神は天から怒りを現されます。」（18節）は「現わされています。」と訳してよい現在時制であり、現代に至るまでのアダムの子孫に、「神の怒りの啓示」が継続していることを示唆しています。

しかし、キリストに現された神の信実を知らされて、それを受けることができた者（義とされた者）には、次のことが啓示されています。神の怒りの「渡し」とは、「失われた息子のたとえ話」（ルカ15：11～32）において、息子が要求するままに黙って財産を分けてやり、旅立つにまかせた父親の態度ですが、その父は、息子の帰ってくるのを来る日も来る日も待ち続けたのですから、それは悲しみと痛みを伴ったものであり、いつの日か人が神を心から愛し、信頼するようになることを期待して待ち続ける、神の深い愛の裏返しであったことです。ヨハネによる福音書3章16～21節にも、こうあります。

神は、その独り子をお与えになったほどに、世を愛された。御子を信じる者が一人も滅びないで、永遠の命を得るためである。神が御子を世に遣わされたのは、世を裁くためではなく、御子によって世が救われるためである。御子を信じる者は裁かれない。信じない者はすでに裁かれている。神の独り子の名を信じていないからである。光が世に来たのに、人々はその行いが悪いので、光よりも闇を愛した。それが、もう裁きになっている。悪を行う者は皆、光を憎み、その行いが明るみに出されるのを恐れて、光の方に来ない。しかし、真理を行う者は光の方に来る。その行いが神にあってなされたことが、明らかにされるためである。

アダムと私たちとの「霊的な死の連帯性」

次に、このアダムの堕罪が私たちとどのように繋がっているのか、という問題です。西方カトリック教会からプロテスタント教会の流れにおいては、〝原罪〟、すなわち、アダムが罪を犯した報いを受け継いでいる一人一人は、アダムのように罪を犯さずとも罪人として断罪されている、という理解が大勢でした。これは、アウグスティヌスの「ラテン語聖書によるローマの信徒への手紙5章12節解釈」に基づくもので、西方では長い間支持されてきたものです。現代のプロテスタントの多くには、アウグスティヌスの解釈を避けつつも、〝原罪〟の理解そのものは基本的に続いており、それが、新改訳2017にも反映されています。

しかし、東方正教会は、聖書協会共同訳が「このようなわけで、一人の人によって罪が世に入り、罪によって死が入り込んだように、すべての人に死が及んだのです。」と訳した前半に続く後半、「すべての人が罪を犯したからです。」のところを、「この死のゆえに、すべての人が罪を犯しました。」と解釈しています。(5) すなわち、アダムと私たちには霊的な死（神との交わりの断絶）の連帯があるということです。「しかし、アダムからモーセまでの間にも、アダムの違反と同じような罪を犯さなかった人の上にさえ、死は支配しました。アダムは来るべき方の雛型です。しかし、恵みの賜物は過ちの場合とは異なります。もし一人の過ちによって多くの人が死ぬことになったとすれば（死んだのなら＝新改訳2017）、なおさら、神の恵みと一人の人イエス・キリストの恵みによる賜物とは、多くの人に満ち溢れたのです。」（ローマ5：14～15。17節、21節も参照。）や、「アダムにあってすべての人が死ぬことになったように（死んでいるように＝新改訳2017）、キリストにあってすべての人が生かされることになるのです（生かされるのです＝新改訳2017）。」（Ⅰコリント15：22）とも整合性がとれます。さらにはイエスが、「いなくなった息子のたとえ」の中で、父と縁を切っていた弟息子が父のもとに再び迎えられたことを「死んでいたのに生き返った」（ルカ15：32）と表現しているのも、それを示唆しています。私は、このほうに惹かれます。

すなわち、神が契約を結んだ最初の人、アダムの堕罪（神への背き）によってすべての人は、霊的な「死」、「エデンの園からの追放」、パウロの表現によれば「神の怒りによる渡し」という報いを受け、その結果、神に反逆する、あるいは神を無視して自分勝手に生きるような「罪に陥った人」となってしまったのです。

2　罪の本質としての神への背信

旧約聖書における「罪」とその類語

旧約聖書において「罪」の類語は多いのですが、主なものは以下の4つです。

（ⅰ）［ヘ］ハーターの意味はもともと「（的または道を）外す」です（士師記20：16）。「欠けている」（ヨブ記5：24）、人との関係において「罪を犯す（罪に陥る＝新改訳2017）」（箴言19：2）、また、神との関係において「罪を犯す（罪ある者＝新改訳2017）」（詩編41：5、51：4など）などと訳され、その名詞形［ヘ］ハッタートが「罪」と訳されています（創世記4：7、出エジプト記10：17など）。

（ⅱ）［ヘ］アーオーンは「曲げる」が原意といわれていますが、その名詞形は「過ち」（創世記4：13、詩編32：2）、「罪」（創世記44：16、出エジプト記20：5）などと訳され（新改訳2017は、これらすべてを「咎」と訳しています）、悪の行為を表しています。

(iii) [ヘ]ペシャは「背く」ことで、名詞形は「背き」(出エジプト記23：21、ヨシュア記24：19、詩編32：1、5、107：17、イザヤ書53：5)と訳されているように、罪が神への反逆であることを最も強く表しています。

(iv) [ヘ]シャーガーは「過ち」(レビ記4：13、ヨブ記6：24、19：4、エゼキエル書45：20)や「迷い出ること」(詩編119：10、21、)と訳されています。(6)

N・H・スネイスは、こう言っています。(7)

〝これら四人の預言者たち(アモス、ホセア、ミカ、イザヤ)はすべて、罪とは根本的に神に対する反逆であると考える点、一致している。彼らの最も特色ある言葉は[ヘ]ペシャ」である。これは、……実際には「反逆」(rebellion)を意味する。……ヘブル語の「ペシャ」に「違反」、「侵害」、「犯罪」を意味させるのは、事実にそぐわない。この語は「反逆」を意味し、常にそう訳されねばならない。……したがって、その癒しは神に「帰る([ヘ]シューブ)」ことである(ホセア書6：1、7：10、12：7、14：2、3)。〟

このように、旧約における罪の本質は「神に対する反逆・背信」です。

「誰々に対して罪を犯す」という表現

このことをよく示しているのは、旧約聖書における「罪を犯す」のヘブライ語表現の仕方です。「神に罪を犯す」(創世記39：9)、「あなたに罪を犯した」(列王記上8：33、35、46、50、詩編51：6)、「主に(対して)罪を犯す」(エレミヤ書40：3、44：23、50：7)、「彼らは……私に罪を犯す」(ホセア書4：7)などと、多くの場合、「罪を犯す」という言葉には古典的な「関係の与格」に等しい「〜に(〜の前に、〜に対して＝新改訳2017)」が付いていることです。それによって、「罪を犯す」とは「神に対して背いている」状態のことであり、「神との信頼関係を裏切っている」ことを明確にしています。(8)

そして新改訳2017では、レビ記で「〜に、〜の前に、〜に対して」が付いていない場合、その訳に工夫がなされたことが、木内伸嘉によって報告されています。(9)

〝レビ記4章2節で『罪を犯す』と訳されてきた言葉を『罪に陥り』という訳に変更しました。ここで使われている『ハーター』というヘブル語は、ある状態になる、ある状態に入っていくことを意味する単語です。この実存的な状態を表現するために、何かを具体的にする、しないということと区別して『罪に陥る』としました。〟

実際、旧約の多くの箇所で、「[ヘ]ハーター」が、新改訳2017では「罪に陥る」「罪ある者となる」

と、状態を表すように（自動詞的に）訳されて、それがよくわかるようになっています。この点、聖書協会共同訳は従来通りに、すべて「罪を犯す」行為として、他動詞的に受け取られる可能性の高い表現を踏襲しています。

ともあれ、モーセを通して神の民イスラエルに、十の言葉（十戒）を代表とする律法と祭儀規定が与えられてから時代を経るに従って、罪とは神から与えられた具体的な律法や規定を破ることとして刑法的、祭儀的に意識される「罪の実体化」傾向が強くなっていきます。そのように、ユダヤ教の罪観が強化された中にイエスが登場するのです(10)。

そのイエスと弟子たちを記録している新約聖書でも、「罪を犯す」と訳されている言葉はギリシア語の「ハマルタノー」という一語であり、本来、自動詞的に「(的を) 外す、誤る、(正しい道から) 迷いでる」を意味します。ここでも、「罪を犯す」は「～に」と与格で、または「～に対して」という言葉といっしょに用いられていることに注目しなければなりません。「主よ、きょうだいが私に対して罪を犯したなら、何回赦すべきでしょうか。」（マタイ18：21。同18：15、ルカ17：4も）、「お父さん、私は天に対しても、またお父さんに対しても罪を犯しました。」（ルカ15：18、21）、「私たちも自分に負いめ（罪）のある人を赦しましたように。」（マタイ6：12＝主の祈り）。「このように、きょうだいに対して罪を犯し、その弱い良心を傷つけるのは、キリストに対して罪を犯すことなのです。」（Ⅰコリント8：12。使徒25：8、Ⅰコリント11：27も参照。）

「信じる」も、「誰々に対して」

その反意語である「信じる」も、日本語で「誰々を信じる」というときには、ギリシア語においては人の与格「〜に」をとることによって、丁度同じような経緯をたどっていることも興味深いことです。たとえば、「アブラハムは神を信じた」（ローマ4：3）は「アブラハムは神に信頼した」と訳したほうがその感覚に近いかもしれません。[11]「もし、あなたがたがモーセを信じているなら、私を信じたはずだ。」（ヨハネ5：46）や、「しかし、私が真理を語っているので、あなたがたは私を信じない。あなたがたのうち、一体誰が、私に罪があると責めることができるのか。私が真理を語っているのに、なぜ私を信じないのか。」（同8：45〜46）なども「〜に信頼する」というように読んでみてください。

また、信仰のイエスとの結びつきは、上記のような「イエスに信頼する」とか、前置詞ギエイスを伴った対格の言い回しで「イエスに向けての信仰」というように表現されています。決して、直接にイエスを対格（目的語）として語っていませんが、日本語聖書では「イエスを信じる」と目的語のように訳されているところから、わかりにくくなっています（ヨハネ3：36、12：11、使徒10：43、14：23、19：4、Iヨハネ5：10、13など多数）。ただし「事柄や命題を信じる」ような場合は、対格を取る他動詞のように使われていますが、日本語では「〜と（〜ということを）信じる」と訳されています。以下がその例です。「私たちは、主イエスの恵みによって救われると信じていますが、これは、彼ら異邦人も同じことです。」（使徒15：11。9：26も参照）「私たちは、キリストと共に死んだのなら、キリストと共に生きることにもなると信じます。」（ローマ6：8。10：9も参照）

単数形の「罪」と複数形の「罪」

さらに、名詞の「罪[ギ]ハマルティア」は新約聖書において単数形と複数形で語られていますが、日本語では一様に「罪」と訳されていことが不明瞭さを生みます。聖書のこの使い分けにはそれなりの意味があるからです。要点を言えば、ユダヤ教的律法主義によると罪は複数形で語られます。なぜなら、彼らにとっての罪とは、あの規定、この規定を破ることであり、ひとつ、ふたつと数えられ、多い、少ないと量れるもの（実体概念）であるからです。それと同様に、キリスト者であるなしに関わらず、生活のなかで為す過ちや悪の行為を語るときの罪も複数形が使われています。

これに対して、イエスが中心的に語り、パウロも伝えた罪は、おもに単数形で表現されています。

〝神学的に非常に重要であるのは、まず第一に、罪についてのパウロの発言である。もちろん罪の「教説」ではない。罪を単数で表す用法は、既に七十人訳にある。……個々の罪については、パウロ自身はローマ7：15〔5の誤植か＝河野〕、Ⅰコリ15：17（3節に従う）で語るだけであるが、意味上はローマ14：23、Ⅱコリ11：7でも単数である。〟（『ギリシア語新約聖書事典Ⅰ』「ハマルティア」

の項、100頁)

とあるように、です。それは、「神に反逆・背信している」という根源的・実存的な状態(関係概念)である罪を意味しているからです。[12]

日本語における「罪」と「罪を犯す」

これらのことは、私たち日本のキリスト者が罪について語るときに注意深くあらねばならないことを教えてくれます。というのは、私たちが生きている現代日本社会においての罪という言葉は、「刑罰を課せられる不法行為。法律上の犯罪」という意味で語られることが多いからです。それ以外にも「社会の規範、風俗・道徳などに反した悪行、過失、災禍など」と考えられるのです(以上、『広辞苑』から抜粋)。すると、聖書を読んで罪という言葉に抱くイメージもそのようなものになり易く、それは、上述のユダヤ教律法主義のそれによく似た、「あれこれの悪い行い、律法違反」となってしまうからです。

「罪を犯す」という動詞については、ヘブライ語でもギリシア語でも自動詞的一語である言葉が、日本語聖書によっては「罪を」という目的語と「犯す」という他動詞の二語で表されていることが私たちを混乱させます。一案としては、新約聖書において「〜の前に、〜に対して」などが付いていない多くの場合、特に、イエスの言葉や書簡における著者の主張が書かれているところでは、新改訳

2017の旧約聖書と同じように、「罪を犯す」ではなく「罪に陥る」と訳すことが考えられてよいのかもしれませせん。たとえば以下のように、です。「あなたは良くなったのだ。もう罪に陥ってはいけない。」(ヨハネ5：14。8：11も。)「人は皆、罪に陥ったため、神の栄光を受けられなくなっていますが、……」(ローマ3：23)「怒ることがあっても、罪に陥ってはなりません。」(エペソ4：26。Iコリント15：34も。)「悪魔は初めから罪に陥っているからです。」(Iヨハネ3：8)それに対して、ユダヤ教の律法主義的考えによる発言は今まで通り、「罪を犯す」のほうが良いでしょう。その一例は「先生、この人が生まれつき目が見えないのは、誰が罪を犯したからですか。本人ですか。それとも両親ですか。」(ヨハネ9：2)です。とはいえ、「しかし、淫らな行いをする者は、自分の体に対して(ギエイス付きの対格)罪を犯すのです。」(Iコリント6：18)のような微妙な個所もあります。

それはともかく、言葉や翻訳を変えることがむずかしい現状において私たちのなすべきは、機会あるごとに丁寧に説明することでしょう。

3 毀損された《神のかたち》の悲惨

まとめると、神との約束(契約)を破り、神に背いた結果として、アダムとエバは霊的に「死んだ者」となってしまいます。それを《神のかたち》の毀損として三つの側面から描いている創世記3章についてこれから述べることになりますが、その最後の部分にある「エデンの園からの追放」（22〜24節）は、それを端的にこう語っています。

神である主は言われた。「人は我々の一人のように善悪を知る者となった。さあ、彼が手を伸ばし、また命の木から取って食べ、永遠に生きることがないようにしよう。」（永遠の命の失望、**実体概念**）神である主は、エデンの園から彼を追い出された。人がそこから取られた土を耕すためである。（神からの使命の喪失、**目的概念**）神は人を追放し、命の木に至る道を守るため、エデンの園の東にケルビムときらめく剣の炎を置かれた。（神への接近の拒絶、**関係概念**）

そしてそれは、アダムとエバに起きた全人類の悲惨な状態の始まりとして描かれたものでもあります。以降、3章の記述に沿って、概念別に詳しく見てみましょう。

3―1　神との関係の断絶：関係概念

神と断絶した人の偶像礼拝への傾斜

神の祝福の契約を破った人は、主が園を歩き回る音を聞くや、神である主の顔を避けて、園の木の間に身を隠します（創世記3：8～10）。そのように、神との関係に恐れが入って自ら神に疎遠になっていった人には、男と女の間でも対立が生じました（12、16節）。そして、ついに神は人をエデンの園から追放し、命の木への道にケルビムときらめく剣の炎を置いて、彼らがそこに帰られないようにしました。すなわち、神との関係が断絶してしまったのです（24節）。以来、アダムとエバの子孫である人類は、神を知らない中で生まれ育つ、「神からの疎外」を運命づけられました。

そのように、親しく交わり、信頼することのできる対象である神を失った人間は、何にも頼らずに孤高に生きていくほどに強くはありませんので、その人生は恐れと不安に満ちたものにならざるを得ません。その結果、「自分では知恵ある者と称しながら愚かになり、不滅の神の栄光を、滅ぶべき人間や鳥や獣や地を這うものなどに似せた像と取り替えたのです。……」（ローマ1：22～25）とあるように、偶像を刻んでそれを自分の神として礼拝するようになってしまいます。それが、旧約時代における異邦の民（神に選ばれたイスラエル以外の民）において生じた現象です。しかし同時にそれは、主なる神による出エジプトを体験したイスラエルにとっても大きな誘惑として存在したので、あの十戒において主は、第一戒の「あなたには、私をおいてほかに神々があってはならない。」に続いて、「あなたは自分のために彫像（偶像）を造ってはならない。……それにひれ伏し、それに仕えてはならない。」（出エジプト記20：1～6）と告げたのですが、以降のイスラエルは、周知のように、何度もその誘惑に負けてしまったのでした。そこでも、真の神、主が神の民として彼らを選んで現れ、その恵み深さと世界を支配する権能を示したにもかかわらず、それを理解することができない罪人となってしまっている、人間の悲惨をよく物語っています。

偶像礼拝とは、人間が自分の「心の欲望」（ローマ1：24）を神としたものであり、そこには健康、長寿、繁栄、権力、そして富などへの願望が込められています。そのように、人が神の替わりに何か別のものに依存して生きようとするとき、それは人を奴隷として縛り付けるようになります（ガラテヤ4：9）。それは、不幸にも悲しい「依存症」の症状を呈して不健全なのですが、人はなかなかそこから抜け出ることができない人生を歩むこととなります。イエスは特に富の偶像化を、「誰も、二人の主人に仕えることはできない。一方を憎んで他方を愛するか、一方に親しんで他方を疎んじるか、どちらかである。あなたがたは、神と富とに仕えることはできない。」（マタイ6：24）と警告しました。ここでの「富ギマモン」は、アラム語の富を意味する「マモン」をそのままギリシア語に音訳したものであり、当時のイスラエルにおいて、「マモン」という固有名の偶像として人々の間に流布していたことを暗示しています（マタイ6：19～24、19：18～30。Ⅰテモテ6：9～10、ヤコブ5：1～6も参照）。

人間関係における分断

そして、互いに補い合う相手として造られた男と女の間にも亀裂が生じます。神がアダムに「取って食べてはいけないと命じておいた木から食べたのか。」と問うと、彼は「あなたが私と共にいるようにと与えてくださった妻、その妻が木から取ってくれたので私は食べたのです。」と、直前には「これこそ、私の骨の骨、肉の肉」(創世記2：23）とラブコールを送っていた女に責任転嫁します（同3：11〜12)。さらには、二人の間に対立、そして支配と服従という力関係が生まれます(16節)。このようにして、人は神と断絶しただけでなく、人との間にも疎外、敵対が入ってきたのです。

現代は、どの時代にもまして「自己中心の時代」、「人間分断の時代」と感じます。しかしそれは、単なる現代文明的現象としてではなく、人が罪に陥っていることの証しとして捉えるべきでしょう。そのことは、旧約知恵文学の一つである箴言において、家族・家庭という場を中心的視座としつつ《神のかたち》を生きる大切さが語られ、その中には人間関係に関する訓戒が多いことからもわかります。1章7節で「主を畏れることは知識の初め。」と語られた後、父の諭しが7章まで続きます。そして、格言集やソロモンの箴言と呼ばれている中にある、「柔らかな受け答えは、憤りを鎮め、傷つける言葉は怒りをあおる。」(15：1)、「一切れの乾いたパンしかなくとも平穏であるのは、いけにえの肉で家を満たして争うことにまさる。」(17：1)、「人から離れ去る者は欲望を求め、どのような考えにも反対する。」(18：1)、「人を偏り見ることは良くない。」(28：21) などは、そのごく一部です。

イエスが語った「いなくなった息子」のたとえ話(ルカ15：11〜32) は、その罪のもたらす悲惨を「放蕩の生活」としてよく物語っています。

3―2　霊の命における死：実体概念

罪の報酬としての死

人間を創造したとき、「ただ、善悪の知識の木からは……取って食べると、必ず死ぬことになる（死ぬ＝新改訳２０１７）。」（創世記2：17）と警告していた神は、それを破って罪に陥った人に、今や「あなたは塵だから、塵に帰る。」（同3：19）と宣告します。2章7節で「神である主は、土の塵で人を形づくり、その鼻に命の息を吹き込まれた。人はこうして生きる者となった。」と書かれていたのに、ここでは、人は「塵」と言われているだけです。そして、神は二人が命の木から取って食べ、永遠に生きることがないようにしました（同3：22）。それは、《神のかたち》の生命論的側面である「霊の命」を失い、そのままで「永遠の命」に生きるに至らない罪人の人生のことを物語っていると思われます。[13]

新約で「罪の支払う報酬は死です。」（ローマ6：23）と語られている死も、生物学的な死のことを意味しているのではなく、霊の命を失ってしまっている状態、および、その結果として地上の死が永遠の死の確定（滅び）となることを言っていると言えましょう。[14]「このようなわけで、一人の人によって罪が世に入り、罪によって死が入り込んだように、すべての人に死が及んだのです。」（ローマ5：12）、「つまり、アダムにあってすべての人が死ぬことになったように（死んでいるように＝新改訳２０１７）

……」（Ⅰコリント15：22）とはその死についてのことであり、そのような人類である「あなたがたは、過ちと罪とのために死んだ者（死んでいた者＝新改訳2017）であって」（エフェソ2：1）と、キリスト者となる以前の人間は「死んでいる」状態であったと書いてあるとおりです。ですから、人が地上の死を恐れるのは、霊の命を失っている罪人にとっては地上の死が滅びとなるのですから当然です。ところが、地上の死は厳然とした現実ですので、一方で多くの人は「死を忘れて（意識しないようにして）生きる」ために日常生活に没頭します。他方では、転倒して「死を美化する」ことも生じます。日本で死者を弔う儀礼が死後50年にわたって丁重に行なわれ、その後は祖先を神として崇拝する習わしにもそれを見ることができます。

「肉の人」「自然の人」の生き様

そのような人間のあり様を、旧約聖書は創世記6章以降、動物たちと同じように「肉（なるもの）」と呼んでいます（創世記6：3、12、13、17、19、7：15、16、21、8：17、9：15～17など）。そして、新約聖書におけるパウロも、律法の下にありつつも神への信頼に至らない（キリストの救いを受ける前の）ユダヤ人のことを、ローマの信徒への手紙7章で以下のように「肉の人」と表現しています。「私たちが肉にあったときは、律法による罪の欲情が五体の内に働き、死に至る実を結んでいました。」（5節）、「私は肉の人であって、罪の下に売られています。」（14節）そして、律法によって明るみに出される罪の行いを具体的には次のように言っています。「肉の行いは明白です。淫行、汚れ、放蕩、偶像礼拝、魔術、敵意、争い、嫉妬、怒り、利己心、分裂、分派、妬み、泥酔、馬鹿騒ぎ、その他このたぐいのものです。」（ガラテヤ5：19〜21。ローマ2：17〜3：20、Ⅰコリント3：1、Ⅰテモテ1：8〜10参照。後出の第五章の注31もご覧ください。）

他方でパウロは、罪を明らかにする律法による旧い契約、あるいは人に罪からの救済をもたらすイエス・キリストによる新たな契約に基づく神の働きかけを、まだ受けていない異邦人の罪人としての生活については、「偶像礼拝」（ローマ1：19〜25）、「恥ずべき情欲に生きること」（同1：26〜27）に加えて、「あらゆる不正、邪悪、貪欲、悪意に満ち、妬み、殺意、争い、欺き、邪念に溢れ、陰口を叩き、悪口を言い、神を憎み、傲慢になり、思い上がり、見栄を張り、悪事をたくらみ、親に逆らい、無分別、身勝手、薄情、無慈悲になったのです。彼らは、このようなことを行う者たちが死に値するという神の定めを知っていながら、自らそれを行うばかりか、それを行う者を是認さえしています。」（同1：29〜32）と洞察しつつ、彼らを「自然の人」[15]（Ⅰコリント2：14）と呼んで、律法の下にありながらキリストを受け入れないユダヤ人について語るときの「肉の人」（ローマ7：14、Ⅰコリント3：1）と使い分けているように見えます。しかし、「自然の人」と呼ばれる異邦人であれ、「肉の人／肉に従う者／肉の内にある者」と呼ばれるユダヤ人であれ、主なる神に信頼を寄せていない人、キリストを知らない人、聖霊を受け入れない人は同じように、罪に支配された生活をすると指摘しています[16]。

このような「自然の人」「肉の人」の生き方をラインホルド・ニーバーは「肉欲としての罪」として論じ、肉欲とは（ⅰ）自らの目的を破壊するまで自己愛を拡大すること（自己の神格化）、（ⅱ）自己の外側にある過程や人間の中に神（偶像）を見出すことによって自己の牢獄から逃避しようとする努力、（ⅲ）罪が造り出した混乱から、何らかの潜在意識の存在形態（偽りの安らぎ）に安住しようとする努力であると、まとめています。[17]

そのような人間社会の文化においては、真理を探求し、善を選び取り、美を喜び楽しむ価値が大きく棄損されてしまいました。結果、偽りが利得の大義で横行し、悪が暴力とともに社会に蔓延し、美よりも醜悪さを好むような頽廃したサブカルチャーが闊歩する社会となっています。このように、霊の命を失った「自然の人」「肉（なるもの）」として滅びの死に向かって生きている、儚く悲しい人生を「見失った羊のたとえ話」（ルカ15：3～7）は、端的に描き出しています。

3―3　人として生きる目的の歪曲：目的概念

呪われた大地を耕す、苦労の人生

罪に陥ったエバとアダムに、さらなる悲惨な生活が神から宣告されました。女に言われた、「私はあなたの身ごもりの苦しみを大いに増す。あなたは苦しんで子を産むことになる。」（創世記3：16）がその一つでした。女の人生の象徴として子どもを産むことがとりあげられ、「産めよ、増えよ、地に満ちて、これを従わせよ。」(同1:28)と、神の祝福であった子どもを産み育てる生活の中に、大いなる苦しみが入ったことを語っています。他方、男には「あなたのゆえに、土は呪われてしまった。あなたは生涯にわたり、苦しんで食べ物を得ることになる。」(同3:17)と語ります。男の生活の中心として与えられた労働は本来、食を得るためのものではなく、神に仕え、神の共働者(パートナー)として地を治め、守るために働くという、喜びに満ちたものでした(同2:9、16参照)。ところが今や労働は、エデンの園の外で、呪われて茨やあざみを生じるようになった大地と戦いつつ耕す苦労となったばかりか、食を得るための仕方なしの枷《かせ》のようになってしまいました[18](同3:18~19前半、23)。すなわち、女も男も、その人生の中に戦いと苦しみが入ったばかりでなく、神の栄光を現すために(礼拝行為として)生き、神から委託された共働の使命を遂行するという、人生の崇高さと祝福が失われてしまったのです。それは《神のかたち》の目的論的側面が歪められ、その結果、あらゆる人生の営みが空しくなったことを意味しています。

「空の空。一切は空」

ここでは、旧約聖書の知恵文学に属し、そのなかでもユニークなコヘレトの言葉を思い起します。「ダビデの子、エルサレムの王、コヘレトの言葉」(1:1)とはソロモンの言葉と理解されていますが、彼の時代は栄華を極めただけでなく、彼には人並みならぬ知恵が与えられていました（列王記上8：22〜10：29参照）。ところが彼は、開口一番「コヘレトは言う。空の空、空の空、一切は空である。太陽の下、なされるあらゆる労苦は、人に何の益をもたらすのか。」（1：2〜3）と語り、短く、儚い人生において「太陽の下でなされるすべての労苦と心労が、その人にとって何になるというのか。彼の一生は痛み、その務めは悩みである。夜も心は休まることがない。これもまた空である。」（2：22〜23）とも言います。神の民イスラエルの王であり、知恵深いソロモンは、「私は知恵を知るために心を尽くし、地上でなされる人の務めを見ようとした。昼も夜も、見極めようとして目には眠りがなかった。私は神のすべての業を見た。」（8：16〜17前半）と、人生と社会の現実を観察し尽くす努力をしたことを語りますが、すぐこう嘆きます。「太陽の下で行われる業を人は見極めることはできない。人が探し求めようと労苦しても、見極めることはできない。たとえ知恵ある者が知っていると言っても、彼も見極めることはできない。」（8：17の続き。3章も参照）神を信じて神に人生をゆだねていてもなお、この世での生活の現実は労苦と不平等と不条理に満ちていると感じざるを得ないのです。ここに創世記3章17〜19節の言葉が反響しています。コヘレトの言葉は、最後の12章において「若き日に、あなたの造り主を心に刻め。」（1節）と人生の最重要点を語り、「神を畏れ、その戒めを守れ。これこそ人間のすべてである。神は善であれ悪であれ、あらゆる隠されたことについて、すべての業を裁かれる。」（13後半〜14節）と希望をもって締めくくりますが、それが多くの人の生き方を根底から変えるほど明確になるには、新約のイエス・キリストによる贖いを待たなければなりません。

それは、「無くした銀貨のたとえ話」（ルカ15：8～10）において、価値と目的をもって造られた銀貨が人間の手から落ちてしまい、価値はありながら、その価値を発揮して目的を全うすることができなくなっている姿として描かれているのと似ています。しかしながら人は、生きている価値も意味も目的もないと思いながら生きていくことはできない存在です。すると現代人は、自分で価値を付加していこうとし始めます。大多数の親が自分の子どもに幼いときから、他人に優った価値を付けるために教育を施し、体力をつけさせ、稽古事に時間を費やさせるようになるのは、その現れです。それら自体は良いことなのですが、それらを身に付けることによって自分の価値を増し、社会的に高い評価を得ることが目指されるようになることに問題があるのです。日本では古来、地位や名誉や肩書きを得ることを「箔を付ける」と言ってきましたが、言い得て妙です。中身そのものに価値があると考えられないと、人は外側に箔、すなわちメッキを張って、自分は価値ある人間であることを見せようとするというのでしょう。このように、神から価値ある者として創造され、神の栄光のために一人一人使命を委託されていることを知らないならば、人はただ自力で自分の価値を高めて、他人に認められるように生きざるをえません。しかしそれは、とても空しい罪人の人生です。

＊

このような罪人の悲惨な状態を、新約のパウロはローマの信徒への手紙3章9〜18節において、詩編とイザヤ書から引用した文章で一気に描いています。その前半（3：9〜14）を三つの概念を念頭に置いて読むとき、奇しくもそこに、私たちの三つの概念に属する言葉による表現を見出すことができます。

すでに指摘したように、ユダヤ人もギリシア人も皆、罪の下にあるのです。次のように書いてあるとおりです。

「正しい者（義人＝新改訳2017）はいない。一人もいない。
悟る者はいない。
神を探し求める者はいない。（関係概念）
皆迷い出て、誰も彼も無益な者になった。
善[19]（有益なこと＝河野）を行う者はいない。
ただの一人もいない。（目的概念）
彼らの喉は開いた墓であり
彼らの舌で人を欺き

その唇の裏には蛇の毒がある。
口は呪いと苦味に満ち……」（実体概念）

注

（1）悪そのものの起源について、聖書がどのように語っているかは明確に答えることはできません。その謎に関する神学的議論の要約的説明としては、李信建『キリスト教神学とは何か』ヨベル、２０２０年の第10章、本格的な書としては、M・S・M・スコット『苦しみと悪を神学する――神義論入門』教文館、２０２０年をご覧ください。

（2）アダムが木の実を取って食べる「その日／とき必ず死ぬ（死んで死ぬ）＝直訳」の「死ぬ。」（新改訳２０１７参照）という言葉を聖書協会共同訳は「死ぬことになる。」と訳して、「死」を生物学的死と理解しながらアダムが即座には死ななかったことを弁明するような訳としています。しかし、ここは新改訳２０１７の率直な訳が良いと思います。

（3）聖書における「死」は、「自然の体（この世の命）の死」、「第二の（永遠の）死」の意味でも使われている言葉です。しかしそのイメージは「関係性の喪失、交わりの断絶」であり、最も深刻なのは「神との関係の喪失」です。それを意味する「霊的な死」という表現は聖書の中にありませんが、一般的な「自然の体（この世の命）の死」とは違うことを表すためにそう呼びます。「神の前での死」あるいは、現代的に「実存的な死」とも言い換えられるでしょう。H・W・ヴォルフ『旧約聖書の人間論』216〜218頁、および本書第二章62頁の月本昭男の言葉も参照。ということは、3：6でアダムが取って食べたとき彼は「即座に、霊的に死んだ」ことを意味し（〝原死〟）、以来アダムの子孫は「霊的に死んでいる」と受け取ることができます。

（4）「無価値な思い」は、その前の「神を知っていることに価値があると思わなかった」を受けたものでしょうが、わかりにくい表現です。ここのギリシア語は「アドキモン・ヌーン」であり、千葉惠は「叡智（ヌース）の機能不全」と訳しています（『信の哲学 上巻』北海道大学出版会、477～493頁参照）。

（5）西方教会と東方教会の解釈の詳しい議論は、拙著『わかるとかわる！《神のかたち》の福音』118～122頁をご覧ください。また、『福音主義神学48号』日本福音主義神学会所収の山口希生の論文「宇宙的な力としての罪」も参照。

（6）『新聖書辞典』いのちのことば社の「罪」の項（河野執筆）を参照。

（7）『旧約宗教の特質』日本基督教団出版部の「罪は、違反であるよりも反逆である」という項目、86～87頁。

（8）N・H・スネイスの『前掲書』84～85頁参照。

（9）月刊『いのちのことば』いのちのことば社、2018年1月号「『新改訳2017』訳語選定にこめた思い」6頁。

（10）マルティン・ノート『契約の民 その法と歴史』日本基督教団出版局の「五書における法」を参照。そこでの法理解の変遷については、拙著『わかるとかわる！《神のかたち》の福音』199～202頁で紹介しています。

（11）この七十人訳から引用した創世記15：6のヘブライ語も「アブラハムは主に信頼した」と訳したほうがよいと思われるものです。ガラテヤ3：6、ヤコブ2：23も参照。

(12) 単数形の「罪」は、ヨハネ1：29、8：34（2回）、9：41（2回）、16：8、9、ローマのほとんどすべて、そしてヘブライ4：15（「罪なしに＝直訳」）に典型的に見られます。小林稔『ヨハネ福音書のイエス』岩波書店のⅢの2章「罪の概念」、および大貫 隆他編著『受難の意味』東京大学出版会所収の、大貫隆『苦難を『用いる』――パウロにおける十字架と受難の神学」も参照。

(13) 創世記5章の「アダムの系図」において、10人すべての寿命が永遠の命を象徴する1000年に至らない記述も、それを表していると思われます（拙著『現代を創造的に生きるために』いのちのことば社、82～83頁参照）。

(14) この項で引用している諸聖書箇所の聖書協会共同訳については、本章の注3、及び「1．人間の邪悪性の始まりとしてのアダムの堕罪」の「堕罪したアダムと私たちとの『霊的な死の連帯性』の項（75頁）を参照。

(15) ギプシュキコス・アンスローポス。Ｉコリント6：9～11も参照。また、パウロの「ギリシア人」（ローマ1：16、3：9など）、そして、ヨハネ以外でのユダヤ的用語法に基づく「民／異邦人ギタ・エスネー（主に複数形）」（マルコ13：10、マタイ20：19、Ｉテサロニケ4：5など）、さらには、Ｉコリント（1：18～31など）を中心としたパウロ、及び、ヨハネによる福音書（1：9～10、3：16～21、14：17～31、15：18～27、17：6～26など）や手紙（Ｉヨハネ2：15～17、4：4～5、5：19など）における「世ギト・コスモス」もそれに近いニュアンスで使われていると思われます。後出の第五章注33も参照。

(16)「自然の人」「肉の人」については、後述の本書第四章1．イエスとして受肉した御子の生涯（102頁）、及び、第六章にある図表、パウロにおける〈人の実存における肉と霊〉の説明（197頁）も参照。

(17) ラインホルド・ニーバー『人間の本質』聖学院大学出版会の「第八章　罪人としての人間（承前）のⅢ　肉

欲としての罪」262～273頁は、罪のこの側面を詳しく論じています。

（18）23節「人がそこから取られた土を耕すため」とあり、2：15「そこを耕し、守るためであった。」の「守る」が語られなくなっています。

（19）「善」は[ギ]クレーストテースですが、直前の「無益な者になった」[ギ]アクレイオオーと同じ語根の言葉であり、文の意味の上からも目的概念である「有益なこと」と訳すのがよいと思います。ちなみに、ここの引用元である詩編14：3のヘブライ語は「トーブ」であり、その意味を含む語です（第二章の注12を参照）。

第四章　御子の受肉と十字架と復活

「人はどこから来て、どこへ行くのか？」という問いを考えるとき、「どこ」というのは、ただ場所的、時間的始まりや歴史的終着点を問うよりも、人はどうしてこのようなものなのかという存在の意味を理解するために、その始源と終極を問うているのでしょう。聖書はその二つの問いに対して、それは「真性な《神のかたち》である神の御子・キリスト」と答えているのです。いきなり、このように言っても何のことか理解できないかもしれませんが、聖書が語っているのは、そのことです。

まず第一章で述べたように、人が《神のかたち》に創造されたときの原型である《神のかたち》とは、世界と人を創造した当の神の御子・キリストのことでした。続く第二章では、そのような御子に似せて創造された人の《神のかたち》性は、三つの概念によって説明されていることを見ました。しかし、神に背いて《神のかたち》を毀損した人間は、霊的に死んでいる「罪人」となってしまったばかりか、自分が《神のかたち》を毀損しているという自覚さえ持つことができなくなりました。すなわち、本書のタイトルでもある「自分はどこから来たのか?」がわからなくなってしまったのです。そのような人が、自分の力でその毀損を回復することができるはずはありません。それが罪人となった人間の悲惨であり、第三章で述べました。

聖書が創世記4章以降で語るには、驚くべきことに、神はこのような私たち人類の《神のかたち》を回復させるために、自分が選んだ民を通して働き続けたということです。それが旧約聖書に記されているイスラエルの歴史です。そして遂に、オリジナルかつ真性な《神のかたち》である神の御子をイエスとしてこの世に遣わし、もともと彼に似せて創造されていた人間の本来の姿を、はっきりと示してくれました。それればかりか彼は、私たちの毀損された《神のかたち》を回復するという救いの道を開いてくれました。それがイエスの生涯と十字架の死、そして復活の出来事です。

本章では、イエスとして降誕した御子・キリストが、どのような意味で私たちの救い主であるのかについて述べることとします。

1　イエスとして受肉した御子の生涯

驚くべきこと。御子の受肉

新約における御子・キリストは、イエスとして処女マリアより生まれたと記され(ルカ1〜2章)、ヨハネはそれを「言《ことば》は肉（ギサルクス）となって、私たちの間に宿った。」（ヨハネ1：14）と語っていますので、私たちはそれを「受肉」と呼んでいます。他にも、以下の箇所がそのことを述べています。「御子は、肉によればダビデの子孫から生まれ」（ローマ1：3）、「神は御子を、……罪深い肉と同じ姿で世に遣わし」（同8：3）、「キリストは……ご自分の肉によって、敵意という隔ての壁を取り壊し」（エフェソ2：14）、「キリストは肉において現れ、霊において義とされ」（Ｉテモテ3：16）、「キリストは、人として生きておられたとき（直訳＝彼の肉の日々）」（ヘブライ5：7）、「イエスは、垂れ幕、つまり、ご自分の肉を通って、新しい生ける道を私たちのために開いてくださったのです。」（同10：20）などです。また、「神は、その御子を女から生まれた者……としてお遣わしになりました。」（ガラテヤ4：4）、「ただ、『僅かの間、天使より劣る者とされた』イエスが、……『栄光と誉れの冠を授けられた』のを見ています。」（ヘブライ2：9）も参照ください。

ただ、フィリピの信徒への手紙2章6～8節の「キリストは、神の形でありながら、神と等しくあることに固執《こしつ》しようとは思わず、かえって自分を無にして、僕《しもべ》の形をとり、人間と同じ者になられました。人間の姿で現れ、へりくだって、……」だけは、イエスのことを「神である方が〈人間〉と同じようになったのだ」と表現しています。しかし、このような言い方は新約でここだけですし、その「人間」は「肉なる人間」のことであることは明瞭でしょう。

「肉」[1]とは、（ｉ）基本的には、被造物を外的・自然的存在という視点からとらえた人間、獣全体の意味です。端的に言えば「被造物であるひと」を表します。（ii）しかし同時に、その「ひと」は神の前に罪に陥ったアダムの子孫として霊的な死の下におり、その点で、肉は霊の注ぎなしには神を知りえないばかりか、神の前に立たされても「神に信頼することのできない存在」であることも意味しています。

すると、私たちがクリスマスの奇跡を、フィリピの信徒への手紙2章7節にならうように「神が人間と同じようになられた」と言うだけでは、現代の人々にその十分な意味を伝えきれていないのではないでしょうか。神が神であることをやめて人間になったわけではありません。また、肉体（物質的体）を持たない神の御子が、肉体（物質的体）を持つ人間となったということでもありません。その奇跡の真の意味は、真の神であり真の人である（「霊の体」を持った）御子・キリストが、被造物でありつつ、神から離反して弱さと死とに支配されて生きている私たちと同じ肉をとるべく、肉なる人類の一人であるマリアから生れたことです。ヨハネによる福音書1章14節もその意味から解釈されるべきことは、同じヨハネによる福音書3章6節「肉から生まれたものは肉である。霊から生まれたものは霊である。」を見るときにうなずくことができるでしょう。

肉となりながら、罪に陥らなかったイエス

ところが、イエス・キリストはその生涯において罪を犯さなかった（罪に陥らなかった）と記されています。「神は、罪を知らない方を、私たちのために罪となさいました。」（Ⅱコリント５：21）「この大祭司は、私たちの弱さに同情できない方ではなく、罪は犯されなかったが（罪なしに＝直訳）、あらゆる点で同じように試練に遭われたのです。」（ヘブライ４：15。ヨハネ８：46〜47、ヘブライ７：26〜27も参照）ここで、《神のかたち》の原型としての御子・キリストを知っている私たちは、その方が受肉したイエスであれば、それは当然と受けとめることができるでしょうが、「肉となった」イエスが罪を知らず、罪に陥らない生涯を全うしたのは、どうして可能だったのでしょうか。聖書は、イエスの誕生を「言の受肉」と記すとともに、「母マリアはヨセフと婚約していたが、一緒になる前に、聖霊によって身ごもっていることが分かった。」（マタイ１：18）と記しており、イエスが公に宣教活動を開始するときのバプテスマにあっても、「すると、天が開け、神の霊が鳩のようにご自分の上に降って来るのを御覧になった。」（同３：16）と報告しているのがヒントです。

そして、イエスが「罪に陥らなかった」という意味については、悪事はもちろん、律法違反や不道徳的なことも行わず、また過失さえもまったくなかったことはもちろんですが、むしろ中心は、イエスは私たちと同じ試練（誘惑）に遭いつつも、決して神（父）を裏切ること、神に反逆することはなかった。いつも神に信頼を寄せ、従順であったということでしょう。アダム、エバと同じように、実際、イエスもその活動に先立って悪魔の誘惑を受けていますが、そこでイエスはアダム、エバとは対照的に、神の言葉、旧約聖書を引用しながら、神への絶対信頼と従順を貫いています（ルカ４：１〜13。

マタイ4：1～11も参照)。自分の死を意識させられたゲッセマネの祈りの際には、深く悩みもだえて祈りながらも「しかし、私の望みではなく、御心のままに。」(マルコ14：36) と締めくくって立ち上がり、十字架に向かって行きました。

さらに驚くべきこと。キリストの復活

そのような生涯を歩み、十字架上で死んでいったイエスを、父なる神はそのままにしてはおきませんでした。「キリストが、聖書に書いてあるとおり私たちの罪のために死んだこと、葬られたこと、また、聖書に書いてあるとおり三日目に復活したこと、ケファに現れ、それから十二人に現れたことです。」(Iコリント15：3～5) そのときのイエス (キリスト) は、肉となって十字架の死に至るまでの「自然の体」とは違い、受肉前の状態と同じ「霊の体」をもって復活したのです。以下の聖句をご覧ください。「死者の復活もこれと同じです。朽ちるもので蒔かれ、朽ちないものに復活し、卑しいもので蒔かれ、栄光あるものに復活し、弱いもので蒔かれ、力あるものに復活し、自然の体 (血肉のからだ＝新改訳2017) で蒔かれ、霊の体に復活します。……聖書に『最初の人アダムは生きる者となった。』と書いてありますが、最後のアダムは命を与える霊となりました。つまり、霊のものではなく、自然のものが最初にあり、それから霊のものがあるのです。」(Iコリント15：42～46。Iテモテ3：16、Iペトロ3：18も参照)

福音書の報告を見ても、復活のイエスは、「自然の体」で生きていたときとは違う様子で描かれています。マタイによる福音書の最後、ガリラヤの山上では「そしてイエスに会い、ひれ伏した。しかし、疑う者たちもいた。」（マタイ28：17）とありますし、エマオの途上においても「一緒に食事の席に着いたとき、イエスはパンを取り、祝福して裂き、二人にお渡しになった。すると、二人の目が開け、イエスだとわかったが、その姿は見えなくなった。」（ルカ24：30〜31）、そしてエルサレムに戻っては「こう話していると、イエスご自身が彼らの真ん中に立ち、『あなたがたに平和があるように』と言われた。彼らは恐れおののき、霊（亡霊＝新共同訳）を見ているのだと思った。」（ルカ24：36〜37）この文章に続いては、「私の手と足を見なさい。まさしく私だ。触ってよく見なさい。霊（亡霊＝新共同訳）には肉も骨もないが、あなたがたが見ているとおり、私にはあるのだ。」（ルカ24：39）とあるように、体のない亡霊ではなく、人としての体があることを悟らせようとしています。すなわち、「霊の体」で復活したイエスであることを告げていると言えるでしょう(2)。

この復活のイエスはまもなく、「霊の体」を持った「真の神、真の人」として天に昇って行き、神の御座の右に着座しました。「こう話し終わると、イエスは彼らが見ている前で上げられ、雲に覆われて見えなくなった。」（使徒1：9。ヘブライ1：3、12：2も参照）そして、やがて再び、今度は「霊の体」のままで来ます。「白い衣を着た二人の人が……こう言った。『ガリラヤの人たち、なぜ天を見上げて立っているのか。あなたがたを離れて天に上げられたイエスは、天に昇って行くのをあなたがたが見たのと同じ有様で、またおいでになる。』」（使徒1：11）すべてを裁き、人類救済の業を完成するためです（ヘブライ9：28、Iテサロニケ4：14～17参照）。イエス自身も、こう言っていました。「それらの日には、このような苦難の後、太陽は暗くなり、月は光を放たず、星は天から落ち、天の諸力は揺り動かされる。その時、人の子が大いなる力と栄光を帯びて雲に乗って来るのを、人々は見る。その時、人の子は天使たちを遣わし、地の果てから天の果てまで、選ばれた者を四方から呼び集める。」（マルコ13：24～27）[3]

2 イエスの生涯と「神の国」の到来

「神の国」を地上にもたらす

多くのキリスト者がイエスの生涯について述べようとするとき、最後の十字架の死と復活に急ぎすぎるように感じます。もちろん、後で述べるように、それがイエスの生涯のクライマックスであることは間違いありませんが、約3年にわたると言われている彼の公生涯にも目を留める必要があります。マルコによる福音書の冒頭でイエスが「時は満ち、神の国は近づいた。悔い改めて、福音を信じなさい。」（1：15）と宣言しているように、その生涯は「神の国の到来を告げ、もたらす」というメシアの使命に沿った働きをなすためです。イエスがそれをどのようになしたかは、主に次の四つに分析できるでしょう。マイケル・ロダールはこのうちの（ⅰ）、（ⅱ）、（ⅲ）の三つをとりあげていますが[4]、それを参考にしつつ、私は（ⅳ）を加えて以下のようにまとめました。

（ⅰ）神の国のたとえ（秘義・原理）

イエスのたとえ話はしばしば「神の国（天の国）は……にたとえられる。」と始まっています。そこでは、地上の日常生活での題材が取り上げられますが、内容は神の国のことです。それは、ごく小さなものが瞬く間に大きくなること、この世の効率や成果に基づく原理とは違った、恵みという原理によって支配されていること、すべての人が等しく招かれており、特に低くされている人がそこでは高くされることにより、政治や経済のような社会的な構造に逆転が起こる（変容される）ことなどが述べられます。

それは驚くべきメッセージであり、ある者は聞いて喜びますが、ある者は怒ります。また、それは将来において完成するものですが、同時に、イエスに呼び出されて彼を知り、やがて注がれる聖霊を受けることによって、この世にあるうちにも経験し始める「神の支配」であることが示唆されます。

（ⅱ）神の国のしるし（証拠・力）

神の国が今ここに在ることは、イエスの癒しと悪霊の追い出しにその証拠を見ることができます。

主イエスの初期の宣教における悪霊追い出しを目撃して、人々はみな驚き、互いに「これは一体何事だ。……この人が汚れた霊に命じると、その言うことを聞く。」と言い交したことが記されています（マルコ1：27）。これは、神の国が今ここに来たことの、そして暗黒と抑圧の力が打ち破られたことのしるしでした。イエスが「私が神の霊で悪霊を追い出しているのなら、神の国はあなたがたのところに来たのだ。」（マタイ12：28）と言ったように、です。そのイエスがしばしば行った癒しの業も、将来に完成される神の国における「諸国の民の病の癒し」（黙示録22：2）が、現在すでに侵入して来ていることを証しするものでした。

(iii) 神の国の顕示（模範・愛）

イエスの生涯の歩みの特徴を挙げれば、それは、へりくだりと愛と仕えることだと言えるでしょう。その愛は、同胞と異邦人の隔ての壁を越える広い隣人愛であり、最も低くされている人の友となる深い愛、敵をも愛する激しい愛でした。それを示すようにイエスは、律法学者やファリサイ派の人々と対立しながら、たびたび徴税人や罪人と呼ばれている人たちと食卓の交わりをし、神の国におけるメシアの饗宴を催しました（イザヤ書25：6、8、マタイ8：11、9：9～17など参照）。

神の国はそのように、へりくだった愛と平和の支配であり、すべての人に開かれているものです。「すべて重荷を負って苦労している者は、私のもとに来なさい。あなたがたを休ませてあげよう。私は柔和で心のへりくだった者だから、私の軛を負い、私に学びなさい。そうすれば、あなたがたの魂に安らぎが得られる。」（マタイ11：28～29）とあるとおりです。

(ⅳ) 神の国の教え（説教・倫理）

イエスに呼びかけられて弟子となった者たちにイエスは、師である彼の生き方に倣うように教えます。それは、この世の人たちとは違った神の国の倫理を身に付けて生きることです。その典型が、教えをまとめた「山上の説教」（マタイ5～7章）です。それは一見、旧約の律法と対立しているかのように見えますが、イエスは旧約聖書で語られている律法のほんとうの意味を説き明かしているのであり、聖霊によってそれらを成就・完成することになる「神の国のライフスタイル」を教えたのでした。

その中核は、「あなたがたの父が慈しみ深いように、あなたがたも慈しみ深い者となりなさい。」（ルカ6：36）「私がお前を憐れんでやったように、お前も仲間を憐れんでやるべきではなかったか。」（マタイ18：33）とあるように、父なる神と御子イエスにならって、慈しみ深い人となることです（マタイ5：48、エフェソ4：32なども参照）。

自身を与え尽くしたイエス

ヨハネによる福音書においてイエスが語った言葉、「私は良い羊飼いである。良い羊飼いは羊のために命を捨てる。」（ヨハネ10：11。15、17〜18も参照）を読むとき、私たちの多くはイエスの十字架の死を思い浮かべるのではないでしょうか。ところが、この「命」はギリシア語では「プシュケー」であり、「魂、生涯、自分自身」とも言えるような言葉ですし、「捨てる」も元々「置く、預ける、献げる」という語ですので、ここでは、直接、十字架の死のみについて言及しているのではなく、それを含みつつも、イエスの地上の生涯全体をすべての人（羊）のために献げることを言い表していると考えることができます。また、「友のために自分の命を捨てること、これ以上に大きな愛はない。」（ヨハネ15：13）も、自分の生涯を献げることと理解します。

それに対して、同じく「命」と訳されている以下など多くの箇所は「ギゾーエー」であり、「永遠の命、霊の命」のことです。「言の内に成ったものは、命であった。この命は人の光であった。」（ヨハネ1：4）、「私は命のパンである。」（同6：48）、「私は復活であり、命である。」（同11：25）、「私は道であり、真理であり、命である。」（同14：6）は皆、そうです。

その区別を知ると、イエスはその生涯すべて（命・魂・自身）を私たちの救いのために献げてくれたことが明確になります。「神は、その独り子をお与えになったほどに、世を愛された。」（ヨハネ3：16）も、父なる神が私たちに与えてくれたのは、御子イエスの受肉に始まる生涯全体であると理解できるでしょう。共観福音書における「人の子は、仕えられるためではなく仕えるために、また、多くの人の身代金（贖いの代価＝新改訳2017）として、自分の命（ギプシュケー）を献げるために来たのである。」（マルコ10：45。マタイ20：28も参照）も同様です。パウロが「この方は、すべての人のための贖いとして、ご自身を献げられました。」（Ⅰテモテ2：6。テトス2：14も）と言い換えていることも参照ください（後述の「キリストの『身代金（贖いの代価）』とは」〔149頁〕を参照）。また以下でも「命（ギプシュケー）」を、イエス自身ではなく弟子についてのことですが、「自分（自分自身）」と同じ意味で使っていたことがわかります。「私に付いて来たい者は、自分を捨て、日々、自分の十字架を負って、私に従いなさい。自分の命を救おうと思う者はそれを失い、私のために命を失う者はそれを救うのである。人が全世界を手に入れても、自分自身を失い、損なうなら、何の得があるだろうか。」（ルカ9：23〜25。マタイ、マルコの当該箇所、ヨハネ12：25も参照。）

3　イエスの十字架の死と復活の意義

もちろん、イエスの受肉、とりわけ洗礼（バプテスマ）に始まる「神の国」宣教の生涯には、終結・究極として十字架における死と復活がありました。この十字架の死とそれに続く復活、そして聖霊降臨がなければ、神の国は地上で開始しなかったと言ってよいでしょう。ですから、神の国をもたらすイエスの働きと言うとき、端的にはイエスの十字架における死と復活、さらにはパウロのように、「十字架」に集約して語ることは必ずしも間違ってはいません（Ⅰコリント1：17〜23前半、2：2、ガラテヤ3：1、6：12、14、エフェソ2：16、フィリピ3：18参照。）。

　では、イエスの受肉した生涯と十字架の死と復活が、どうして私たち罪人の救いのために必要、不可欠だったのでしょうか。御子がアダムの子孫として女から生まれ、私たちと同じ肉となったのは、その死によって「古い人間（肉の人、また自然の人）」である人類の歴史に終止符を打ち、私たちを復活による霊の命に生きる「新たな人間（霊の内にある人）」とするためでした。パウロはこう言います。「律法が肉により弱くなっていたためになしえなかったことを、神はしてくださいました。つまり、神は御子を、罪のために、罪深い肉と同じ姿で世に遣わし、肉において罪を処罰されたのです。」（ローマ8：3。ヘブライ2：14〜18も参照）そして、「天地創造の前に、キリストにあって私たちをお選びになりました。私たちが愛の内に御前で聖なる、傷のない者となるためです。御心の良しとされるままに、私たちをイエス・キリストによってご自分の子にしようと、前もってお定めになったのです。」（エフェソ1：4〜5）とあるように、人間の救済と神の国の完成は世界創造の目的だったからであり、創造の前から神はキリストにあってそれを聖定していたのでした。

　その神は人類救済に向けて、イエスの受肉以前にも、神の民イスラエルの歴史を通じて働いていたことを旧約聖書によって知ることができますが、その神の救済の働きを指し示している数ある預言のなかで最大のものとして教会が語り継いできたのが、イザヤ書52章13節〜53章12節の「僕の歌」です（イザヤ書42：1〜9、49：1〜7、50：4〜9も参照）。そこでは、人の罪、背きによる苦しみを担い、生ける者の地から絶たれて、多くの人を義とする〝苦難の僕〟が歌われており、その僕とはイスラエル、あるいは、イスラエルの残りの者たちを意味しながらも、究極的には十字架で死んでいった神の御子・キリストを指し示していると理解されてきました。

十字架における死の三表現

ここからは、特にそのクライマックスであるイエスの十字架の死と復活の意義について述べます。私たちがよく口にする「十字架」は、イエスの生涯全部を含みつつ、最後の死こそが彼の生涯を集約するものであることを言おうとしています。その代表的な言い方である「十字架の言葉」（Ⅰコリント1：18）は、「十字架の出来事」か「十字架の福音」と置換できるような神学化されたものです（同1：23、2：2の「十字架につけられたキリスト」も参照）。それとともに、具体的なイエスの十字架の死、そのものについて語るときの最も多い言い方は、パウロの「私たちの過ちのために死に渡され」（ローマ4：25。8：32も）や、「私たちの（罪の）ために死んでくださった」です（ローマ5：6〜8、Ⅰコリント8：11、15：3、Ⅰテサロニケ5：10。ヘブライ2：9、Ⅰペトロ3：18「苦しまれました」の異本「死なれました」なども参照）。これらは、多義的なイエスの死の意味をすべて含みつつ、それを一言で語っていると見るべきものでしょう。

しかし、聖書、特にパウロの手紙やヘブライ人への手紙におけるいくつかの場合、イエスの「十字架」（ギ スタウロス）は「死」（ギ サナトス）と交換可能な言葉ではないことを知るのは有益です。

（ⅰ）イエスの死そのものを具体的に語るときの「十字架」という語は、「人々の強制による悲惨な殺害」と結びつくものです。

（ⅱ）それに対して「死」という語は、深い含蓄なしに、自然の人、肉の人である人類の「滅びに運命づけられた、この世の命の終わり」を意味しています。ですから、特に手紙において「死」と「十字架」の言葉が使い分けられているのには意味があると言えます（アリスター・マクグラス『十字架の謎――キリスト教の核心』教文館、青野太潮『「十字架の神学」をめぐって』新教出版社などを参照）。

（ⅲ）そのように見るとき、以上の「十字架」と「死」の二つに加えて、イエスの十字架上での死には、さらに、神に背いている私たちのために自らを犠牲として献げたことを意味する「いけにえ」（ギ スゥシア）という語があることに気づきます。

そして、イエスの死についてのこれら三つの用語は、そのまま、私の語っている三つの概念の代表的な用語となっています。すなわち、「十字架」は**目的概念**、「死」は**実体概念**、そして「いけにえ」は**関係概念**でのものです。ここからは、「肉となったイエスの十字架の死と、霊の体による復活」が、私たち罪人の救いにとってどのような意義を持つと聖書中で理解されているか、これら三つの概念（側面）に基づいた理解を、一つずつ順にまとめてみたいと思います。[5] そのとき、イエスの高挙（復活と昇天）についても、イエスの死についてと同じように、三つの異なった説明がなされていることを見逃してはなりません。それは、以下の論述のなかで触れることになる、「神の子としての復権」（関係概念）、「新たな命の初穂」（実体概念）、「世界の王としての即位」（目的概念）です。

ですからここで述べようとしていることは、これまでの〝説〟のように、一つの見方だけを主張したり、あるいは、一つの見方を優位として他のものをそれに従属させたりするものではありません。とはいえ、イエスの十字架上での死と高挙の出来事は、神による啓示と人間救済のための唯一の出来事であって、三つに分化されるものでないことも当然です。以下は、聖書自体が、一つの出来事を同等で有機的に結びついた三つの概念（側面、意義）によって証言していることを分析したものです。

3―1　父なる神の代理として：関係概念

〝充足説〟と〝刑罰代償説〟

まず、神に対して反逆し、神との関係が断絶したまま生きている罪人と神との「仲保者」として、人類を神との交わりのなかにとり戻したイエスについて述べます。これに類する考えとして長い教会史を通じて語られてきたのは、アンセルムス（11世紀）による〝充足説（満足説）〟です。その説は、このように言います。人間は神からその名誉を奪い取った罪（無限の負い目）を返還しなければなりませんが、それは人間には返しきれない負債です。それに対して神には、身代わりの誰かに償わせるか、永遠の処罰をするか二者択一しかないのですが、神は前者を選び取って真の神である御子を人として遣わし、罪のない彼に十字架の死をもって人類の罪を償わせました。それによって奪い取られていた神の名誉が回復（充足）しました。

一方、プロテスタント神学で説明されることが多いのは、アンセルムス時代にもあった〝刑罰代償説（懲罰的代理説）〟です。〝宗教改革者たちは充足を、罪人の身代わりにキリストが刑罰を受け、聖なる律法に基づく聖なる怒り（例えば、神の懲罰的公正＝因果応報）が罪人に対して課している要求を充足させる行為と考えた。[6]〟と、要約されているものです。

ただこれらには、ものごとを実体的に思考する中世思潮に従って、「罪」を「神の名誉、あるいは神の懲罰的公正（正義）などの欠損」と考え、イエスはその欠損を充足したという共通点がありますので、大きくは両者とも〝充足説〟と言えるものです。それらには、不義という欠損（罪）のある人間を、その欠損の清算なしに正義の神は受け入れることができないとの考えがあります。特に、〝刑罰代償説〟について言えば、「正義の（公正な）神（父）は罪人にその報いとして、死と滅びという破壊的な刑罰を与えることによって正義を全うする審判者であるが、子なるキリストは愛をもって罪人の受けるべき刑罰を身代わりに受けることによって、聖なる律法の要求を満たした」という見方に導く傾向があります。

しかし、「刑罰（懲罰）」という言葉を使うのには注意深くなければならないと私は考えます。なぜならそれは、そこでは、神の怒りが罪人への強い愛の裏返しであることを見落としていますし、キリストの御業によって、律法に基づいた懲罰的公正を満たす（公正の欠損を償う）こと以上に、人の罪（神に対する反逆）による人格関係の断絶を、愛と信実に満ちた神自身が犠牲を払って修復したものであることを説明し切れていません。またそれは、罪に対する解決が御子の十字架の死のみで説明され、復活が重要な位置を占めることができないことにも通じています。さらには、そこでの刑罰という概念が刑法的なものであり、聖書のなかで赦し、和解などという民法的な概念で義が語られていることとそぐわないからでもあります。（この点については、本書第五章の「キリストの救い：《神のかたち》の回復」のところで詳しく論じます）。

罪人を赦し、自分と和解させる神（関係修復的側面）

私が「いけにえ」という語を維持しつつ、ここで述べようとしていることと両者との微妙かつ重要な違いは、私の結論を先取りすると、まず救いの意義を、人間の神に対する反逆とそれに対する神からの一方的な赦しという、「二人格間での関係修復（関係概念）」として説明しようとしていることです。次にそのためのキリストの「仲保」の業を、「身代わりによる罪の償い・清算」としてではなく、「父なる神の代理としての御子の『遺棄（死に渡されること）』」と、そこからの神の子の『復権（引き寄せられること）』」の出来事[7]と捉えることです。

たしかに、神に反逆し、神との約束を破った人に対して神は怒り、エデンの園から追放して罪人としての生活に任せ、渡しました。「そこで神は、彼らが心の欲望によって汚れるに任せられ、……恥ずべき情欲に任せられました。……無価値な思いに渡されました。」と三度も「任せられ（渡され）ました。」と述べられている通りです（ローマ1：18～32）。その悲惨な結果の中心は、神との関係の断絶であり、「失われている」状態です。しかしそれは、人をなすがままに任せた（渡した）のであり、怒る神がそのような人類を見捨ててしまったことを意味してはいません。実際、イエスが「父は、悪人にも善人にも太陽を昇らせ、正しい者にも正しくない者にも雨を降らせてくださるからである。」（マタイ5：45）と語ったように、神はすべての人を恵みの摂理によって生かし続けていることからもわかります。そのような怒りの「渡し」は、誰よりも神にとって悲しみと痛みを伴ったものであり、神の強い愛の裏返しとして現れたものでした。旧約の預言者たちが、神と契約を結びながら背信しているイスラエルを嘆き、糾弾し、神に帰るよう叫んでいること、イエスが、羊飼いのいない羊のように弱りはて、打ちひしがれている群衆を見て深く憐れみ（マタイ9：35～36）、ラザロの死に際して涙を流し（ヨハネ11：35）、さらにはエルサレムの反逆を前にして嘆いた（マタイ23：37～39、ルカの並行箇所）ことを考えてみてください。(8)

ですから、反逆している罪人に対して怒る神がその罪人を赦すということは矛盾ではなく、むしろ人間性をはるかに超えたものでありつつも順当なことであり、人を妬むほどに愛し、はらわたが捩《ねじ》れるほどに憐れむ神の恵みの行為以外の何ものでもありません。マタイによる福音書18章23～35節のたとえ話のなかで、1万タラントンもの借金のあった家来を「憐れに思って、彼を赦し、借金を帳消しにしてやった主君」として描かれている神、ルカによる福音書15章11～32節のいなくなった息子のたとえ話のなかで、親を捨て、奪い取るようにもらった財産を持って家を出て行った息子がすべてを失って帰ってきたとき、「まだ遠く離れていたのに、彼を見つけて、憐れに思い、走り寄って首を抱き、接吻した父親」として描かれている神のそれです。それらでは、人に「罪（負い目）の清算」「罪（裏切り）の償い」を要求するのではなく、清算しきれない無限の負い目、償うことのできない裏切りの過去を抱えている「罪人」を自ら赦し、受け入れている（関係を修復している）神が描かれています。[9]そのように、神が、人間の神に対する負い目や強奪を引き受けて帳消しにしてくれるということは一方的なことであり、私たちは無代でその恵みにあずかることになりますが、赦す神にとっては大きな犠牲（代価）を払うことになります。

人格的な赦し、和解について考えてみると、神と人間との和解も人間同士の和解も、被害者側の赦しによってのみ可能となります。相違点は、人間同士の場合の多くは加害者のほうが詫びなければことは動き始めませんが、神との約束を破った人間と神が和解する場合は、自分のほうから詫びることのない加害者である人間に対して、被害者である神がその被害を引き受けて自分のほうから歩み寄るという、真実かつ信実な神の主体的、一方的な赦しによって和解が成立する点です。[10]「それはどういうことか。彼らの中に真実でない（不信仰な＝新改訳２０１７脚注）者がいたにせよ、その不真実（不信仰）のせいで、神の真実（信実、あるいは、信託＝河野）が無にされるとでもいうのですか。決してそうではない。人はすべて偽り者であるとしても、神は真実な方であるとすべきです。[11]」（ローマ３：３〜４）とあるように、です。

私たちのための「いけにえ」、キリスト

では、神による一方的な罪人の赦しと和解において、「仲保者」キリストはどのような役割を果たしたのでしょうか。パウロはそれを、「キリストが私たちのために死んでくださったことにより、神は私たちに対する愛を示されました。」（ローマ5：8）のように定型句的に『私たちのために』と言い表しています。[12]さらには、「イエスは、私たちの過ちのために死に渡され、……」（ローマ4：25）のように、『私たちの過ち・罪のために』との言い回しもしています（Ⅰコリント8：11、15：3も参照）。ペトロの「そして（キリストは）自ら、私たちの罪を十字架の上で、その身に負ってくださいました。私たちが罪に死に、義に生きるためです。」（Ⅰペトロ2：24）という言葉もあります。

そして、以下の聖書は、それを成し遂げたキリストの役割を「いけにえ」「宥めの献げ物」と呼んでいます。そのような側面を表している旧約のモチーフは祭儀的いけにえ（犠牲）です。「キリストも私たちを愛して、ご自分を宥めの香りの供え物（かぐわしい香り＝聖書協会共同訳脚注）、また、いけに

えとして、私たちのために神に献げてくださったのです。」（エフェソ5：2）、「（キリストは）世の終わりに、ご自分をいけにえとして献げて罪を取り除くために、ただ一度、現れてくださいました。」（ヘブライ9：26。10：12も）。「私たちが神を愛したのではなく、神が私たちを愛し、私たちの罪のために、宥めの献げ物として御子をお遣わしになりました。ここに愛があります。」（Iヨハネ4：10）とあるとおりです。ここでキリストを「いけにえ（犠牲）」として献げたのが罪人でなく、神（キリスト）自身であることは重要です（ローマ8：3、IIコリント5：21も参照）。

また、ローマの信徒への手紙3章25節に「神はこのイエスを、真実（信実＝河野）による、またその血による贖いの座とされました。それは、これまでに犯されてきた罪を見逃して（放免して＝J・ダン、[ギ]パレシン）、ご自分の義を示すためでした。」とある「贖いの座（宥めのささげ物＝新改訳２０１７。[ギ]ヒラステリオン）」は、旧約のレビ記16章に何度も出ている「贖いの座（宥めの蓋＝新改訳２０１７。[ヘ]カポレト）」の七十人訳での訳語そのものですし、直前に引用したヨハネの手紙一4章10節にある「宥めの献げ物」（[ギ]ヒラスモス）はその類語ですので、そこで罪のためのいけにえとして献げられる雄牛と雄やぎの血が「宥めの蓋」に振りかけられる祭儀と、すべての民の罪を頭へ移されて野に放たれるアザゼルの雄やぎの祭儀による赦しが、その予型であることは明らかです（レビ記16章を参照）。

ただ、ここでの「贖いの座（宥めの蓋＝新改訳２０１７）[ヘ]カポレト」の語源である「[ヘ]キッペル」が祭儀に関して使われている場合、これまでの日本語訳聖書ではすべて「贖い」と訳されてきて、聖書協会共同訳もそれを踏襲していますが、新改訳2017が初めてそれを、人間の反逆の罪を和らげる「宥め」としたことを私は歓迎します。[13] 画期的なことです（出エジプト記30：10、レビ記4～5章、14章、16章、23章、民数記29章など）。

つまり、キリストの「いけにえ」は、罪人の罪（負い目）を身代わりに償ったというよりも、神自身が人間の反逆の罪を宥める（和らげる）ために御子を遣わし、その御子が父と共に、父の代理として犠牲を払ったということです。Th・C・フリーゼンは旧約のいけにえについて、こう言っています。[14]〝もともと、贖い（償い＝河野）の犠牲（いけにえ）をもって神の気持ちを変えることはできない。怒っている神を宥めて好意を持つ神に変えることはできない。このことは、真の和解はただ神からのみ出なければならないということを明確に認識することと関連を持っている。〟ここでわかることは、旧約における祭儀においても、神が人に罪の清算や償いを求めるのではなく、神自身が罪人の罪を取り去り、和解することが基本であったことです。[15] ですから、新約におけるキリストの「いけにえ」は、人間との関係修復のために、神自身が犠牲を払って人間の罪を廃棄することの成就・実現だったのです。

永遠に効力のある、「新たな契約締結」の血

そのキリストの死において、血が重要視されています。それは、旧約の祭儀で清めのいけにえを象徴する血が重要な役割を果たしていたからでしょう（レビ記16章参照）。そのような血は命として神に由来し、神的な領域に属するものと考えられていたので、神の賜物である血が罪ある人を宥め、神との関係を和らげるとされていたのです。「肉なるものの命、それは血にある。私はあなたがたの命の贖いをするために（たましいのために宥めを行うよう＝新改訳２０１７）、祭壇でそれをあなたがたに与えた。血が命に代わって贖う（宥めを行う＝新改訳２０１７）のである。」（レビ記17：11）実際、新約で言及されているキリストの流された血は、罪人に神との和解（関係修復）という効果をもたらすものとして語られています。「それで今や、私たちはキリストの血によって義とされたのですから、キリストによって神の怒りから救われるのは、なおさらのことです。」（ローマ5：9）、「その十字架の血によって平和を造り、地にあるものも、天にあるものも、万物を御子によってご自分と和解させてくださったのです。」（コロサイ1：20）、「しかしキリストは、……ご自身の血によってただ一度聖所に入り、永遠の贖いを成し遂げられたのです。」（ヘブライ9：11〜12。他にもエフェソ2：13〜16、ヘブライ9：14、10：19なども参照）

さらに、旧い契約を凌駕する新たな契約締結の血を明言している以下の聖書をも見てください。「この杯は、私の血による新しい（新たな＝河野）契約である。飲む度に、私の記念としてこれを行いなさい。」（Iコリント11：25。マタイ26：28、ルカ22：20も参照）、「キリストは新しい（新たな＝河野）契約の仲介者なのです。……最初の契約も、血が流されずに成立したのではありません。モーセは、律法に従ってすべての戒めを民全体に告げたとき、水と深紅の羊毛とヒソプと共に、若い雄牛と雄山羊の血を取って、契約の書そのものと民全体とに振りかけ、こう言いました。『これは、神があなたがたに命じられた契約の血である。』」（ヘブライ9：15～20。8：6、13：20も参照）。その根拠とされた出エジプト記24章5～8節、主とイスラエルとの旧い契約締結の場面にはこうありました。

モーセはイスラエルの人々のうちから若者たちを遣わした。彼らは数頭の雄牛を焼き尽くすいけにえと会食のいけにえとして主に献げた。モーセは血の半分を取って小鉢に入れ、血のもう半分は祭壇に打ちかけた。そして、その契約の書を取り、民に読み聞かせた。すると彼らは、「主が語られたことをすべて行い、聞き従います」と言った。そこで、モーセは血を取り、民の上に振りかけて行った。「これは、主がこのすべての言葉に基づいてあなたがたと結ばれる契約の血である。

父なる神の代理として遣わされ、遺棄された御子

「いけにえ」と言われると、私たちは次のように考えがちです。すなわち、「神の御子・イエスは、旧約の祭儀制度の罪の処理の仕方に則って自分を、罪を償ういけにえとして献げた。ただ彼は、旧約の動物のいけにえとは異なって、真の神であり真の人である（罪のない）体を「いけにえ」として献げたので、私たち全人類の罪を一挙に償うことができ、私たちの罪は赦された」というようにです。ところが、洗礼者ヨハネがイエスを見て言った言葉「見よ、世の罪を取り除く神の小羊だ。」（ヨハネ

1:29）は、「世の罪を償う」ではなく、「世の罪（単数）を取り除く（廃棄する、無効とするギアイロー）」です（Iヨハネ3:5も参照）。また、上述の「（キリストは）世の終わりに、ご自分をいけにえとして献げて罪を取り除くために、ただ一度、現れてくださいました。」（ヘブライ9:26）でも「罪（単数）を取り除くために（廃止するためにギアセテーシン）」と言っています。同じヘブライ人への手紙7章18節の「こうして、一方では、前の戒めが弱く無益なために廃止されました（ギアセテーシス）。」をも合わせ考えてみてください。そうすると、神は、その独り子・イエスを神自身の代理としてこの世に遣わし、遺棄する（死に渡す）という犠牲を払うことによって、人から「罪（神への背信）」そのものを取り除いた（廃棄した）のだと理解できます(16)。

彼は、十字架上において「父よ、彼らを（「彼らの罪を」ではない！）お赦しください。自分が何をしているのか分からないのです」（ルカ23:34）と祈りつつ、「エリ、エリ、レマ、サバクタニ」すなわち「わが神、わが神、なぜ私をお見捨てになったのですか」（マタイ27:46。その並行箇所も）、「渇く」（ヨハネ19:28）と叫び、「父よ、私の霊を御手に委ねます」（ルカ23:46）と死んでいきました。私たち、神を捨てた罪人を見捨てて当然であるにもかかわらず、その代わりに、父なる神は罪のない御子を見捨てた（遺棄した）のです。実際、弟子たちと教会は、そのようなイエスの死を、神を裏切り、神に反逆するという罪に陥っている「私たちのため」であったと理解したのでした。このようなキリストの役割をよく表している呼称は〝神の小羊〟でしょう。

復活と昇天によってイエスを引き寄せた神

イエスの死をこのように「世の罪を取り除くいけにえ」として語る場合、復活はその説明において大きな役割を果たしていないように思われがちです。実際、〝充足説〟であれ〝刑罰代償説〟であれ、それらの説明では、イエスの身代わりの死が、神の名誉の欠損を清算して（埋め合わせて）充足したり、人が犯した罪の刑罰を受けることによって神の法的要求を満たしたりして、すべてが解決したことになってしまいます（「信仰によってキリストの義が交換されて罪人に転嫁される」との説明が加えられることもありますが）。しかし、パウロには次のような言葉があります（ローマ4：24～5：1）。

私たちの主イエスを死者の中から復活させた方を信じる私たちも、義と認められるのです。イエスは、私たちの過ちのために死に渡され、私たちが義とされるために、復活させられたからです。このように、私たちは信仰によって義とされたのだから、私たちの主イエス・キリストによって神との間に平和を得ています。

ここでは、キリストの復活が、他の箇所とは異なる仕方で語られています。つまり、私たちが義とされることが十字架の死よりも復活に基礎づけられているように見えます。イエスの死は「私たちの過ち（背きの罪＝新改訳２０１７）のために（ギディア、原因）」起こったものであり、彼の復活は「私たちが義とされるために（ギディア、目的）」であったと言われているからです。それは、どのように理解したらよいのでしょうか。イエスの死は客観的な出来事であるのに対して、復活は主観的なこと（文頭の「復活させた方を信じる信仰」とか、すぐ後に出てくる「信仰」とかに同定すること）などと区別したりするのは間違っているでしょう。

ウルリッヒ・ヴィルケンスは次のように説明しています。

〃パウロは、キリストの贖罪死において根拠づけられたjustificatio impiorum（不敬虔な者の義認）との関連で死と復活を一緒に洞察し、キリストの復活の救済的意義を彼の死から根拠づけようとしている。……パウロは、コリント人への第一の手紙15：17において初めてキリストの復活と罪の赦しとの関連を認めた。〃（『ローマ人への手紙（1～5章）』ＥＫＫ新約聖書註解Ⅳ／1、372～373頁。）

そのコリントの信徒への手紙一15章17節にはこうあります。「キリストが復活しなかったのなら、あなたがたの信仰は空しく、あなたがたは今もなお罪の中にいることになります。」加えて、私たちが義とされるために、「……キリストは肉において現れ、霊において義とされ……た。」（Ⅰテモテ3：16）、「キリストも、正しい方（義なる方＝河野）でありながら、正しくない者（不義なる者＝河野）たちのために、罪のゆえにただ一度苦しまれました。あなたがたを神のもとへ導くためです。キリストは肉では殺されましたが、霊では生かされたのです。」（Ⅰペトロ３：18）も同じ視点からのものと考えられます。また、「神は、罪を知らない方を、私たちのために罪（罪のきよめのささげ物＝新改訳２０１７脚注）となさいました。私たちが、その方にあって神の義となるためです。」（Ⅱコリント５：21）も、14～21節の文脈での「その方にあって」から考えて、神の義は単にイエスの死によってだけでなく、「復活のイエス（父との近しい関係に引き寄せられたイエス）の中にあって」と考えるほうがよいでしょう。さらには、「主は、私たちのために死んでくださいました。それは、私たちが目覚めていても眠っていても、主と共に生きるためです。」（Ⅰテサロニケ５：10）の「主と共に」も「死んだ主と共に」よりも「復活の主と共に」が意図されていることは間違いないでしょう（ローマ８：31～34も参照）。

復活によって「神の子」と定められた

さらに、初期教会の定型句とも言われているローマの信徒への手紙1章3～4節は、「御子は、肉によればダビデの子孫から生まれ、聖なる霊によれば死者の中からの復活によって力ある神の子と定められました（に就けられました＝ギリシア語新約聖書釈義事典、ギオリゾー）。」と表現しています（マルコ1：1、ヨハネ17章、そして使徒2：36も参照）。そして、同8章11～16節ではこう言います。「イエスを死者の中から復活させた方の霊が、あなたがたの内に宿っているなら、キリストを死者の中から復活させた方は、あなたがたの内に宿っているその霊によって、あなたがたの死ぬべき体をも生かしてくださるでしょう。……この霊こそが、私たちが神の子どもであることを、私たちの霊と一緒に証ししてくださいます。」このように、神が復活によって「神の子」と定めたイエスを信じたキリスト者は「(神の)子とされる」、「神の子どもである」との言明を考えるとき、罪人のために神に遺棄された御子が「神の子」に復権される復活は、不可欠であることをうかがわせます。[17]

私たちの考えでは、イエスの死は、神から失われている罪人を取り戻すために父が払う犠牲を代理として引き受けて、神に遺棄された(死に渡された)ことでした。しかし、そこで終わったなら、神から自分の生きたいままに生きるよう渡されて失われている私たち罪人が、人生の終わりに裁かれて滅びる(罪に定められる、永遠に失われた状態に定められる)ことを免れたとしても、私たちが神との関係修復という積極的な救いにあずかる根拠と保証はありません。しかし、現に神から遺棄されて死んだイエスを、神は今度、復活と昇天によって「神の子」の資格に復権し、自分との交わりのなかに歓迎しました。そこで、霊によってそれにあずかる私たちにも、「子」として神に「アッバ、父よ」と呼ぶ交わりが与えらることが可能となったのです(ローマ8:14～16、ガラテヤ4:6参照)。このように、イエスが神によって死に渡されただけでなく、その彼が、遺棄されたところから再び神に引き寄せられて「神の子と定められた」という両方があって初めて、私たちも「(神の)子とされること」、「義とされること(神との関係が修復されること)」が実現したと言うことができます。あのイザヤ書52章13節～

53章12節もそれを語っています。そのようなわけで、これを私は〝関係修復説〟、〝代理説〟と呼びたいと思います。

ヨハネによる福音書におけるいわゆる「宮清め」の記事も同じことを語っています。それは、三年にわたる公生涯の最初に置かれていますが、イエスが「この神殿を壊してみよ。三日で建て直してみせる。」と言った言葉をヨハネは、「イエスはご自分の体である神殿のことを言われたのである」と解説しています。すなわち、天と地が出会い、神と人が交わる神殿として受肉したイエスですが[18]、死によってその神殿（肉となった体）が壊されたとしても、彼の三日目の復活によって、新たな神殿（霊の体）が再建されることを宣言したのだと語ったのです[19]。そしてそれが、キリスト者に対するパウロの言葉、「あなたがたの体は、神からいただいた聖霊が宿ってくださる神殿であり、……」（Ⅰコリント6：19。3：16～17、Ⅱコリント6：16も）の根拠となり得たのです。

3—2 肉なる人の代表として：実体概念

神に語りかけられた最初の人、アダムとエバが「園のどの木からでも取って食べなさい。ただ、善悪の知識の木からは、取って食べてはいけない。」と言う神の言葉に背いた結果、「取って食べると必ず死ぬことになる（死ぬ＝新改訳２０１７）。」（創世記２：16～17）との言葉が現実のものとなりました。

本書第三章で述べたように、以来すべての人は、人にだけ与えられた「霊の命」において死者となってしまったのです。

このようなアダムの子孫である人類について新約聖書においても、「このようなわけで、一人の人によって罪が世に入り、罪によって死が入り込んだように、すべての人に死が及んだのです。」（ローマ5：12）とあるように、すべての人が霊的な死者となったと語っています。「罪の支払う報酬は死です。」（同6：23）、「さて、あなたがたは、過ちと罪とのために死んだ者であって、」（エフェソ2：1。コロサイ2：13、Ⅰヨハネ3：14も参照）ともあるとおりです。

人を生まれ変わらせるため（新生的側面）

そのように、霊的に死んでいる人類に対する救いは、最初に与えられていた「霊の命」に再び生かされること以外にありません。ところが、罪人（肉の人と自然の人）である人間は、自分の力でその命を取り戻すすべを持ってはいません。なぜなら、人は死ななければ生れ変わることができないのですが、私たちがこのままこの世の命に死んでしまえば即、霊の命の死が確定する滅びとなってしまうからです。では、私たちはどのようにして罪人として死に、どのようにして「霊の命」を持つ者に生まれ変わることができるのでしょうか。

ファリサイ派に属し、ユダヤの議員であるニコデモがイエスを訪ねたとき、イエスはこう答えました（以下ヨハネ3：1～15）。「よくよく言っておく。人は、新たに（上から＝聖書協会共同訳脚注の別訳）生まれなければ、神の国を見ることはできない。」……「誰でも水と霊とから生まれなければ、神の国に入ることはできない。肉から生まれたものは肉である。霊から生まれたものは霊である。」ニコデモは、その言葉を理解することができませんでした。そこでイエスはさらに、民数記に記されている逸話を引用しつつこう言いました。「モーセが荒れ野で蛇を上げたように、人の子も上げられねばならない。それは、信じる者が皆、人の子によって永遠の命を得るためである。」

その逸話とはこうです。イスラエルの民が荒れ野を旅するなかでモーセに逆らって、「パンも水もなく、私たちは、この粗末な食物が嫌になりました。」と言うと、主は民の中に炎の蛇（毒蛇）を送り、蛇は民にかみついたので多くの者が死にました。一転、民はモーセに「私たちは主とあなたを非難して、罪を犯しました。私たちから蛇を取り去ってくださるように、主に祈ってください。」と懇願します。すると主はモーセにこう言います。「あなたは炎の蛇を造り、竿の先に掛けなさい。蛇にかまれた人は誰でも、それを見れば、生き延びることができる。」モーセは青銅の蛇を造ってそのようにし、蛇にかまれた人がそれを仰ぎ見ると生きたのでした（民数記21：4～9参照）。

ですから、ここヨハネによる福音書での「人の子が上げられる」（ヨハネ8：28、12：27～36も）とは、イエスが復活して天に上げられることだけでなく、竿ならぬ十字架に上げられることを意味していることがわかります。すなわちイエスは、十字架に死に、復活して天に上げられる自分を仰ぎ見る（信じる）者が皆、霊の命（永遠の命）に生きるようになるのだという秘義を予告したのです。

アダムの子孫の代表としての「死」

それはまさに、イエスがアダムの子孫としてマリアから生まれ（「私たちと同じ肉となって」、あるいは「罪ある人類に参与し」）、私たち罪人の「代表として」死んだことで可能となったのです。私が、前項で語った「身代わり」とか「代理」とかいう言葉を使わないで、「代表」と言っていることに注意してください。「イエスが私たちの身代わりに死んでくれた」と、私たちがよく言う言い方によると、「イエスが私たちのために死んでくれたので、私たちは死ななくてすんだ」という理解になりやすいものです。しかし、ここはそれでは意味をなしません。むしろ、イエスが死んだのが「私たちの代表として」であるなら、そのとき私たちも一緒に死んだことになります。イエスは、私たち罪人の仲間になる（肉の人に参与する）だけでなく、その運命である滅びの「死」を肉の人の代表として引き受け、肉である私たちが死ぬことができるようにしてくれたのです。実際パウロは、イエスの死を「すなわち、一人の方がすべての人のために死んでくださった以上、すべての人が死んだのです。」（Ⅱコリント5：14）と語り得ましたし、イエスを私たちの代表と受け入れる者はそのようなイエスの「死」にあずかるのだと、ローマの信徒への手紙6章において次のように書いています。「私たちは、洗礼《バプテスマ》によってキリストと共に葬られ、その死にあずかる者となりました。」（4節前半）そのように「キリストと共に死ぬ」ことによって初めて、私たちには「霊の命」に新たに生まれ変わる契機が生ずるのです。そして「私たちがキリストの死と同じ状態になったとすれば、復活についても同じ状態になるでしょう。」（5節）と続きます[20]。

どうして、そのようなことが可能であるのかは、旧約聖書以来のヘブライ人にとっては当然かつ重要である「集合人格概念（英 corporate personality）」を理解する必要があります。本書第二章の冒頭で触れた「人」と「アダム」の両義性（流動性）にも関係があります。すなわち、それは現代人のように「集団」と「個人」とが峻別されることがないばかりか、「集合人格」として、

（i）集団を構成員という実体と同一視すること、

（ii）一から多へ、多から一へと軽々と、素早くしかも気づかれずに移行する流動性を持つこと、

（iii）過去にも未来にも広がりを持つ統一体であること、などと説明されています[21]。

この場合、十字架上での刑死という死に方は重要ではありません。御子キリストが、私たちと同じように一女性から生まれ、すべての人と同じように「死んだ」ところに意味があります。イエスはこう言いました。「人の子が栄光を受ける時が来た。よくよく言っておく。一粒の麦は、地に落ちて死ななければ、一粒のままである。だが、死ねば、多くの実を結ぶ。」（ヨハネ12：23〜24）

眠りに就いた者の初穂として復活

もちろん、神はそのような御子を死から復活させましたが、それは十字架の死以前と同じ「自然の体」に生き返らせたことを意味してはいません。前述したように、御子は、受肉前と同じ「霊の体」に復活させせられたのです。なぜそのような復活が必要であったのかといえば、アダムの子孫として「霊的な死者」である私たちの代表として死んだイエスは、今度は、新たな「霊の命」の道を切り開く先駆者とならなければならなかったからです。それをパウロは、次のように表現しました。「しかし今や、キリストは死者の中から復活し、眠りに就いた人たちの初穂となられました。死が一人の人を通して来たのだから、死者の復活も一人の人を通して来たのです。つまり、アダムにあってすべての人が死ぬことになった（死んでいる＝新改訳２０１７）ように、キリストにあってすべての人が生かされることになる（生かされる＝新改訳２０１７）のです。」（Ⅰコリント15：20～22。同15：45～57、ローマ5：14～15も参照）すなわち、キリストと共に肉なる者として死んだ私たちがキリストの復活の命に参与させられて、霊の命に生きる者とされるというのです。そして、このことによって、御子・キリストは私たち、新生した神の子たち（きょうだい）の中で長子となる、とも述べられています（ローマ8：29）。このように、イエスの死は、アダムの子孫として霊的に死んでいる人類（肉の人、自然の人）の終焉をもたらし、彼の復活は、キリストの子孫としての新人類（霊の内にある人）を創始する、「新創造」という歴史の一大転換点となったのです。

キリストのこの側面を強調してきたのが〝新生説〟、〝参与・代表説〟です。東方教会の考えがそれに当たり、罪と恵みの対立よりも、死と命の対立や、過ぎ行く命と過ぎ行かぬ（永遠の）命の対立を中心的に考えました。西方教会の流れにおいては、J・ウェスレー（18世紀）が、宗教改革者たちが中心的に説いた「義とされること」の大切さを認めた上で、「魂の再生」の必要を強調した人として有名です。彼は、アダムとエバによる〝原罪〟によって得た人類の罪性を「魂の腐敗」「忌まわしい病」と表現していました。確かにイエスも「医者を必要とするのは、健康な人ではなく病人である。私が来たのは、正しい人（義人＝口語訳）を招くためではなく、罪人を招いて悔い改めさせるためである。」（ルカ5：31〜32）と語りましたし、「救う」という言葉は「癒す」を含んだ言葉ですので、その表現は聖書的であると言えるでしょう[22]（マルコ5：23〜34など）。すると、「新生」とは「霊的病からの癒し」ということになります。現に、ウェスレーは救いのことを「癒しのイメージ」で語ることが多かったようです。しかし、本書第三章の「毀損された《神のかたち》」でもここでも述べたように、聖書では非常に多く、かつ中心的に「死」と「命」のモチーフが使われていますので、私がここで述べている「新生」は、イエス・キリストの死と復活に基づく、「肉の人、自然の人」から「霊の内にある人」への生まれ変わりとして述べているとお考えください。

「命」は「霊の命」

新約では、キリストの死と復活を通して与えられるこのような「命（霊の命、永遠の命）」には、日本語聖書で、同じく「命」と訳され得る「ギビオス」（人生、生活、生計を立てるための仕事。ルカ8：14、Iテモテ2：2、IIテモテ2：4など）や、「ギプシュケー」（自然の生命力によって生きている人生、私自身、魂）とは区別した、「ギゾーエー」という言葉を合計135回使って、その命の意味と性質を明確化しています。

「狭い門から入りなさい。……命に通じる門は狭く、その道も細い。」（マタイ7：13〜14、およびその並行箇所。マタイ19：29、およびその並行箇所も参照）そしてそれは、とりわけヨハネによる福音書に多く出てきますので、その代表的なものだけを引用します。「私が来たのは、羊が命を得るため、しかも豊かに得るためである。」（10：10）、「私は彼らに永遠の命を与える。彼らは決して滅びず、また、彼らを私の手から奪う者はいない。」（10：28）、「これらのことが書かれたのは、あなたがたが、イエスは神の子メシアであると信じるためであり、また、信じて、イエスの名によって命を得るためである。」（20：31）パウロの手紙にも多く出てきますが、ローマの信徒への手紙5章12〜21節の抜粋のみを書いておきましょう。「このようなわけで、一人の人によって罪が世に入り、罪によって死が入り込んだように、……一人の正しい（義の＝新改訳2017）行為によって、すべての人が義とされて命を得ることになったのです。……こうして、罪が死によって支配したように、恵みも義によって支配し、私たちの主イエス・キリストを通して永遠の命へと導くのです。」（Iコリント15：21〜22も参照）

この「命ギゾーエー」は、人を真に生かしている原動力や生命力を意味し、とりわけ、復活のキリストによって神から与えられる「霊の命」を表しています。ですからここでは、イエスの死とともに復活も重要な出来事であることは言うまでもありません。初穂としてのキリストの復活が、私たちが霊の命に生まれることの保証となっているからです（Iコリント15：20、23。使徒26：23、黙示録1：5も参照）。〝第二の（最後の）アダム〟とのキリスト呼称が、その側面をよく表しています。

3―3　真の人の模範として：目的概念

《神のかたち》に創造された人は、被造物の間で、神の共働者（パートナー）として委託された使命に生きるよう命じられていました。ところが、人（アダムとエバ）が罪に陥るや、その人生に戦いと苦しみが入ったばかりか、神から与えられた使命に生き、神の栄光を現す礼拝行為として働くという目的と祝福がともに歪められてしまいました。《神のかたち》の目的論的側面も毀損されてしまったのです。そして、従うべき方である神を見失った結果、人は自分で作った目的に生きるようになりました。「皆迷い出て、誰も彼も無益な者になった。善（有益なこと＝河野）を行う者はいない（本書第三章の注19を参照）。ただの一人もいない。」（ローマ3：12。詩編14：3参照）とあるとおりです。

そのような、神の栄光を現すことのできなくなった人類を本来の姿に回復するために、神は御子イエスをこの地に遣わしましたが、彼はどのようにして無益な人生という悲惨のなかにいる人を救い出すのでしょうか。

悪魔、諸々の支配と戦うために（勝利的側面）

真の人である御子はイエスとして受肉し、諸々の力に支配されている人間世界に飛び込んで来ました。そのイエスがおよそ30歳になったときヨハネによって洗礼（バプテスマ）を受けますが、そのとき天が開け、聖霊が鳩のような姿でイエスの上に降るとともに、天から「あなたは私の愛する子、私の心に適う者」との声がかけられました。それはさながら、大工ヨセフの子として成長した彼が聖霊に満たされて、いよいよメシア（キリスト）としての働きを始める、神からの任命・派遣式のようです（ルカ3：21～22、およびその並行箇所。ヘブライ5：5、詩編2編、イザヤ書42：1～4も参照）。ところが、そのイエスが公生涯への導入として最初に導かれたのは、荒れ野での40日間の断食であり、それに伴う悪魔の試み（誘惑）でした。ルカによる福音書4章1～13節（マタイの並行箇所も）を見ると、それはちょうど、神に創造されたアダムとエバが誘惑されたことの繰り返しのようです（創世記3：1～6参照）。「あなたは神の子であり何でもできるのだから、神に頼るのではなく自分の力で生きよ。むしろ悪魔にひれ伏すなら、この世をすべて手に入れることができる。そうしてもあなたは死なない。」と試みを受けますが、イエスはアダム、エバとは違って、その誘惑に負けることなく、聖書の言葉によって悪魔を撃退します。そしてその直後、ナザレの会堂でのメシア就任演説で彼は、「イザヤ書61

章の言葉が、今日、あなたがたが耳にしたとき、実現した。」と、主による人々の解放を宣言します（ルカ4：16～21）。

このようにルカによる福音書では、公生涯の最初から、この世を支配している悪魔と諸々の力の下で生きている人間世界のなかにあって、独り、諸々の力と戦う真の人、神の僕《しもべ》、イエスの姿が描かれています。しかし彼のその後の歩みは、私たちがヒーローによる勧善懲悪で考えるような、単純な勝利の歩みではありませんでした。

「十字架」の道を歩む

ルカによる福音書を含む共観福音書（マタイ、マルコも）で、イエスは三回にわたって自分の受難を宣言しています。「今、私たちはエルサレムへ上って行く。人の子は、祭司長たちや律法学者たちに引き渡される。彼らは死刑を宣告して、異邦人に引き渡す。異邦人は人の子を嘲り、唾をかけ、鞭打ち、殺す。そして、人の子は三日後に復活する。」（マルコ10：33～34。8：31、9：31と並行箇所参照）。このイエスの受難死については、ここに出てきた「引き渡す」「死刑」「殺す」という言葉とともに、「十字架」という言葉が以下の二箇所で使われています。「キリストは……人間の姿で現れ、へりくだって、死に至るまで、それも十字架の死に至るまで従順でした。」（フィリピ2：6～8）、「この方は、ご自分の前にある喜びのゆえに、恥をもいとわないで、十字架を忍び、神の王座の右にお座りになったのです。」（ヘブライ12：2）ここでの「十字架」は悲惨な刑死の意味が強く、「恥」は十字架が単なる死ではないことを示しています。また、「イエスが、死の苦しみのゆえに、栄光と誉れの冠を授けられた。」（ヘブライ2：9）も、「死」という言葉を使っているものの、その苦しみを述べているところから、殺害としての「十字架」を語っているように思われます。

実際イエスは、あらゆる人生の試練に直面し、敵に攻撃され、たびたび自分自身を救うようにと誘惑され、最後には、諸々の権力（ユダヤ宗教、ローマの支配という政治的力とその中に働く天的諸力）の下で十字架にかけられて殺されました。しかしその際にも、それらの力は彼に妥協させたり、神に背かせたりすることはできませんでした。このような彼の、真の人としての父なる神への従順な歩みと、それを貫いたすえの十字架における刑死は、人間の目には敗北に見えて実は、人間が支配されている罪と世的勢力と悪魔と死の力とに対して戦い抜いた勝利の証しであったと言えます。「こうして、神はもろもろの支配と権威の武装を解除し、キリストにあって彼らを勝利の行進に従えて、公然とさらしものになさいました。」（コロサイ2：15。フィリピ2：6～8、ヘブライ2：9～10、4：14～15、5：7～9、12：2も参照）

従順を評価し、嘉した復活・高挙

イエス・キリストについてのこの見方を主張する〝勝利説〟は、初代教会から中世のスコラ主義勃興までの長い期間、教会での中心的な理解であったと言われています。ルター（16世紀）はそれを取り戻しましたが、スコラ的なプロテスタント正統主義が再びそれを脇にやり、続く啓蒙主義の思想によって時代遅れで粗野なものとの烙印を押されて、顧みられなくなりました。そして、グスタフ・アウレンの登場[23]によって、20世紀に三度目の日の目を見ることとなりました。

私は、この見方の重要性を理解しつつ、なぜ十字架が勝利であるのかを説明するためには、すでに述べ、また以下で述べるように、「父なる神への従順を貫いたイエスの生涯」に注目する必要があると考えます。イエスの十字架の死は、よく考えられるように、復活や高挙によって逆転勝利されねばならなかった敗北でもなく、人を悪魔の支配下から解放するために神が悪魔に差し出した身代金でもありません。それは諸々の悪の力の下での受難ですが、同時に、真の人、真性の《神のかたち》であるイエスが、苦しみながらもそれらの力に屈することなく、神への従順を貫いて神の僕として生きたことの完遂でもあったからです。十字架上のイエスが息を引き取る最後に「成し遂げられた（完了した＝新改訳2017）」（ヨハネ19：30）と言った言葉はそれを示唆しています。[24]悪魔の誘惑と諸力による迫害に囲まれながら父なる神を裏切ることなく、十字架に至るまで歩み抜いた「彼の生き方」こそが勝利そのものです。

父なる神は、そのような苦難をも忍んだ従順な僕を勝利者と認め、高挙（復活と昇天と神の右の座への着座）によって、全世界の王（支配者）に即位・戴冠させたのです（マルコ16：19、ルカ22：69、コロサイ3：1、ヘブライ1：3～4などを参照)。「キリストは、……人間の姿で現れ、へりくだって、死に至るまで、それも十字架の死に至るまで従順でした。このため、神はキリストを高く上げ、あらゆる名にまさる名をお与えになりました。」(フィリピ2：6～9)は、高挙が、十字架の死に至るまでのキリストの従順な生涯に対する神の評価と嘉納のしるしであり、神がその彼をすべての権能を持つ世界の王として即位させたことの重要な説明となっています。[25]

「十字架」は新たな出エジプトのため

このような十字架への道を歩んだキリストの旧約における予型として、奴隷とされていたイスラエルの民をエジプトから解放したモーセがいます。その「出エジプト」の指導者として遣わされたモーセに、主はこう言っていました。「今、イスラエルの人々の叫びが私のもとに届いた。私はエジプト人が彼らを虐げているのを目の当たりにした。さあ、行け。私はあなたをファラオのもとに遣わす。私の民、イスラエルの人々をエジプトから導き出しなさい。」(出エジプト記3：9～10)

ここで見過ごしてならないことは、出エジプト記はイスラエルを強国エジプトから解放したモーセの英雄伝ではないということです。確かにそれを導いたのはモーセでしたが、彼は80歳になるまで神の僕となる訓練を受けた後ようやく、イスラエルの民をエジプトの奴隷状態から救い出すために神から遣わされます。それからの彼はエジプトと戦わねばならなかったばかりでなく、続くレビ記、民数記、申命記に書かれているように、神に従うことを知らずに目先の生活のことばかり考え、試練を前にしてはすぐに神に不平を口にする民から理解されずに反発されることとも戦わねばなりませんでした。そのような様々な戦いと忍耐の40年を経て、彼は民を約束の地、カナンにまで導き入れたのでした。

さらに忘れてならないのは、創世記15章7～11節におけるアブラハムとの契約に見るように、「出エジプト」の出来事には選びの民イスラエルに対する神の大いなる計画があったことです。彼らはアブラハム以来、約束の地で神に仕えるべく選ばれた神の民でした。しかしその民は、ヤコブの時代に飢饉の緊急避難として来たエジプトに400年も居座ったのです。その理由はヨセフのゆえに歓迎されたからでした。それは、主の予定とはいえ不本意な状態であり、主は、ヨセフのことを知らない新しい王・ファラオの登場とともに、彼らが奴隷という苦役で苦しめられるのを許しました。それで民が重い労働にうめき、泣き叫ぶようになると、神はアブラハム、イサク、ヤコブとの契約を思い起して、彼らをエジプトから約束の地・カナンに帰らせるようにしたのです（出エジプト記2：23～25参照）。すなわち、彼らが主なる神を忘れ、使命を忘れていたところから立ち帰り、再び主に仕える民となるように企図されたのが「出エジプト」の出来事でした。[26]

福音書において、キリストの十字架の死と復活が、「出エジプト」を祝う過越の祭の時期であったことも含め、その類比として描かれていることは明白です。また、イエスが変貌山でモーセ、エリヤと会話を交わしたときのことが、「祈っておられるうちに、イエスの顔の様子が変わり、衣は白く光り輝いた。見ると、二人の人がイエスと語り合っていた。モーセとエリヤである。二人は栄光に包まれて現れ、イエスがエルサレムで遂げようとしておられる最後（ギエクソドス＝旧約の「出エジプト」のこと）のことについて話していた。」（ルカ9：29～31）と書かれているのも、「エジプトからの解放」と「約束の地への復帰」のように、イエスの十字架の死と復活が全人類に対して「罪の奴隷からの解放」と「神の僕としての使命の回復」をもたらすこと、そしてイエスは、その指導者モーセの役割を果たす者であることを明示していると言ってよいでしょう。

するとここでのイエスは、真の人として単に罪や誘惑や諸々の力に負けることなく生きた人というだけではないことがわかります。彼が罪と諸々の闇の力に束縛された奴隷状態にある人間の世界に、神から派遣されて飛び込んできたのは、「自由になりたい者は私に付いて来なさい」と呼びかけて、彼らをそこから解放し、本来の人間の生き方に回復するという目的のためでした。そのために真の人として生き抜いたイエスを神は、死から復活させ、神の右に王として即位させることによって、イエスに従う者が奴隷の鎖を断ち切られて罪と諸々の力から自由となり、イエスと共に再び「神の共働者」としての使命を果たす者となれる道が開かれたことを宣言したのでした（コロサイ1：13～14、ヘブライ2：14～15、3：1～6参照）。

贖われ、召された人間の模範

ヨハネによる福音書で最後の晩餐を描いている13章においては、イエスは他の福音書のようにパンと杯をとりあげて自分の死について語ることをしておらず、その描写は、彼が弟子たちの足を洗ったことをクローズアップしています。そのときイエスはこう言います。「私があなたがたにしたことが分かるか。あなたがたは、私を『先生』とか『主』とか呼ぶ。そう言うのは正しい。私はそうである。それで、主であり、師である私があなたがたの足を洗ったのだから、あなたがたも互いに足を洗い合うべきである。私があなたがたにしたとおりに、あなたがたもするようにと、模範を示したのだ。」(13：12〜15)また別なときには、「私に付いて来たい者は、自分を捨て、自分の十字架を負って、私に従いなさい。」(マタイ16：24。ルカ9：23も)と弟子たちを招きました(Iペトロ2：21〜24も参照)。罪人としての生き方から解放されて自由にされた者が、神に喜ばれ、神の栄光を現す生き方をする方法は、イエスを模範として付いていくことによって実現するからです。すなわち、自分の欲望の実現を目指す生き方を捨てて、神から一人一人に与えられた十字架(使命)を負ってイエスに従うこととなります(このことは、次章と次々章で詳しく述べます)。ですから、ここの〝勝利説〟は〝模範説〟と言い換えることもできます。

律法の下に生きていたイスラエルの民にそれが可能となったのは、ひとえにイエスの神への従順な生涯とその結末である「十字架」が、イスラエルをそのように変えることができなかった律法の呪いからの解放の道（バビロン捕囚からの新たな、真の帰還）を切り開いてくれたことによります。「キリストは、私たちのために呪いとなって、私たちを律法の呪いから贖い出してくださいました。『木に掛けられた者は皆、呪われている』と書いてあるからです。」（ガラテヤ3：10〜13。申命記21：23、ガラテヤ3：21〜24、4：1〜5も参照）

ですから、イエスの「十字架」に至る生涯は、神の国（支配）完成への道を切り開いて、その道を神の僕として走るトップランナーとして模範を示し、イエスに召された弟子たちが、神の僕として神に従い、神から委託された使命に生きるとはどのような生き方かを示すためでもあったと言えます。

キリストの「身代金（贖いの代価）」とは

ここで、そのような「贖い・解放」をもたらすキリストの役割として語られている、「身代金[27]」について述べておきましょう。それは「解く」（ギルォー）から派生した名詞であって、解く手段すなわち「身代金」を表しますので、前で触れた、私たちの罪を取り去る犠牲の死を表す「宥めの献げ物[28]」とは違って、目的概念的に理解するべきだと考えます。とはいってもそれを、古代教父時代に考えられたように、人を奴隷としている罪や悪魔から解放するために、神が彼らに対して「キリストの死」という身代金を払って取引したなどと理解することも間違っています[29]。

「身代金」とは新改訳２０１７で「贖いの代価」とも訳されているように、キリストが私たちを贖う（解放する）ためのものであることを意味しているのですが、それは、キリストの「神と人に仕えた生涯」全体を指しているのであり、「十字架の死をもって献げた命」だけを指しているのではありません。「人の子は、仕えられるためではなく仕えるために、また、多くの人の身代金として自分の命（ギプシュケー。魂、自身、生涯）を献げる（直訳＝与える。新改訳２０１７参照）ために来たのである。」（マルコ10：45。福音書では、この箇所とマタイ20：28だけで使われています。）また、手紙で「この方（キリスト）は、すべての人のための贖いとしてご自分を献げられ（与えられ）ました。」（Ⅰテモテ２：６）の「贖い」と訳されている語も同じです。これらの二つの箇所において、キリストが「身代金／贖い」として与えたのは「自分の命」（ギプシュケー）あるいは「自分」、すなわち「自分の魂・自分自身・生涯」であったように（テトス２：14、ガラテヤ１：４、マルコ８：34〜37とその並行箇所、ヨハネ10：11〜18、12：25、13：37〜38、15：13も参照）、罪の奴隷になっている人を解放するために自分を無にして、仕える者の姿をとり、十字架の死にいたるまで神に従順を貫いたキリストの「僕としての生涯全体」を指していると考えるべきだと思われます。「キリストは、神の形でありながら、神と等しくあることに固執しようとは思わず、かえって自分を無にして、僕の形をとり、人間と同じ者となられました。人間の姿で現れ、へりくだって、死に至るまで、それも十字架の死に至るまで従順でした。」（フィリピ２：６〜８）の主旨もそこにあります。

そのことは、「身代金／贖い（贖いの代価）」という言葉が、マルコによる福音書10章35節からの（マタイでは20章17節からの）イエスの仕える生き方を述べる文脈のなかで、テモテへの手紙一２章６節においても、それを囲む２章１節～３章13節では、男も女もすべての奉仕者も、争わずに品位を保って仕える生き方をすることが勧められるなかで使われていることによって支持されます。ですからそれは、キリストが人々に仕え、神に従い通すという「身代金＝僕の生涯」を献げる（与える）ことによって召されたキリスト者が、神の栄光を現すためにキリストの僕となって、自分を神と人々に与えて生きるようになるためなのです。

究極のメシア（油注がれた者）

それはまた、カルヴァン（16世紀）が「キリストの三職[30]」で説明したように、イエスは真の預言者、王、大祭司たる「メシア（油注がれた者）＝キリスト」としての使命を全うし、キリスト者たち（教会）にその使命を継承させたのだと言うこともできます（マタイ16：18～19、28：18～20、ヨハネ17：18参照）。申命記18章15節では、最初で最大の預言者モーセが「あなたの神、主は、あなたの中から、あなたの同胞の中から、私のような預言者をあなたのために立てられる。」と言い、イスラエルの人々がその到来を待ち望んでいた、その預言者が他ならぬイエスでした（ヨハネ１：21、25、45、５：46、使徒３：22、７：37参照）。ヨハネによる福音書は、先在の「言」から書き始め、その言が受肉したイエスは、預言者たち（神の代弁者たち）にまさる「神の言」そのものであることを証ししています（１：１～18）。そのイエス自身、「私が父の内におり、父が私の内におられることを、信じないのか。私があなたがたに言う言葉は、勝手に話しているのではない。父が私の内におり、その業を行っておられるのである。」（ヨハネ14：10）と言いました（ヨハネ8：26、ルカ13：33～35も参照）。

また、ダビデの家系であるユダヤの王として来られたイエスは、ユダヤの枠を超えた神の国（王国・支配）をもたらし（サムエル記下7：11～13、ルカ1：32、69、2：29～32参照）、復活した後には弟子たちに向って「私は天と地の一切の権能を授かっている。」（マタイ28：18）と宣言しました。この権能は、この世を支配している諸々の力とは反対に、世と人を愛する霊的権能ですから、神の国の王は仕える羊飼いとしても描かれました。実際、「イエスは……群衆が羊飼いのいない羊のように弱り果て、打ちひしがれているのを見て、深く憐れまれた（原意＝はらわたが捩れるほどに共感された）。」（マタイ9：35～36）そして、最後にエルサレムに入場したときのことも、「それは、預言者を通して言われたことが実現するためであった。『シオンの娘に告げよ。「見よ、あなたの王があなたのところに来る。へりくだって、ろばに乗り、荷を負うろばの子、子ろばに乗って。」』」（マタイ21：4～5）と記録されています。

さらに、イスラエルにおいて歴代、祭司を務めてきたレビの家系ではなかったイエスでしたが、ヘブライ人への手紙は彼を「メルキゼデクに連なる大祭司」と呼びました（5：10など）。そのイエスは、エルサレム神殿で「この神殿を壊してみよ。三日で建て直してみせる。」と自分の体こそは、「真の神殿」であると宣言し（ヨハネ2：13～22）、十字架の死を前にしては、「真の大祭司」として、すべての人々のために祈り（同17章）、自分の体をただ一度の「真のいけにえ」として献げ、すべての罪人の宥めを成し遂げました。そして高挙（復活と昇天）を経たこの大祭司はいつも生きていて、自分の民のために執り成してくれています（ヘブライ4：14～10：39、詩編110：4などを参照）。

このようなキリスト像を表す呼称としては〝神の僕〟が符合します。

＊

キリストの出来事の三つの概念による聖書的証言

これまで三概念（側面）に分けて述べてきた、イエスのキリストとしての役割、十字架と高挙の意義、そして、それによって私たちにもたらされた救いを表にまとめると下記のようになります。

そして最後に、それらキリストの働きとそれによる救いがまとめて書かれているコロサイの信徒への手紙2章11～15節を、その

〈キリストの十字架の死と高挙（復活と昇天）の意義〉

	キリストの役割	十字架の意義	高挙の意義	実現する救い
関係概念	父なる神の代理	御子の遺棄	神の子の復権	関係修復
実体概念	肉なる人の代表	古い人の死	新たな人の初穂	新生
目的概念	真の人の模範	僕の受難	王としての即位	勝利

区分がよくわかる新共同訳で引用しておきましょう。

あなたがたはキリストにおいて、手によらない割礼、つまり肉の体を脱ぎ捨てるキリストの割礼を受け、洗礼《バプテスマ》によって、キリストと共に葬られ、また、キリストを死者の中から復活させた神の力を信じて、キリストと共に復活させられたのです。肉に割礼を受けず、罪の中にいて死んでいたあなたがたを、神はキリストと共に生かしてくださったのです。（新生的側面：実体概念）

神は、わたしたちの一切の罪を赦し、規則によってわたしたちを訴えて不利に陥れている証書を破棄し、これを十字架に釘付けにして取り除いてくださいました。（関係修復的側面：関係概念）

そして、もろもろの支配と権威の武装を解除し、キリストの勝利の列に従えて、公然とさらしものになさいました。（勝利的側面：目的概念）

注

（1）「肉」と訳されている言葉は、旧約における「ヘバサル」、七十人訳において273回その訳語となっている「ギサルクス」のことです。ついでに述べると、「体」は「ヘバサル」のもう一つのギリシア語訳として数か所で採用されている「ギソーマ」のことですが、新約聖書においては「肉」と混同されてはなりません。「体」は罪の下にある人にも、復活した人にも使われている言葉であり、人間として不可欠、かつ本質的な存在様式を表したものです。ですから、後述するように「霊の体」という表現が可能となります（詳しくは、J・A・T・ロビンソン『〈からだ〉の神学』日本基督教団出版局、1964年）。

（2）そのほか、ヨハネ20：19、26、21：4〜14も参照。また、「自然の体」や「霊の体」については、本書第五章の図表、パウロにおける〈人の実存における肉と霊〉とその説明（197頁）を参照。

（3）マタイ24：29〜31、ルカ21：25〜28も参照。この項を詳しく、かつわかりやすく説明しているものとして、N・T・ライト『驚くべき希望』あめんどう、の第4、7〜9章をご覧ください。

（4）『神の物語』日本聖化協力会出版委員会、2011年、298頁以降。『神の物語　下』ヨベル新書、2017年、213頁以降。

（5）これは神学的には、P・T・フォーサイス『キリストの働き』（1910年）における「キリストの働きの三つの偉大な側面」すなわち、充足的側面、再生的側面、そして勝利的側面とほぼ対応関係にあります（近藤勝彦『贖罪論とその周辺』教文館の101頁参照）。

（6）J・I・パッカー『十字架は何を実現したのか――懲罰的代理の論理』いのちのことば社、10頁。

（7）これは、カール・バルトが「棄却」と「高揚」と言っていることと近いものです。『教会教義学・和解論I／8』61節「人間の義認」（283頁以降）などを参照。

（8）神の怒りの「渡し」は、そのような私たちすべてのために神がイエスを「死に（引き）渡された」こと（マタイ26：2、ローマ4：25、8：32）へと通じており、神が罪人を見捨ててしまったのでないことを知ることができます。ルターは、神の怒りは「厳格さの怒り」ではなく「憐みの怒り」であり、それが十字架に現わされていると見ていたと、マクグラスは解説しています（A・E・マクグラス『ルターの十字架の神学』第五章「十字架だけがわれわれの神学である」）。さらに、旧約の神についての『なぜ神は悔いるのか』（イェルク・イェレミアス、日本基督教団出版局）を参照。本書の第五章2―1　義とされること：関係概念（168頁以降）もご覧ください。

（9）カール・バルトのように、「いなくなった息子のたとえ話」の弟息子を、人間の原型の写し（人間の典型）としてのイエス・キリストと理解するにしても、そこに「罪の償い」は出てきません（『教会教義学・和解論Ⅱ／1』新教出版社の38～42頁参照）。

（10）ローマ5：6～11、Ⅰヨハネ4：10参照。このことをJ・D・G・ダンも、キリストによる和解のイメージは「怒れる敵対者が宥めすかされて丸め込まれるのでなく、むしろ被害者でありながら和解に積極的な関心を示す神だ。」（『使徒パウロの神学』教文館、321頁）と述べています。

（11）ここで、神の「真実・信実」、人の「(不)真実・信仰」などと訳されている言葉は皆、ギピスティスとその類語です。ただ、最後に出てくる「神は〔真実な〕方」だけはギアレテースですので、「神のピスティス」は「信実」あるいは「信託」、「人のピスティス」は「信仰」と訳したほうがよいと私は考えます。それによって、両者が「信」において対応関係にあることをも表すこともできます。

（12）聖書協会共同訳を初めとして日本語訳では、パウロの手紙における「ギヒュッペル・ヘモーン」を「私たちの代わりに」と訳さずに、「私たちのために」と訳しています（ローマ5：6～8、8：32、Ⅱコリント5：18～21、エフェソ5：2など）。これを教会は、以下に引用した聖書箇所などからも、「私たちの身代わりとしてのキリストの死」と言い表してきました。

(13) ここと以下の他の聖書箇所で「贖い」や「償い」という訳語を使うべきでないこと、その上で「宥め」が良いという議論については、巻末の〈研究ノート3：「贖い」と「宥め・償い」〉を参照。

(14)『旧約聖書神学概説』日本基督教団出版局、389頁。詳しくは378〜407頁をご覧ください。また、John Stott, *The Cross of Christ*, 2nd. ed. Downers Grobe, IL: InterVasity,2006の158頁も参照。

(15) 多くの預言者たちの言葉（ホセア書6：6、イザヤ書1：11、43：25、エレミヤ書7：21〜23など）や詩編の言葉（特に40：7、51編など）にそれを見ることができます。

(16)『ギリシア語新約聖書釈義事典Ⅰ』の「アイロー」と「アセテオー」の項参照。旧約の祭儀が罪を根本から解決できなかったことを述べる、ヘブライ10：4「罪を取り去ることができない」は「切り落とす㊊アファイレオー」、10：11「罪を除くことのできない」は「絶つ㊊ペリアイレオー」という動詞を使って、強調していること、ローマ8：3「肉において罪を処罰（放擲）された㊊カタクリノー」と言っていることも考慮してください。コロサイ2：14は「借用証書を破棄し㊊エクサレイフォー、これを十字架に釘付けにして取り除いてくださったのです。㊊アイロー」と述べていますし、また、前項で引用したⅠペトロ2：24も「彼は自ら私たちの罪を、自分の体のうちに、木の上に運び上げた。」（岩波訳）が直訳であり、この「運び上げる㊊アナフェロー」も「取り去る」の意味を含み得るようです（『ギリシア語新約聖書釈義事典Ⅰ』の「アナフェロー」の項参照）。

(17) 本書の第五章2—1　義とされる：関係概念、の「『子とされる』ことと『神との和解』」の項（180頁）参照。

(18) ヨハネ1：14「言は肉となって、私たちの間に宿った。」の「宿った」は、㊊エスケノーセン（幕屋を張った

=直訳、聖書協会共同訳脚注）です。ヘブライ2：9の「神の恵みによって」の脚注に載せている「異本『神なしに』」も参考。

(19) ヨハネ2：13〜22（マルコ14：57〜58も）。N・T・ライト『シンプリー・ジーザス』あめんどう、の第11章、236〜237頁も参照。

(20) キリストの救いは、3—1で述べた、父なる神の「代理」として神に遺棄され、復活によって神のこと定められることによって人に与えられた「義とされること（関係概念）」とともに、ここで述べている、肉なる人の「代表」として死に、初穂として復活させられた「キリストへの参与（生命概念）」がありますが、それらの両方を、キリストによる救いを表現するメタファーの違いとして書いているものに、J・D・G・ダン『使徒パウロの神学』第14章、15章があります。

(21) H・W・ロビンソン『旧約聖書における集団と個』教文館、参照。

(22) イザヤ書53：5、Iペトロ2：24も参照。また、「眠りから覚める、起きる、よみがえる[ギ]エゲイロー」が、イエスによって病人にも死人にも「起きよ[ギ]エゲイレ」（ヨハネ5：8、マルコ5：41）と使われていることも、「癒し」と「よみがえり」の間に、次項で述べる「霊の命への新生」という共通性があることをうかがわせます。

(23)『勝利者キリスト』原著発行1930年。1982年に教文館から再邦訳。

(24) ヨハネ4：34、17：4、ルカ22：37、42、ヘブライ5：5〜10、12：2も参照。また、イエスの苦難と十字架の死が悪から人を贖うものであるとの考察は、M・S・M・スコット『苦しみと悪を神学する——神義論入門』教文館の第六章「十字架の神義論」を参照ください。

（25）マタイ28：18、エフェソ1：20～21も参照。このような、人の目には逆説と見える言明は、パウロが「十字架につけられたままのキリスト」（Ⅰコリント1：23、2：2、ガラテヤ3：1のすべてが現在完了形であること）と表現していることにも見ることができます（青野太潮『最初期キリスト教思想の軌跡』新教出版社の245～252頁参照）。そしてそれは、旧約思想の「王は僕。統治は仕えること」（第一章の注1、第二章の注11参照）、イエスの「頭になりたい者は、皆の僕に……」（マタイ20：26～28など）とつながっています。

（26）『聖書66巻がわかる』クリスチャン新聞発行の「出エジプト記」（拙著）参照。

（27）ギルトロン、あるいはギアンティルトロン。後者はアンティという前置詞によって代理の側面を強調していますが、ほとんど同じ意味です。

（28）本章3—1　私たちのための「いけにえ」、キリスト（122～124頁）参照。ローマ3：25（脚注）、Ⅰヨハネ2：2、4：10。ヘブライ9：5（宥めの蓋＝新改訳2017）も参照。

（29）イレナイウス、オリゲネス、ニッサのグレゴリウスらによるもので、「悪魔身代金説」と呼ばれています。

（30）カルヴァン『キリスト教綱要Ⅱ』新教出版社、1962年の第15章を参照。

第五章　キリストの救い：《神のかたち》の回復

人は、真性の《神のかたち》である御子・キリストに似せて神に創造されたものでしたが、その神に背いたことにより、《神のかたち》を毀損した「罪人」となってしまいました。しかし、神の御子・キリストが受肉し、その生涯と十字架の死と復活を通して、私たちをその罪から救い出してくれました。そのようにしてもたらされた救いは当然、創造された《神のかたち》の回復となるはずです。すなわち、私たちの本来の姿への回帰ですから、それによって「私はどこから来たのか？」という問いの答えを与えられるだけでなく、そこに連れ戻されることになります。しかし、キリストによる救いは単なる本来の姿への回帰ではありません。神は私たちを《神のかたち》に完成させるという、新たな目標に向かって歩む人生のスタートラインに着かせてもくれたのです。それによって、「私はどこへ行くのか？」の展望、希望をも与えられることになります。ここからは、このような新たに開かれた人生について語りますが、本章では、その新たな人生のスタートライン（所与）について、第六章では、その人生コースの走り方（課題）、第七章では、そこに働く聖霊について、そして第八章では、人生に約束されたゴール（完成）について、それらがどのようなものと描かれているかを述べていきましょう。

1　キリストの「救い」の文脈

これから《神のかたち》の回復としての「救い」について述べていきますが、その前に、聖書が語るそれは単なる「魂の救い」や「天国に行ける約束」ではなく、大きな文脈（視野・次元）の中での救いであることを確認しておきたいと思います。デイヴィッド・ボッシュは次のように述べています。

〝われわれが必要としているのは、キリスト論のより包括的な枠組みにふさわしい救いの解釈である。……救いの綜合性という特徴は、教会の宣教の視野が、これまで伝統的に捉えられていたものよりも、さらに包括的であることを要求する。救いは、人間存在の当面している緊急事態とそのニーズと同じくらい、凝縮され、幅広く深いものでなければならない。(1)〟

神の国を建て上げる計画の終末的実現

神の天地創造の目的は、世と人類の救いの達成、神の国（支配）の完成です。創世記2章2～3節は、神が六日間かけて天地創造を終えたときのことを、「第七の日に、そのすべての業を終えて休まれた。神は第七の日を祝福し、これを聖別された。その日、神はすべての創造の業を終えて休まれたからである。」と記していますが、その後に「夕べがあり、朝があった。第七の日である。」とは書いていません。それは、その日がなお続いている今の世（時代）であることを暗示しています（ヨハネ5：17、9：4も参照）。この〝第七の日〟に神は、創造を完成した地と被造物と人を恵みによって生かし続ける摂理をもって、神の国を建て上げる働きを継続しているのです（神は創造の業を終えて休んだだけであり、その後、何の業もしなくなったわけではありません）。しかしその神の業は摂理に加えて、神の共働者（パートナー）として《神のかたち》に造られたにもかかわらず、それを毀損している人間の《神のかたち》回復事業、すなわち、罪人救済の業を伴うこととなりました。ですから十戒の安息日規定は、神が先駆けて選んだ神の民、イスラエルをして、今の世（時代）がこのような〝第七の日〟であることを覚えて、神に信頼して生きるようにさせるためのものだと言えます（出エジプト記20：7～11参照）。

その神の国（支配）が完成する日を、聖書は「主の日」と呼びます。それはもともと旧約の預言書では、イスラエルが救われる日とされていましたが、同時にそれは、バビロンにもイスラエルにも神が行われる正しい裁きの日でした（イザヤ書13章、エレミヤ書46：10、ヨエル書1：15、アモス書5：18、ゼカリヤ書14：1～9などを参照）。その「主の日」が、キリストが来られた新約においても、最後の裁きの日として受け継がれていきます。(2) そして、それがキリスト再臨の日と同定されて、神の国完成の日、換言すれば、天地創造の目的が成就する日を意味するようになりました。[3] これは古代教会が、キリストの復活した週の初めの日を、その日の先取りとして「主の日」（黙示録1：10）と呼ぶとともに〝八日目〟（第八の日）と呼んでいた興味深い事実[4]ともよく合致するのです。

私たちキリスト者は、〝第七の日〟（今の世）にあって、神の国が完成する〝第八の日〟（新たな世）の到来を待ち望むとともに、それを御霊による前味としてすでに味わうことができるようにされています。これが終末的な「救い」です。

キリストとの結合

キリストの「救い」にあずかるということは、キリストとは別の「何か」、たとえば、これまでに犯した罪過と悪事の帳消し、永遠に生きる特権、天国に入る資格などを得ることではなく、十字架と復活のキリストに結びつけられる（バプテスマされる）ことであり、キリスト者としての救いの生活はこのキリストとの結合を生き続けることです。そして、贈り物としての聖霊を受けて、キリストに従い、キリストに似た者となっていく人生のことでもあります。

それは、ヨハネが「永遠の命」と呼び、私が「《神のかたち》を生きる」と表現しているのと同じことですが、それも、死んだ後に長く生きるというような意味ではありません。それは、イエス・キリストを知る者、信じる者にいま与えられるキリストとの交わりのことです。「永遠の命とは、唯一のまことの神であられるあなたと、あなたのお遣わしになったイエス・キリストを知ることです。」（ヨハネ17：1〜3。Ⅰヨハネ1：1〜4も参照）、「私の言葉を聞いて、私をお遣わしになった方を信じる者は、永遠の命を得、また、裁きを受けることがなく、死から命へと移っている。」（同5：24）、「私はぶどうの木、あなたがたはその枝である。人が私につながっており、私もその人につながっていれば、その人は豊かに実を結ぶ。私を離れては、あなたがたは何もできないからである。」（同15：5）と言われているように、です（Ⅱペトロ1：2〜3、Ⅰヨハネ5：20も参照）。

ルカによる福音書15章にある三つのたとえ話では、救いを、羊が羊飼いに連れ帰られたこと、銀貨が女の人に拾われたこと、息子が父親に赦され迎えられることとして語っていました。パウロの手紙でもこう言っています。「私はキリストと共に十字架につけられました。生きているのは、もはや私ではありません。キリストが私の内に生きておられるのです。」（ガラテヤ2：19後半〜20前半。Ⅱコリント2：14〜17、コロサイ1：27も参照）。

全人的、宇宙的、包括的救い

キリストの「罪からの救い」は、罪の波及がそうであったように、全人的、全生活的、包括的なものです。パウロによって救いが「体の復活」と語られていることが「全人的救い」を表している典型です（ローマ8：18〜23、Ⅰコリント6：14〜20、15：35〜58など）。「魂の救い」（使徒2：27、ヤコブ1：21、

5：20）も、ギリシア的霊肉二元論によって理解して、肉体を捨てた魂の救いのように考えてはなりません（Ⅱコリント5：1～5参照）。聖書では、「体」も「魂」も人としての存在そのものを意味しているからです。

また、単なる個人的救いではなくて、神の民・家族という場の中での共同体的救いでもあります。現代は個人主義の時代ですので、私たちは自分が救われるかどうかのみに関心を抱きがちです。しかし聖書の救いに関する記述は、神の選びの民としてのイスラエル（旧約）、異邦人をも含んだ教会（新約）について中心的に述べていますので、神の民としての救いの成就として理解すべきです（エフェソ2：19～22、Ⅰペトロ2：9参照）。

さらに、救いは神の創造の目的の完成でもあり、天地万物（宇宙）を創造した神は、最後に、人間だけでなく天地万物を神の支配（神の国・統治）の下に置きます。換言すれば、それは「新天新地」に更新されます（黙示録21：1）。パウロもローマの信徒への手紙8章18～25節のなかで、「被造物自身も滅びへの隷属から解放される」宇宙的救いの希望について語っているとおりです。

2 「《神のかたち》の回復」を三概念で語る聖書

「救い」という言葉それ自体は、「助け」とほとんど同じように、「何かの問題の解決、何らかの窮状からの救出」以上を意味してはいません。しかし、聖書の中での「救い」は、病の癒しなどをも意味しますが、中心的には「神と御子キリストによる罪からの救い」を意味しています。そして、それは多くの場合、「救われる」というように「神によって」が省略された間接的な神的受身形で記されています。ここからは、そのキリストによる人の救いを、神に創造されたにもかかわらず毀損している「《神のかたち》の回復」として、積極的に、かつ、より豊かにイメージできるように、三つの概念別に表現していきます。

その前に、聖書自体が至るところで、「救い」をこの三つの概念によって述べていることを、読者の皆さんにもう一度銘記していただきたいと思います。キリストの十字架の死と復活が、三つの概念によって一挙に書かれている代表的箇所であるコロサイの信徒への手紙2章11〜15節を、前章の最後のところで引用しました。また第二章では、ルカによる福音書15章に記されている三つのたとえ話のそれぞれが、救いを異なった概念で説明していることを確認しました。すなわち、

「見失った羊」は、救いを命の回復として（実体概念）、

「無くしたドラクメ銀貨」は、使命と目的の回復として（目的概念）、

「いなくなった息子」は、父なる神の赦しとして（関係概念）語っています。

これをパウロは、コリントの信徒への手紙一1章30節で端的に、次のように語っていました。

キリストは、私たちにとって神の知恵となり、義（関係概念）と聖（実体概念）と贖い（目的概念）となられたのです。

さらに、17世紀のプロテスタント神学による救済論に目を移してみると、『ウェストミンスター信仰告白』はキリストの救いの説明において、11章「義認について」、12章「子とすることについて」、13章「聖化について」の三章に分割しています。その解説書を読むと、[5] ひとつの救いを三章にわたって別々な側面から述べているのは、それらを一度には説明できず、それらをひとつの救いとして説明しようとすると様々な神学的歪みが生じるからであると、その理由を説明しています。またそれは、20世紀最大の神学者、カール・バルトの大部な『教会教義学・和解論』（新教出版社）において、イエス・キリストによってもたらされる和解（救い）の三形態が、「義認」「聖化」「召命」として述べられていることにも通じます。

ここからはいよいよ、キリストの十字架と復活によってもたらされた「《神のかたち》の回復」としての「救い」を、これらの三つの概念別に順次見ていきます。本章ではまず、キリストを信じるときに与えられる「**救いの所与**」について詳しく述べ、キリスト者となった後の「**救いの課題**」や約束された「**救いの完成**」については、後に続く章で改めて述べることにします。

2―1　義とされる：関係概念

《神のかたち》を生きるためには、人が罪に陥ったために毀損された《神のかたち》がまず回復される必要があります。私たちの主イエス・キリストにあって与えられたそのことを、関係概念では、罪人の神との断絶状態が本来与えられていた神との親しい交わりに修復されること、すなわち「義とされる」ことと語っています。

これまでのプロテスタント教会に属する多くの人は、「罪」や「義」という語によって表現する救いを「法廷的」に、それも刑事裁判の法廷のイメージで考えてきました。そもそも社会では「罪」という語を「刑法を破った犯罪」という意味で使うように、聖書の語る罪を神の律法を破っていることと理解すると、それに続く「罪の赦し」も、「絶対的な裁判官（審判者）である神が無罪と宣言する義認（実際は罪ある者にもかかわらず）」という具合になってしまいます。しかし現実には、刑事裁判の法廷での裁判官は有罪か無罪かの判決を下すだけであり、有罪者の罪を赦す権威など与えられてはいません。ですからそこでは、有罪者の罪が赦されて無罪とされるというようなことはあり得ないのです。その上、誰か（たとえば親）が他人の罪（たとえば子どもの罪）の刑罰を身代りに負うということも絶対にあり得ません。これが、プロテスタントの大勢である「法廷的義認理解（刑罰代償説）」を、非現実的なものと感じさせる一つの原因ではないかと考えます。

そこではさらに、もうひとつのより深刻な問題が浮かび上がります。それは、ルターの言ったとされる〝キリスト者は義人であり同時に罪人〟という表現です。それはたしかに、キリスト者がすでに赦しを受けた者であるとともに、罪の性質を依然としてかかえている者であるとの逆説的現実を表現するインパクトを持ってはいます。しかし反面、「現実には依然として罪人であるにもかかわらず、神は義人（無罪の人）とみなしてくださる」と受け取られてしまう可能性に大きな門戸を開いてしまうことになります。罪の赦し、義認が一種のフィクションとなってしまうのです。実際、そのように義認を安っぽく受けとる者が多かったので、ウェスレーの「『キリスト者の完全』強調」やボンヘッファーの「『安価な恵み』批判」が唱えられたと言えるでしょう。

そのようなプロテスタントの理解が、聖書からカトリック教会を経てどのように登場するようになったのか、その経緯を見てみます。

「義」は実体概念的か、関係概念か

もともと、「義」を表す旧約ヘブライ語の語根「ツァダク」そのものは、関係概念として理解されるべきものです。「ツァダク」は、よく使われる二つの名詞「ツェデク」「ツェダカー」として見られます。それらは日本語訳聖書では通常、「義」あるいは「正義」「公正」と訳されますが、ヘブル語の意味を十分に伝えきれてはいません。その語源は、おそらく「まっすぐ」、すなわち本来あるべきものを意味します。すなわち、ひとりの人が「ツァダク」、すなわち義しくあるためには、その人が関係を作っている価値（伴侶、親、裁判官、労働者、友人であることなど）に正しく応答する態度に沿って生き、歩むことが必要です。そのように、「ツァダク」はそれ自体が持っている関係のあり方からこそ意味が引き出される概念です。ですから、聖書において「ツァダク」で語られる、義しい裁き、政治、礼拝、行為は、その分野が多様であるにもかかわらず、すべてが契約的であり、関係を建て上げることを意味しているのです。(6)

新約ギリシア語の「ディカイオスネー（義）」「ディカイオオー（義とする）」も、救済論においては世俗ギリシア語の意味とは異なって、旧約の「ヘツァダク」を引き継いだ関係概念として使われました。(7)そうすると、「神が人を義とする」とは、神が《神のかたち》として人を創造し、その人と契約を結んだ本来の関係に戻すことだとわかります。すなわち、「義とする」とは、正しい人間にするとか、正しい人間と認めるというようなことではなく、神との義しい関係に引き戻すということになります。

ところが、聖書のラテン語翻訳がヒエロニムスによって完成されたとき（ウルガタ聖書）、「ギディカイオスネー」に実体概念的意味の強いラテン語「ユスティティア」が当てられます。それにともなって、中世におけるカトリック・スコラ主義では、「義」を正しさ、「義人」を罪のない正しい人というように、実体概念として考えることが定着しました。ですから、16世紀の宗教改革を経た17世紀以降のプロテスタント正統主義（プロテスタント・スコラ主義とも呼ばれます）も、それまでの時代やラテン的文化の持つ「義」の実体概念的理解を維持したままで苦慮していたと思われます。結局、プロテスタントは同じ前提の上で義を、「人間の内に注入され、増幅していく義」とするカトリック理解から、「神がその恵みによって、罪人である人間に外から転嫁してくださる義」という理解に変えました。それにより、「義とする」は、神がキリストを信じる者を「神の前に義人と認める（現実には罪人であるが、希望の中で義人である）」の意味であるとする解釈を展開したのです。そしてこの理解が、20世紀に至るまでのプロテスタント教会において維持されてきたということができるでしょう。しかし、20世紀における聖書学の進展により、「義」は関係概念としてようやくその本来の意味を取り戻すことになりました。[8]

これに続く議論は、巻末の〈**研究ノート1：「神の義」と「キリストの信」**〉をご覧ください。

聖書の契約法は現代の民法と類似

私たちは、「義とする」とは、神が人と結んだ契約に対する神の信実によって、人を「神との義しい関係に引き戻す」ことだと確認しました。そうすると、これを法的に理解しようとするなら「契約における法」の性格から考えて、「義とする」を、現代法の刑法（公法）的によりも、むしろ民法（私法）的に考えるほうがふさわしいと私は考えます。その根拠を理解していただくために、まず、廣田尚久がいわゆる公法（刑法）と私法（民法）の違いについて法律家の言葉で書いてくれていますので、要約して紹介しましょう(9)。

近代の特徴のうちには「法の支配」と「近代国家」があります。そして、その近代国家を成り立たせるためには、公法による「物理的強制力」の独占が必要でした。そして、その「公法の支配」を完結するための物理的強制力を行使する執行権限を持っているのは、国家だけだとされます。しかし、近代の法には、主として民事関係の現象として現れるもう一枚の設計図がありました。それが「近代私法（私益または市民間の生活関係について規定した民法・商法などの法律の総称）」であり、資本主義の法として生まれたものです。

その近代私法の規範関係は、「法的主体性」、「私的所有」、「契約」という三つの基本的要素で成り立っています。封建時代には、多くの人々は封建的な身分制度に縛られていました。しかし、資本主義が発達し、人々が領主の支配を脱して都市に集まってくるようになると、人々は主体性を持った個人として認められるようになりました。このことが法的に承認され、個々人の法的主体性が確立します。そして主体性を持った個々人は、相互に私的所有を承認し合うようになりました。資本家は工場を建設して商品を生産し、その商品を合意によって貨幣と交換します。この合意が契約に他なりません。また、土地や工場を所有しない人々は、労働者となり、労働力を資本家に売ります。この労働力の売買も契約によって成り立っています。こうして近代では、人々の生活や企業の活動を規定するさまざまな「私法（民法）」が生まれるようになりました。このような法的主体性の上に立った合意・私的自治をコンセプトにする流れは、近代国家、物理的強制力、裁判・司法による「公法（刑法）」制度の流れとは別なものです。

民法にのみ「赦し」がある

民法（私法）の債権に関する多くの場合は、まず両者間に契約締結がなされていることが前提です。そして、その二者間のどちらかに契約違反があったとしても、警察や裁判官がすぐに入ってくることはありません（民事不介入と言われます）。基本的には二者間で解決すべきですが、仲裁者が入る場合もあります。それでもなお解決しない場合は、被害を受けた債権者（原告）が、契約条項に基づいて加害者である債務者（被告）を契約違反と訴えて初めて裁判になります。しかし、訴えられた被告が事実、重大な契約違反を犯していようとも、原告が「赦す」と言うなら、すなわち訴えを取り下げるなら、加害者（被告）はもはや罪を問われることはありません。被害者（原告）が赦すときに、その赦しが現実となるのです。このように、「赦し」は被害者（民事訴訟を起こした原告）のみにできることであり中立な裁判官にできることではない、ということは重要です。

これを参考に、聖書の語る神と私たち人間の関係を説明すると、神が《神のかたち》として人を創造して神と対等に交わる相手とし、その私たちと契約を結んだことに基礎・発端があります（本書第二章、《神のかたち》として創造された人の関係概念的意味を参照）。ところが、人間のほうが一方的に神に反逆し、神との契約を破ってしまったのです。もう一方の当事者である神は当然のことながら怒り、人間の背信、罪を糾弾・告発します。しかし、それは人間への深い愛の裏返しであり、神は、神を裏切った人間以上にそれを悲しみ、人間を憐れみ、何とかして自分を捨てた人間との関係を修復しようと行動したのです。ですから、神はまず、裁き主であるよりは契約の一方の当事者であり、裏切られた被害者、相手の契約違反を告発している原告、しかも自分を裏切ったその人間との関係を修復するために、被害を一方的に引き受けて（犠牲を払って）赦す者であると考えるべきです。

旧約の預言者たちが諸国に対して、そして誰よりも神の民として選ばれ、神との契約を結びながら背信しているイスラエルに向かって糾弾し、神に帰るよう訴えている叫びを聞けば、よくわかるでしょう。

エフライムよ、私はあなたに何をなすべきか。ユダよ、あなたに何をなすべきか。あなたがたの慈しみは朝の霧、はかなく消える露のようだ。それゆえ、私は預言者たちによって切り倒し、私の口の言葉によって彼らを打ち殺す。あなたの裁きは光のように現れる。私が喜ぶのは慈しみであって、いけにえではない。神を知ることであって、焼き尽くすいけにえではない。しかし彼ら

はアダムのように契約を破り、そこで、私を裏切った。（ホセア書6：4～7）

ヤコブよ、これらのことを思い起こせ。イスラエルよ、まことにあなたは私の僕。私はあなたを形づくった。あなたは私の僕。イスラエルよ、あなたは私に忘れられることはない。私はあなたの背きの罪を雲のように、罪を霧のようにかき消した。私に立ち帰れ。私があなたを贖ったからだ。（イザヤ書44：21～22。他に、エレミヤ書3：21～22、ホセア書14：1～8、アモス書3：1～4：13なども参照）

「義とする」と「赦す」

そうすると、パウロが「義とする」という表現で伝えようとしたことは、民法世界で、被害者（原告）の「赦し」によって現実の関係修復が生じるのと同じような意味だと思われます。ではなぜ、その表現をパウロしか使っていないのかと疑問を持たれる方がいるかもしれません。イエスの言動には、そのようなことはなかったのでしょうか。もちろん、そうではありません。パウロが「義とする」という表現をおもに使っているのに対して、福音書のなかのイエスは「赦す」という表現を使って、そこでも単に「罪を認めない」こと以上に積極的な関係修復の実現を語っているのです。

共観福音書において、イエスが「［だれだれの罪を］赦す」という言う場合の罪は複数形であり、律法違反という旧約歴史からの思考によるものと考えられます。するとそこでの「罪（複数形）を赦す」とは、体の麻痺（中風＝新改訳２０１７）という病気や（マルコ２：5、7、9、10、マタイ、ルカの並行箇所）、おそらくは遊女という罪深い生活を（ルカ7：36〜50）生み出しているもろもろの罪過や咎（直接原因）を覆うか、それらから清めることとなります。[10] それに対して、「〔だれだれを〕赦す」という多くの言い方、そして、ただ「赦す」という言い方こそは、根源的な単数形の罪（神への背信）を取り除いて、神との関係を修復することを意味していると考えることができるでしょう。イエスの十字架上での言葉「父よ、〔彼らを〕お赦しください。」（ルカ23：34）はその代表例です。[11]

その点、名詞形の「赦し」は新約で17回出てきて（ルカと使徒で10回）、ほとんどの場合「神による」赦しを意味し、ここでも大概は「罪の（複数形）」によって規定されています。[12] それらが、単に直接原因の罪過や咎を覆うことを語っていると言えるかどうか不透明で、そのような習慣的言い方についてのさらなる研究が必要ですが、「罪の」という規定語のついていない「赦し」の数少ない例は、「反逆・背信していた神との関係修復としての赦し」と考えられます。[13]

人を存在ごと赦す神

マタイによる福音書18章23〜35節でイエスが語ったたとえ話の中での「負債の免除」はよく見ると、そのような赦しをみごとに描いているのではないでしょうか。ここは「主よ。きょうだいが私に対して罪を犯したなら、何回赦すべきでしょうか。七回までですか。」（21節）というペトロの問いから始まっています。「罪を犯す」（ギハマルタノー）の後（日本語では前）には目的語（対格）が来ないで、「私に対して」（与格）という言葉が用いられているのとちょうど同じように、「何回（彼を（与格）＝どの日本語訳もこれを訳出していません）赦すべきでしょうか。」となっています。これはおかしな問いかけです。ペトロの問いが「何回、罪を赦すべきでしょうか。」ならば、一つ一つの罪を何回まで赦す（覆う）かであるとわかるのですが、「何回」と罪を数えながら「彼を赦す」というのは論理矛盾です。ですから、イエスが答えて「七回どころか七の七十倍まで」[14]と言ったのは「どこまでも」ということですが、それは、彼が「そのように罪を数えるのはナンセンスだ。赦すのに何回までなどはない！　赦すとは、人を存在ごと赦すことだ。」と考えていたからでしょう。

しかし、そのように言われておそらくペトロも思ったでしょうが、私たち人間はそのように簡単には人を赦すことができません。なぜなら、人が自分に対して不当なことをしたり、傷つけたり、迷惑をかけたりした場合、「どうして私が損をしなければならないのか？　不当なことをした当人が責任をとらなければならないではないか！」と考えるからです。誰かから被害を受けたとき、その損害を自ら引き受けるという覚悟（愛）を持つことは一回だけでも難しく、七回続くならなおさらです。ましてや人を存在ごと赦すことはどうでしょうか。

ところが、神は一方的な愛と憐みの心をもって、私たちを存在ごと赦してくれていることを、イエスは次のたとえ話で教えました。それは、自分に対して一万タラントンもの巨額負債（負い目）がありながら返済することができない家来をかわいそうに思った[15]（はらわたが捩じれるほどに同情した［ギ］スプランクニゾマイ）主君が、その負債すべてを帳消しにしてやったというのです。そこで言おうとしていることは、次のことです。すなわち、私たちが神に背いたにも関わらず、神は恵みとして一方的に与えるすべてのもの（摂理）によって私たちを生かしてきました。そのような神に対して感謝することもせず、自分の力で生きているかのように神を無視して歩んできた私たちを、神が赦してくれたということです。ですから私たちは、このたとえ話で主君が払ったその犠牲に、神の愛と憐み、そしてその信実な実行としての御子イエスの十字架における死を見るのです[16]（もちろん、このたとえ話ではそのことは出てきませんが）。

　このことから、「誰だれに対して（与格）罪を犯す」に匹敵するように、「誰だれを（与格）赦す」は特定の人間関係の中で「人を存在ごと受け入れる」ことだとわかります。刑法的な犯罪の刑罰を免除することでないばかりか、誰かから受けた被害を数えながら、その度に不問に付すことでもありません。27節において、家来の主君は「彼を赦し、借金を帳消しにしてやった（直訳＝彼を去らせ、借金を（対格）、彼を（与格）赦してやった）」と表現しています[17]。また、その結語でも、「あなたがたもそれぞれ、心からきょうだいを（与格）赦さないなら、天の私の父もあなたがたに同じようになさるであろう。」（35節）とあります。ここでイエスがペトロに伝えようとしたことは、「赦す」とは、神が私たちにしてくれたように、人を心から存在ごと赦し、その人との交わり（関係）を修復し、再構築するということでした。[18]

新たな契約の締結

「義とされること」、「赦されること」を民法的に理解することによってさらに、同じく民法的な用語・概念である「新たな契約」や「子としていただくこと」、さらには「和解」を、よく説明できるのではないでしょうか。聖書の中では、異邦人のみじめな状態は、神との契約関係の外にあることと描写されています。「あなたがたは以前は肉においては異邦人であり、いわゆる手による割礼を身に受けている人々からは、割礼のない者と呼ばれていました。その時、あなたがたはキリストなしに生き、イスラエルの国籍とは無縁で、約束の契約についてはよそ者で、世にあって希望を持たず、神もなく生きていました。」（エフェソ2：11〜12。ローマ9：24〜26、ガラテヤ4：8、コロサイ1：21も参照）そのような異邦人にとっての救いは、神がイスラエルと結ばれていた「旧い契約」よりさらにすぐれた契約の仲介者であるキリストによってもたらされた、「新たな契約」の下に生きる民となることです（ヘブライ8：6、9：15、13：20）。「以前はそのように遠く離れていたあなたがたは、今、キリスト・イエスにあって、キリストの血によって近い者となりました。」（エフェソ2：13）

このように、キリストを通して提供された新たな契約によって形成される共同体である教会に加入することによって、人は救われます（使徒2：38）。また、その契約の下に生きるようになったキリスト者は、恵み深い神の愛と信実に対して愛と信実（信仰）をもって応えていく、神との直接的かつ親密な関係に入ったことになります。それを覚えて教会のなかで行い続けるように言われている主の晩餐について、伝えられた言葉を記しているパウロの手紙にも、次のようにあります。「『これは、あなたがたのための私の体である。……』……『この杯は、私の血による新しい（新たな＝河野）契約である。……』……従って、ふさわしくないしかたで主のパンを食べ、主の杯を飲む者は、主の体と血に対して罪を犯すことになります。……」（Iコリント11：23〜29。マタイ26：28、マルコ14：24、ルカ22：20も参照）

「子とされる」ことと「神との和解」

「義とされる」ことをよく描いているもう一つの表現が、神に「アッバ」と呼びかけることのできる「（神の）子とされる」ことです。「あなたがたは、人を奴隷として再び恐れに陥れる霊ではなく、子としてくださる霊を受けたのです。この霊によって私たちは、『アッバ、父よ』と呼ぶのです。」（ローマ8：15）ここの「子とされる」という言葉（ギフィオセイア。他にローマ8：23、ガラテヤ4：4〜7、エフェソ1：5も参照）は、「子としての身分を受ける」、あるいは「養子として迎えられる」と訳すことのできる養子法的術語です。この場合の養子法も現代法から見れば民法であり、契約による立場の法的・現実的な変化を述べています。本来、人は「神の子」として神に創造されたのでした（ルカ3：38、使徒17：24〜29参照)。ところが、人間が父なる神を裏切り、家出し、父(神)を父(神)とも思わないで生きるようになり、神も怒りをもって人間をそのような生き方に渡しました(ローマ1：18〜32)。ところが父なる神は、そのような私たちをもう一度神の子の立場に戻すために、キリスト(神の独り子・実子)をこの世に送ってくれたのです。その神の独り子の代理的犠牲によって、私たちはもう「神の子」と呼ばれる資格など無いにもかかわらず、「神の子」として迎え入れられました。このことをもっともよく説明しているたとえ話が「いなくなった息子のたとえ話」(ルカ15：11〜32)です。

それは「神との和解」と語られていることとも同じです。「敵であったときでさえ、御子の死によって神と和解させていただいたのであれば、和解させていただいた今は、御子の命によって救われるのはなおさらです。それだけでなく、私たちの主イエス・キリストによって、私たちは神を誇りとしています。」(ローマ5：10〜11。Ⅱコリント5：18も参照) このような「和解」も、民法で用いられる用語・概念であり、訴えている原告が何らかの理由で訴えを取り下げたり、示談が成立したりすることによる関係修復のことです。刑法では、このようなことはあり得ません。

そして、その和解の福音は、ユダヤ人と異邦人をも一つに結び合わせて神との和解へと導きます。「キリストは、私たちの平和であり、二つのものを一つにし、ご自分の肉によって敵意という隔ての壁を取り壊し、数々の規則から成る戒めの律法を無効とされました。こうしてキリストは、ご自分において二つのものを一人の新しい(新たな＝河野)人に造り変えて、平和をもたらしてくださいました。

十字架を通して二つのものを一つの体として神と和解させ、十字架によって敵意を滅ぼしてくださったのです。……」（エフェソ2：14〜22）。

さらにそれは、神が創造したすべての被造物との和解にまで及び、全世界を調和・シャローム（平和）へと導きます。「神は、御心のままに、満ち溢れるものを余すところなく御子の内に宿らせ、その十字架の血によって平和を造り、地にあるものも天にあるものも、万物を御子によってご自分と和解させてくださったのです。」（コロサイ1：19〜20）

このように、「義とされる」ことが法的であると言うのなら、法廷的にではなくて、契約法的すなわち関係概念的に理解すべきであると思われます。そうすると、「義とされる」ことは単に「実際は罪人であるにもかかわらず義人と宣言される＝義認」というような、消極的なものでもフィクションでもあり得ません。私たちとの関係を義しいものに修復しようとする神の情熱的行為（神の義）が、「神と断絶している人＝罪人」であった私たちを、「神と義しい関係を持っている人＝義人」として現実に立たせてくださる（もはや罪人ではない！）という、積極的かつ現実的な救いを意味しているのです（ガラテヤ2：17参照）。

2―2　聖なる者とされる：実体概念

本章の主題である「《神のかたち》の回復としての救い」を、聖書では三つの概念で語っています。そして、代表的な「義とされる」という語を、カトリック教会においては「正しい人に変えられる」というように実体概念的に理解したのに対して、プロテスタント主流教会では法廷的に「義と認められる」と理解してきました。それらに対して私たちは、関係概念的に「義しい関係に修復される」と考えるべきことを述べました。しかしそのことによって、私たちプロテスタントの「《神のかたち》の回復としての救い」理解が、実体概念的な面を軽視するようになるなら、それは、教会とキリスト者一人一人に損失をもたらすと思われます。聖書は別の表現をもって実体的な面を語っていますので、それも重要であることを忘れてはなりません。(19) 実際、プロテスタント教会史において敬虔主義やアナバプティズム(再洗礼派)、リバイバルやホーリネス運動などが起こされて、それを補ってきたことは、一部に行き過ぎがあったとしても神に感謝すべきです。その、「救い」についての実体概念的な代表的表現は「聖なる者とされること＝聖別・聖め」、「新たに生まれること＝新生」です。まず、聖書が語る「聖性」の意味から考えてみましょう。

神の「聖性」の意味

神の「聖性」は、神の「超越性」を意味しているとされ、「聖なる神」という言葉によって絶対他者としての神がイメージされることが多いと思われます。たしかにその通りなのですが、そこでは注意深い観察が必要です。よく引用されるイザヤ書6章3節は、その言葉の内容を最もよく明らかにしています。

聖なるかな、聖なるかな、聖なるかな、
万軍の主。
その栄光は全地に満ちる。

それはまず、この聖が、神のまわりにいる天使（セラフィム）にとってすら近づき難いことを意味していますので、聖という言葉を「区別する」「分離する」と結びつけるのも無理はありません。しかし「聖」の概念内容は、単にこの消極的な要素のみに限定されるべきではないことにも気づきます。そのことは、天使が互いに呼び交わして言った「聖なるかな、聖なるかな、聖なるかな、万軍の主。」に続く、「その栄光は全地に満ちる。」という言葉に表されています。ここでの「聖」と「栄光」の結びつきは、旧約聖書の中にしばしば現れているものですが、神の栄光は、神の本質の放射する力であって、神の隠れた聖が外に溢れ出て、全地に満ちていると言われています（民数記14：21、詩編57：6、72：19、ハバクク書2：14も参照）。

ですから、神が聖であるとは、神が人間とは異なり、超越的であることを意味しますが、しかしそれは、人間から遠いということで超越的なのでは決してありません。「私は神であって、人ではない。あなたのただ中にあって聖なる者。」（ホセア書11：9）とあるように、超越は遠いことではなく、他なることを意味するのです。

そしてまた、この語は神と人間の分離を表すと言うだけで十分ではありません。なぜならそれは、ヘブライ人がヤハウェであると認めた、あの「聖なる神（人格的他者）」の積極的な活動をも表すからです。彼は積極的に光を放ちます（申命記33：2、詩編50：2、80：2、94：1）。あるいはまた、「イスラエルの光は火となり、その聖なる方は炎となって、……」（イザヤ書10：17）のように、火・炎となると語られています。これと同じように、ソロモンの神殿奉献の際、「……雲が主の神殿に満ちた。その雲のため、祭司たちは奉仕を続けることができなかった。主の栄光が主の神殿に満ちたからである。……」（列王記上8：10以下。歴代誌下5：13以下も）と、主の栄光が雲とも表現され、その体験の比喩的な表現の発展は、後のユダヤ教の伝承におけるシェキナー[20]と、マルコによる福音書9章2～8節の変容の雲に見られます[21]。

このような神について、N・T・ライトは「太陽を見つめる」という比喩を用いて文学的に語っています[22]。それを参考にしながら私なりに表現すると、このようになります。神は太陽のような存在にたとえられます。人がそれを直接見ようとすれば目の奥（網膜）を焼いてしまいますし、大気圏外に出て太陽に近づいて行けば、これも命を失うことになります。人はそのように直接、神を見たり、神に近づいたり、触れたりはできないのです。これが聖である神の近づきがたさです。しかし、その太陽が放射する熱と光は地球全体に注がれてすべての生物の命が養われ、人は明るさや温かさとともに、生活に必要なエネルギーを与えられています。ちょうどそのように、聖である神から放射された栄光が全地に満ちて、すべてのものを生かし祝福しているのです。

これからわかるように、神の「聖性」とは、何よりも聖書の神、ヤハウェだけが神であるという区別性を表していますが、それは、神が人間とかけ離れて遠くにいることや、人間からの近寄りがたさだけを意味しているわけではありません。むしろ、神の聖さは栄光として全地に満ち、私たちを取り囲んでいるとも言えるようなものなのです。

詳しくは、巻末の〈研究ノート2：「聖」と「霊」と「命」〉をご覧ください。

聖なる神に選ばれた神の民の「聖さ」

ですから旧約聖書において、神殿や祭司が聖であるのは、それ、あるいは彼が聖であるヤハウェに属するものだからです。そして、動詞の「聖なるものとする・聖別する・聖める」（ヘヒクディィシュ）は、これこれのものが実際にヤハウェのものであることを示すための祭儀的な奉献と聖めに際して用いられる語です。そのように「聖なるものとされた」重要かつ代表的な対象例がイスラエルの民です。イスラエルが聖くあるとは、この語の基本的意味では「異なっていること、あるいは別個であること」

ですが、他の神々と比べて非常に異なる神であるヤハウェを反映して、イスラエルが他の国々とは異なっていることを意味しました。では、彼らの歴史的、文化的状況のなかで、ヤハウェの聖さを反映するような仕方で聖くあるとは、いったいどのようであることを意味するのでしょうか。レビ記19章2節の「聖なる者となりなさい。」という明確な見出しのもとに、19章全体を通じて書かれている具体的なことごとに見られるものです。

そしてイスラエルは、ただ、ヤハウェが諸国の神々からは区別されるべきことを目に見える形で示すだけでなく、その神を周囲の諸国に知らせることによって、神の栄光の光を放つようにも期待されていたのです。「主である私は義をもってあなたを呼び、あなたの手を取り、あなたを守り、あなたを民の契約とし、諸国民の光とした。」（イザヤ書42：6）、「私はあなたを諸国民の光とし、地の果てにまで、私の救いをもたらす者とする。」（同49：6）、「起きよ、光を放て。あなたの光が来て、主の栄光があなたの上に昇ったのだから。見よ、闇が地を覆い、密雲が諸国の民を包む。しかし、あなたの上には主が輝き出で、主の栄光があなたの上に現れる。国々はあなたの光に向かって歩み、王たちはあなたの曙の輝きに向かって歩む。[23]」（同60：1～3）

「聖なる者」と呼ばれるキリスト者

ちょうどそれと同じような意味で、新約のキリスト者は、パウロによって「聖なる者」（ギハギオイ）

と呼ばれています（ローマ1：7、Iコリント1：2、IIコリント1：1、エフェソ1：1など。Iコリント6：11、コロサイ3：12、ヘブライ10：10も参照）。「聖霊によって聖なるものとされた」供え物としての異邦人キリスト者（ローマ15：16。IIテサロニケ2：13〔「御霊による聖別＝新改訳２０１７」〕、Iペトロ1：2も参照）などの表現もあります。彼らは、旧約の神の民、イスラエルという聖なる根に接ぎ木され、それゆえ彼ら自身も聖なる者とされたのです（ローマ11：16〜17参照）。キリストが教会のためにご自身をお与えになったのは、「教会を清めて聖なるものとし……、聖なる、傷のない、栄光に輝く教会を、ご自分の前に立たせるためでした。」（エフェソ5：26〜27）とあり、そして同時に「あなたがたは……聖なる国民、神のものとなった民です。それは、あなたがたを闇の中から驚くべき光の中へと招き入れてくださった方の力ある顕現を、あなたがたが広く伝えるためです。」（Iペトロ2：9）とあるとおりです。

「聖なる者（聖徒＝新改訳２０１７）」は、英語では「セイント saint」です。それは日本語で「聖人」「聖者」と訳される言葉であり、カトリック教会や正教会では聖職者、とりわけ殉教者や聖化を達成した特別な人を意味します。また、プロテスタント教会においても「聖徒記念日（万聖節）」のように、地上の人生を終えて天に召された人を意味して「聖徒」と呼ぶ習わしがあります。しかし聖書自体は、すべてのキリスト者が「聖なる者」であるとはっきり語っていることを銘記しなければなりません。「聖なる者・聖徒」という言葉の聖書的な使い方は「義人（義とされた人）」という言葉の使い方と似て、すべてのキリスト者がすでにキリストによる救いにあずかって、聖なる者とされていることを確信するために大切だからです。
ついでに述べておくと、日本語の新約聖書では、「キヨイ／キヨメル」と発音している言葉に三種類のギリシア語があります。

(ⅰ) 一つは、[ギ]カタロス／カタリゾーで、新改訳2017では「きよい／きよめる」と平仮名で書かれています（マタイ5：8、マルコ1：41、42、44、ヨハネ15：3、ヤコブ4：8など）。その中心的意味は、きれいな・純粋な／きれいにすることです。

(ⅱ) 二つ目は、[ギ]ハグノス／ハグニゾーで、新改訳2017は「清い／清くする」と書いて、祭儀的清めとともに心や魂を清めるという、倫理的な清純さを意味することに重点があるようです（ヤコブ4：8、Ⅰペトロ1：22など）。

しかし、これらカタロスとハグノスの両方ともが心について使われているように、かなり意味が重なっているとも思われます。実際、聖書協会共同訳では、両方とも区別されることなく「清い」と表記されています。

(ⅲ) これらに対して、私たちの[ギ]ハギオス／ハギアゾーは、新改訳第三版では「聖い／聖める」と表現されていましたが、新改訳2017では聖書協会共同訳と同じく、基本的に「聖なる／聖なるものとする・聖別する」と訳しています。(24)「聖い」が「きよい、清い」と混同されることを懸念して「キヨイ／キヨメル」との読みを避けたのでしょうが、これまで「聖い／聖める」と言うことに慣れていた私などには、少々努力が必要です。それはともかく、その中心的意味は前の二つとはかなり違って、神自身が「神の所有として聖別する」ことです。

新たに生まれる。新たに創造される。

「聖とされる」ことは、また「新たに生まれる」ことでもあります。ヨハネによる福音書3章に、イエスとユダヤ人の議員であるニコデモの会話が記されています。彼が夜一人でイエスのもとを訪ねて来たとき、イエスは次のように言いました。「よくよく言っておく。人は、新たに生まれなければ、神の国を見ることはできない。」（3節）この場合の「新たに」と訳されている言葉は「上から」とも訳されるものです[25]。それは、ペトロによって次のように言われているのと同じことです。「あなたがたは、朽ちる種からではなく、朽ちない種から、すなわち、神の変わることのない生ける言葉によって新たに生まれた（別訳＝再び生まれた ギアナゲゲネーメノイ）のです。」（Ⅰペトロ1：23）ですから、それを「新生」（あるいは「再生」）と言います。

これらの御言葉は、創世記2章7節の「神である主は、その土の塵で人を形づくり、その鼻に命の息を吹き込まれた。人はこうして生きる者となった。」を髣髴とさせます。なぜなら、パウロの言葉に「誰でもキリストにあるなら、その人は新しく（新たに＝河野）造られた者です。古いものは過ぎ去り、まさに新しい（新たな＝河野）ものが生じたのです。」（Ⅱコリント5：17）とあるように、それは「新創造」とも呼ばれ得るものだからです（ガラテヤ6：15、黙示録21：1、5も参照）。ここでの「新しい」は「[ギ]カイノス」であり、それは、「新しい」と訳されるもうひとつの言葉「[ギ]ネオス」と区別されて使われているようです。「ネオス」は英語の「ニュー」の語源であるだけでなく、日本語でも「ネオ〜」などと使われている言葉ですが、その意味するところは「新鮮な（フレッシュ）・若い・最近の」であり、それは時が経てば徐々に古くなっていくような新しさです。聖書では「新しいぶどう酒」（マタイ9：17）、「新しい生地」（Iコリント5：7）のように使われています。

それに対して、キリストの救いによる新しさを表現する場合は、ほとんど「[ギ]カイノス」が使われます。それはもともと「これまで知られていなかった、異質の新しさ」を意味しており、キリストによってもたらされた救済論的かつ終末論的な現実を指す言葉として使われるようになったものです。ですから、私は「カイノス」を「新たな」と訳して、できるだけ「ネオス（新しい）」と区別してはどうか、と思います(26)。実際、聖書協会共同訳では、マルコによる福音書14章25節「神の国で新たに飲む」（マタイ26：29も）、ローマの信徒への手紙12章2節「心を新たにして」、コリントの信徒への手紙二4章16節「内なる人は日々、新た」などで、そのように表現しています（[ギ]アナカイノオー。コロサイ3：10も参照）。その他にも、新約で38回使われている「[ギ]カイノス」を「新たに」と訳したほうがよいと思われる代表的な箇所には、「権威ある新たな教え」（マルコ1：27）、「新たな戒め」（ヨハネ13：34）、「新たな命」（ローマ6：4）、「新たな霊」（同7：6）、「新たな契約」（Iコリント11：25）などがあります。

キリストの復活の命にあずかる

さらにそれは、キリストを信じて洗礼（バプテスマ）を受けることによって、「キリストの復活の命と結びつけられる」ことでもあります。そこでは、キリストの十字架の死にあずかる古い私の死が起こり、キリストの復活にあずかる新たな私の誕生が生じます。「私たちは、洗礼《バプテスマ》によってキリストと共に葬られ、その死にあずかる者となりました。それは、キリストが父の栄光によって死者の中から復活させられたように、私たちも新しい（新たな＝河野）命に生きるためです。私たちがキリストの死と同じ状態になったとすれば、復活についても同じ状態になるでしょう。」（ローマ6：4〜5。Ⅰコリント15：20〜22、Ⅱテモテ2：11も参照）「さて、あなたがたは、過ちと罪とのために死んだ者であって、かつては罪の中で、……歩んでいました。……しかし、神は憐れみ深く、私たちを愛された大いなる愛によって、過ちのうちに死んでいた私たちを、キリストと共に生かし、……キリスト・イエスにおいて、共に復活させ、共に天上の座に着かせてくださいました。」（エフェソ2：1〜6。コロサイ2：6〜3：4も参照）これらは、キリストに結びつけられたキリスト者とは、終わりのときの神による新創造のさきがけとして復活させられたキリストの「復活の命」に、すでにあずかっている者のことだと言っています。

それはまた「永遠の命を与えられる」とも表現されます。日本語聖書において「命＝聖書協会共同訳、いのち＝新改訳２０１７」と訳されている語には、二つのギリシア語「プシュケー」と「ゾーエー」がありますが、区別されていません。ここでの「命」は「ゾーエー」です。[27] ヨハネによる福音書3章16節はこう語っています。「神は、その独り子をお与えになったほどに、世を愛された。御子を信じる者が一人も滅びないで、永遠の命を得るためである。」また、「イエスは言われた。『よくよく言っておく。……私の肉を食べ、私の血を飲む者は、永遠の命を得、私はその人を終わりの日に復活させる。……生ける父が私をお遣わしになり、私が父によって生きるように、私を食べる者も私によって生きる。』」（ヨハネ6：53～57）は、主の晩餐を思い描かせながら、十字架に死んで復活されたキリストに結びつくことによって永遠の命に生かされることを語っています。

とはいえ、カトリック教会の事効説（ラ ex opera operato）のように、この洗礼（バプテスマ）や主の晩餐の礼典が、自動的に命の新生をもたらす儀式（秘跡）だというわけではありません。ですから、次の聖書箇所もそれを擁護しているかのように理解してはならないと思います。

「そうでなければ、死者のために洗礼《バプテスマ》を受ける人たちは、何をしているのでしょうか。死者が決して復活しないのなら、なぜ死者のために洗礼《バプテスマ》など受けるのですか。また、なぜ私たちはいつも危険を冒しているのですか。きょうだいたち、私たちの主キリスト・イエスにあって私が持つ、あなたがたに対する誇りにかけて言えば、私は日々死んでいます。」（Ⅰコリント15：29～31）

初代の教会では、イエス・キリストを信じていても洗礼を受けることなく死んでしまった者は命に新生されないので、洗礼という儀式を代理者によってでも受けなければならないと考えられていた（〝死者のための代理洗礼〟）というのがそれです。それに対して多くの人は、その実行事例を認めつつもパウロはそれを異端的な行為として排除しているとする解釈をしていますが、どちらも納得できるものではありません。実際、初代の教会にそのような習慣があったことは認められていません。むしろ、「死者のための（に）」[28]は、「この世では日々迫害と殺害の危険のもとに生き、そうでなくても死に運命づけられている私たちの命が死によって滅んでしまうのなら、そのような者が洗礼を受ける意味があるのか。復活がないならばそれは無意味ではないか」と理解できるように思います（Ⅱコリント5：14～15、ガラテヤ2：20、Ⅰテサロニケ5：10、Ⅱテモテ2：11を参照）。

これらを読む限り、「復活の命にあずかる」や「永遠の命を得る」は、単に地上の人生を終えた死後のことだと言ってはいないようです。この世にあってイエス・キリストを信じ、イエスの名によって洗礼（バプテスマ）を受けるとき、その命に生きるようになる（新生する）と理解するべきでしょう。

霊から生まれる

先に引用したヨハネによる福音書3章の続きである5～6節には、「誰でも水と霊とから生まれなければ、神の国に入ることはできない。肉から生まれたものは肉である。霊から生まれたものは霊である。」とあるように、「新たに（上から）生まれる」ことが「霊から生まれる」と言い替えられています。そして、それを与えることのできる唯一の方、イエスについては、洗礼者ヨハネの口を通して「霊が降って、ある人にとどまられるのを見たら、その人が、聖霊によって洗礼《バプテスマ》を授ける人である。」（同1：33。ルカ3：16も）と伝えられていました。しかし、ヨハネによる福音書7章39節には、「イエスは、ご自分を信じた人々が受けようとしている霊について言われたのである。イエスはまだ栄光を受けておられなかったので、霊がまだ与えられていなかったからである。」とあるように、その霊はイエスの十字架の死と復活の後に与えられることが示唆されています。その預言は実際、復活のイエスが「彼らに息を吹きかけて言われた。『聖霊を受けなさい。』」（同20：22）と、罪人の失っていた霊を弟子たちに再び吹き入れてくださったことで成就しました。ここの「息を吹きかけて」（ギ エネフュセーセン）は創世記2章7節の「（命の息を）吹き込まれた」の七十人訳と同じ言葉であり、人が新創造（再創造）されたことを述べていると想像されます（上述のⅡコリント5：17参照）。そして、使徒言行録2章における五旬祭（ペンテコステ）での聖霊降臨によって、さらに多くの弟子たちと社会にそれが明らかにされました（使徒2：1～39参照）。

　では、「霊から生まれる」とは、どのようになることを言っているのでしょうか。ヨハネによる福音書3章において、さらにイエスが「『あなたがたは新たに生まれなければならない』とあなたに言ったことに、驚いてはならない。風は思いのままに吹く。あなたはその音を聞いても、それがどこから来て、どこへ行くかを知らない。霊から生まれた者も皆そのとおりである。」（7～8節）と言ったように、新生は、人の目から見て簡単に識別したり、自分自身でコントロールできたりするものではないことが暗示されています。しかし、「肉から生まれたものは肉である。霊から生まれたものは霊である。」（6節）とあるように、そこでは確かな変化が起こっているのです。

霊のうちにある者

このことについては、パウロのローマの信徒への手紙と二つのコリントの信徒への手紙に基づく説明が参考になると思います。まず、彼が使う「霊」（ギプニューマ）や「肉」（ギサルクス）という言葉は、それぞれを「非物質的な霊魂」や「物質的な肉体」とするギリシア的霊肉二元論のように理解するべきではありません。むしろ、それらは「神に対する人間の生き方のベクトル（方向性と力の大きさ）」と考えるのがよいと私は思います。すなわち、「霊」とは神に顔を向けた生き方のことであり、「肉」とは神に背を向けた生き方のことです（次頁図、パウロにおける〈人の実存における肉と霊〉参照）。

その上で細かく見てみると、パウロは、神からの一般恩恵によって生かされていながらも、神の直接的働きかけ（特別恩恵）を知らない異邦人を「自然の人」[29]（Ⅰコリント2：14）と言っているようです（図の⓪）。そして、ひとたび神からの恵みによる選び（霊）の働きかけを経験しながら、霊を受け入れていない人（ユダヤ人であっても異邦人であっても）のことは、「肉の人」[30]（ローマ7：14、Ⅰコリント3：1）、

パウロにおける〈人の実存における肉と霊〉

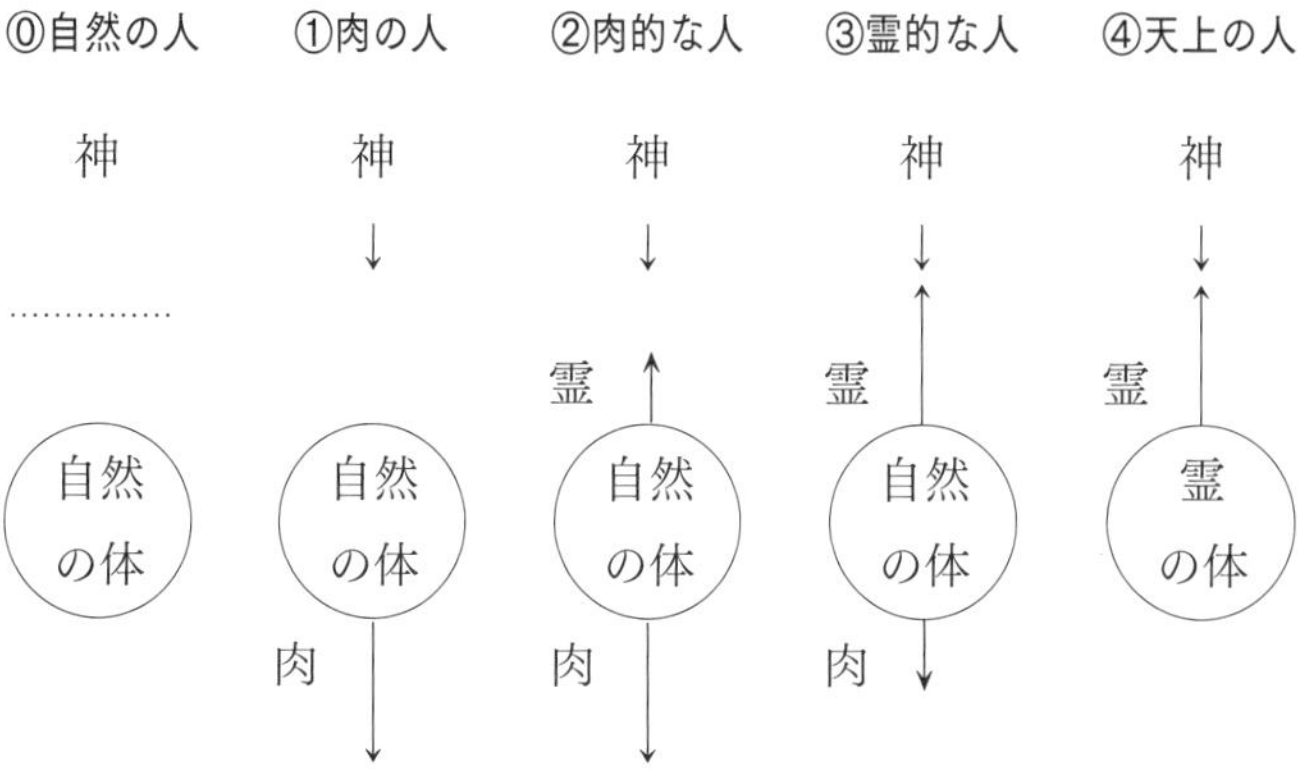

「肉に従う者」（ギホイ・カタ・サルカ。ローマ8：4、5）「肉の内に（ある者）」（ギエン・サルキ。ローマ7：5の「肉にある」ギエン・テー・サルキも参照。ローマ7：5、8：8、9）と呼んで、表現上、区別しているように思えます（図の①）。

そのような「自然の人」（⓪）や「肉の人」（①）がキリストによって救われて聖霊を受けると、基本的に「霊に従う者」（ギホイ・カタ・プニューマ。ローマ8：4、5）「霊の内に（ある者）」（ギエン・プニューマティ。ローマ8：9）に変えられます（図の②あるいは③）。これが「新生」です。しかしそれは、即座に霊が支配してしまう体（存在）となったことを語ってはいません。なぜなら、地上にある限りなお、肉の力を宿す「自然の体」[31]（Ｉコリント15：44）のままで生きていくからです。そこで、キリスト者、すなわち「霊の内にある者」でありながら、救われる前とあまり変わらない生き方をしている未熟な人を「肉的な人＝河野[32]」（Ｉコリント3：3）「キリストにある幼子」（同3：1）と言い（図の②)、それに対して、霊の支配の下に強く生きる、成熟したキリスト者を「霊的な人＝河野」[33](Iコリント2：15、3：1、14：37)と言っています(図の③)。

では、いつ図の④のような全き「霊の体」[34]となるのかと言うと、それは世の終わりの「復活した体」においてです(Iコリント15：44)。それまでは、「霊的な人」であるキリスト者であっても「自然の体」(Iコリント15：44)として生きていくのです[35](IIコリント5：1～8参照)。

東方正教会は「神化」と呼ぶ

東方正教会では、救いのこの面とプロセスを「神化」(ギテオーシス)と呼んで、特に強調しています。そして、キリストの復活にあずかった人間の地上の人生の終わりとしての死が、意味のない単なる終わりでなく、神との交わりと神の不死性を持った新たに始まる段階への出発点であることから、死を「過ぎ越し」と表現します。ギリシア正教の偉大な思想家、アタナシウスをはじめとする教父たちがくりかえし唱えている、「神が人となったのだから、人も神になれる」という言葉は、神が人(肉)となったことにより、肉なる人が神と交わりを持ち、霊の命にあずかれるようになったことを意味する表現と理解できます。このようにキリスト・イエスにより「神化」された人間性に目ざめ、キリスト・イエスの生活形態をとって霊に生きる人は、神の力と働きを自分の中に受け入れ、神と交わる者ですから、当然、神に向かってダイナミックに生きる人間となるはずです[36]。

2—3 贖われる：目的概念

《神のかたち》が回復されるキリストの救いの最後に、目的概念的表現の代表である「贖われる」が、実際の信仰生活においてどのような変化をもたらすかを述べたいと思います。残念ながらこれまでは、「義とされる」や「赦される」（関係概念）、そして「新たに生まれる」（実体概念）に比べて教会で語られることが少なく、それゆえに、多くのキリスト者が救いのこの側面をあまり自覚してこなかったように思われます。その主な理由は、以下に述べ、巻末の〈研究ノート3：「贖い」と「宥め・償い」〉で述べているように、聖書が語っている目的概念的用語である「贖い」を、関係概念的用語「赦し・宥め」や実体概念的用語「聖め」などと峻別することなく理解してきたことにあると思われます。しかし幸いにも、この救いの目的概念的側面は、近年の地球環境問題に対する意識向上などに触発されるように、キリスト者の被造物管理という使命の回復として頻繁に取り上げられるようになりました。

人は、神によって《神のかたち》として創造されたとき、神の共働者（パートナー）として、この地を治め、管理し、文化を築いていくように命じられました。しかし、人が神に背いて罪人となるにともない、その人生に戦いと苦しみが入ったばかりでなく、神の栄光を現す礼拝行為として生き、働くという崇高さと祝福が失われてしまいます。それ以来、《神のかたち》が目的論的側面においても歪められ、その結果、あらゆる人生の営みが空しくなったのでした。そのような罪人が「贖われる」とは、具体的にどのようになることなのでしょうか。

目的概念で救いを語る「解放」、「買戻し」

新約聖書において「贖い」「贖う」という語は、ほとんどがパウロの手紙で使われていますが、その数は多くありません。そして、その意味するところは、まず、「救い」という言葉とよく似た、神学的かつ包括的な意味で語られているように思われます。その代表的な箇所の一つは、ローマの信徒への手紙3章23~24節です。「人は皆、罪を犯したため、神の栄光を受けられなくなっていますが、キリスト・イエスによる贖いの業を通して、神の恵みにより価なしに義とされるのです」(エフェソ1：7も参照)。(37)

しかしそれ以上に、明らかに「解放、買戻し」という目的概念的救いを表していると考えるべきところもあります。一つは、「聖霊は私たちが受け継ぐべきものの保証であり、こうして、私たちは神のものとして贖われ、神の栄光をほめたたえることになるのです。」(エフェソ1：14)のように、贖われる対象が「私たち」と規定されている場合です。

次に、「贖い」と他の救いの術語が「すなわち」で結ばれている場合です。コロサイの信徒への手紙1章14節の「私たちはこの御子において、贖い、すなわち罪の赦しを得ているのです」の「すなわち」に対応する言葉は原文にはなく、前後のふたつの言葉「贖い」と「罪の赦し」が同じことの言い替えであることを示すように、翻訳時に付加されたものです（新改訳２０１７も同じ）。むしろ、この「すなわち」を除去することによって、それらがキリストによる「救い」の異なった概念（側面）を表した二つの代表的表現として併記されていると受け取ることもできるようになります。この「贖い」は前後の文脈から明らかに目的概念ですので、新改訳２０１７の脚注ではそれに合わせるように、「罪の赦し」の別訳として目的概念的に意訳した「罪からの解放」を載せています。

さらに、コリントの信徒への手紙一1章30節「キリストは、私たちにとって神の知恵となり、義と聖と贖いとなられたのです。」では、救いに関する三語が「と」で結ばれて並べられています。それは、「義」という関係概念、「聖《きよ》（め）」という実体概念の代表的言葉と並んで、「贖い」が「人を罪の奴隷状態から解放する、自由にする」という、救いの目的概念的側面を語る言葉の代表として置かれているものですから、その三語の持つ独特なメッセージ（概念）をあいまいにしてはならないと考えます。

詳しくは、巻末の〈**研究ノート3：「贖い」と「宥め・償い」**〉をご覧ください。

福音書に見る「解放の福音」

「贖い」「解放」について述べているのはパウロであり、福音書とイエスの発言はそれについて述べていないと考えるならば、それは違います。イエスはこれらの言葉をほとんど使っていませんが、かえって、その活動と教えと生涯において同じ意味のことをはっきりと表明しています。彼が公生涯の第一声として語った次の言葉が、ルカによる福音書4章16〜21節に書かれているように、です。

それからイエスはご自分が育ったナザレに行き、いつものとおり、安息日に会堂に入り、朗読しようとしてお立ちになった。預言者イザヤの巻物が手渡されたので、それを開いて、こう書いてある箇所を見つけられた。「主の霊が私に臨んだ。貧しい人に福音を告げ知らせるために、主が私に油を注がれたからである。主が私を遣わされたのは、捕らわれている人に解放を、目の見えない人に視力の回復を告げ、打ちひしがれている人を自由にし、主の恵みの年を告げるためである。」……そこでイエスは、「この聖書の言葉は、今日、あなたがたが耳にしたとき、実現した」と話し始められた。(38)

ここでイエスが朗読、引用した旧約聖書はイザヤ書61章1〜2節であり、それは単にバビロン捕囚のような状態からのイスラエルの解放だけでなく、終末におけるシオンの祝福、解放、繁栄が預言されている箇所と言われています。そして、その「主の恵みの年」の典拠が、50年目における畑の休耕、売却されている土地の売主への復帰、そして奴隷となっている住民の解放などを告げる「ヨベルの年」

であることは明白です（レビ記25：8～55参照）。イエスは、このような解放をもたらすために遣わされたメシアであり、そのイエスが活動を開始したこの日に「解放の日（時代）」が到来したと宣言したのです[39]。以降、イエスの行った奇跡の多くは、さまざまな力に支配され、圧迫されて生きている人々をそこから解放するものであり、それは終末的な「贖い・解放」実現のしるしとなりました。

イエスのこういう言葉もあります。「私の言葉にとどまるならば、あなたがたは本当に私の弟子である。あなたがたは真理を知り、真理はあなたがたを自由にする。……罪を犯す者は誰でも罪の奴隷である。……もし子があなたがたを自由にすれば、あなたがたは本当に自由になる。」（ヨハネ8：31～36）

サタンと肉と世の力から解放される

マルコによる福音書はその冒頭（1～5章）で、イエスが汚れた霊や病気などのさまざまな力に支配されている人々を解放していった、いわゆる奇跡行為を多く記します。それは、イエスのもたらした神の国（支配）到来のなかで、彼が、《神のかたち》を毀損して様々な力に束縛されている人々を本来の姿に解放していることを物語っているのです（マタイ12：28、ルカ11：20参照）。

そして、その中間で「神の国の秘義」として語られている、いわゆる「種を蒔く人のたとえ話」（4：3～20）では、イエスの解放がどのような力からのものであるかを教えてくれています。ここでの中心は「種」であり、それは「神の言葉（御言葉）」すなわち、キリストの福音あるいはキリスト自身を指していると考えてよいでしょう。蒔かれた種（宣教されたキリストの福音）は、四種類の土地（受け取る人の心）に落ちたとして語られることが多いのですが、何よりも最後の良い土地に蒔かれた種に焦点が当てられています。最初の三つの「種」が単数形であるのに対して、四番目の「種」だけは複数形です。また、3節から7節の三つの土地に落ちた種の結末は「食べてしまった」、「枯れてしまった」、「実を結ばなかった」と全部アオリスト時制（過去の一回的出来事）であるのに対して、四番目の良い土地に落ちた種の結末を表す「芽生え、育って実を結び、三十倍、六十倍、百倍になった。＝新改訳2017」は、未完了過去時制（持続する出来事）です。すなわち8節は、新改訳2017に沿って「別の多くの種は……増えて、三十倍、六十倍、百倍になっていくのだった。」と、どんどん成長していくように訳すことができるものです。[40] このような「種（キリストの福音）」に潜む命の力の表明と、その命が多くの実を結んで神の国を広めていくことになるヴィジョンとが、このたとえ話の中心です。[41]

では、最初の三つの土地の状況は何を表しているのでしょうか。それは、蒔かれた種（宣教されたキリストの福音）に実を結ばせないよう、妨害している状況・力（危険）を描いていると考えられます。第一は、サタンが汚れた霊や悪霊によって今なお働いていることです。第二は、石だらけの土地のように、人には罪（複数形）・肉の性質・固い自我があり、それが人の心身に様々な影響をもたらしていること。そして第三は、キリストの福音の命を窒息させてしまう、この世の流れ（世の思い煩いや富の誘惑、さらにはユダヤの宗教制度など）が示唆されています。[42] しかし、良い土地に蒔かれた多くの種はそれらの状況・力に負けることなく実を結んでいくように、御言葉（キリストの福音あるいはキリストご自身）は多くの人々をそのような力から解放し、《神のかたち》に生かしていくことを約束しています。[43]

自由奔放と自由自在

多くの人は、自分は今すでに自由であるから、キリストによる自由への解放を必要とはしないと考えています。その場合の自由とは、自分が欲することを何でもすることができるということでしょう。しかしそれは、聖書が語るキリストにある自由とは意味も次元も違うものです。ピアノを弾くことを考えてみましょう。だれでもピアノの鍵盤を好きなように叩く自由は持っています。その意味では、好きな曲を好きなように自己流に弾くことができます。しかし、それとは違う自由があることを私たちは知っています。それは、練習に練習を重ねて一流ピアニストの域に達したときのものです。すなわち、芸術的で高度な技術を要求される曲の楽譜を渡されたときに、その楽譜の要求通りに、しかも音楽性豊かに弾くことができるような自由です。それは、楽譜に束縛されているのではなく、むしろ練習によって培った音楽性と技術によってピアノを駆使できる自由、いわば「自由自在」の演奏です。それに対して、子どもや未熟な人や自己流の人が弾くような自由は「自由奔放」とでも言うでしょうか。

ちょうどそれと同じように、生まれたままの人間には、欲望や罪に支配された自分の思いのままに生きる「自由奔放」はありますが、神が人間に与えたルールに則った、本当の人間らしい生き方を喜んで生きる崇高な「自由自在」はありません。キリストが人を罪の奴隷状態から贖い、自由にしてくれるとは、神が《神のかたち》として造ってくれた、人としての真の生き方を知らされるばかりか、その完成（自由自在）を目指して生きることができるように解き放ってくれることです（ローマ12：1〜2、Iコリント6：12〜20参照）。

キリスト者の信仰生活と関連して、「十字架」による自由に触れている聖句があります。それはガラテヤの信徒への手紙2章19〜20節です。

私はキリストと共に十字架につけられました。生きているのは、もはや私ではありません。キリストが私の内に生きておられるのです。私が今、肉において生きているのは、私を愛し、私のためにご自身を献げられた神の子の真実（信実＝河野）によるのです。

ここでの「十字架につけられました。」は完了形であり、新共同訳では「十字架につけられています。」と訳していました。もっと直訳的に訳すなら、「私はキリストと共に十字架につけられたままでいます。」でしょうか（3：1、6：14の「十字架につけられた」も完了形。岩波訳も参照）。それは、律法という重荷を負ってきたユダヤ人の生き方に対して、私（パウロ）はキリストと共に死んだままでおり、決して再びそれに生きることはない、ということを表明していると考えられます。そしてそれは、私が罪に仕える者となることを意味してはおらず、罪と律法からの解放者、キリストが私の内に生きていることを意味しているというのです。ですからパウロは5章でこう警告します。「この自由を得させるために、キリストは私たちを解放してくださいました。ですから、しっかり立って、二度と奴隷の軛につながれてはなりません。」（5：1。6：14も参照）イエスはそのような生き方について、「そうすれば、あなたがたの魂に安らぎが得られる。私の軛は負いやすく、私の荷は軽いからである。」と言っていました（マタイ11：28〜30）。

召された者は仕える

すると「贖い」は、罪人を束縛している三つの力から解放するだけではなく、自由を生かして積極的に一つの働きを行うべく召すこと、すなわち「召命」とも結び付きます。私たちキリスト者が神の子らとして召されたことは――それは前述したように目的論的な意味ですから――空しいこの世から召し出されて神の国の職務に奉仕すべく、そのための機会と賜物を与えられることに相当します。それは、神の国の働きがキリスト者の一部（教職者など）によってではなく、すべてのキリスト者（全信徒）によってなされることが期待されているのであり、キリスト者一人一人は洗礼（バプテスマ）を受けた際に、贈り物としての聖霊の注ぎによって奉仕に任命された者、すなわち基本的な按手を受けた（手を置かれた）者であると考えてよい根拠を与えます。

そもそも、「教会」とはギリシア語「エクレーシア」の訳であり、その意味は旧約以来「召された者たち、呼び出された者たち」のことです。「神は、私たちをこのような者として、ユダヤ人からだけでなく、異邦人からも召し出してくださいました。」（ローマ9：24。Ｉコリント1：26～28、エフェソ1：18～19、Ⅱテモテ1：6～11も参照）「ですから、きょうだいたち、召されていること、選ばれていることを確かなものとするようにいっそう努めなさい。」（Ⅱペトロ1：10）さらに福音書においても、イエスがシモンとアンデレを弟子として召したとき「私に付いて来なさい。人間をとる漁師にしよう。」（マルコ1：17）と言い、マタイにも「私に従いなさい。」（マタイ9：9）と言いました。ここに、キリスト者となることが、「義人」（関係概念）、「聖なる者・聖徒」（実体概念）とされることと共に、目的概念的にはキリストの「弟子」に召されることでもあることがよく表されていると言えないでしょうか。

ガラテヤの信徒への手紙3章13節と4章5節で「贖い出す」と訳されているもうひとつの言葉（ギ エクサゴラゾー）は、エフェソの信徒への手紙5章16節とコロサイの信徒への手紙4章5節においては「時を〔よく用いる〕」と訳されています。元々は「（身代金を払って）買い出す」、そして聖書の中で多くの場合「解放する」を意味している言葉が「（時を）よく用いる」という意味でも使われているのです。ここにおいても「贖い出す」には、一度解放されるだけでなく、それによって与えられた「時（機会）を活用する」すなわち、その後の人生を召命に応えて積極的に生きる意味のあることがわかります。

「あなたがたは、代価を払って買い取られたのです。だから、自分の体で神の栄光を現しなさい。」（Iコリント6：20。ガラテヤ5：13、エフェソ4：1も参照）このようにパウロは、罪の奴隷であったところからキリストによって自由にされたキリスト者は、神の栄光を現す者となるように、すなわち、すべての人の僕となったキリストにならって、僕として仕える者となるように勧めています。ですから、「贖い」とは、奴隷状態からの「解放」だけで終わるものではなく、神と人と世界に仕える人生への「召し」でもあるのです。

あなたがたは世の光である。

では、キリストによって罪から解放され、召し出された私たちは、具体的にどのように神と人と世界に仕えるのでしょうか。まず、創造論的には、人が創造された《神のかたち》の目的論的側面であった「神から委託された働き＝地を従わせ、治める使命」が改めて差し出され、私たちキリスト者はそれを受け取ったということです。神の共働者として、この地（被造世界）を治め、活用し、文化を築いていくとともに、その地を破壊しないで守り、管理するために働くのです。人は、地に属する被造物一つ一つが神に造られた目的を果たして神の栄光を現していくように治める、《神のかたち》としての権威と責任を再び与えられたということです。「文化命令」と呼ばれます。[44]

次に、救済論・宣教論的には、《神のかたち》を毀損している世界のすべての人々を、それに回復させるという神の宣教（ミッション・使命）を担うべく選ばれた民として、教会の宣教的使命のために働くのです。それは「大宣教命令」と呼ばれているマタイによる福音書28章18〜20節が語っているものです（出エジプト記19：5〜6、Ⅰコリント4：1〜5、Ⅰペトロ2：9、黙示録1：5〜6も参照）。

このような、暗闇の世界に向かって光をもたらす神の宣教を担う器として選ばれ、召された教会は、旧約のイスラエルに引き続き、世を照らす光であると呼ばれます。ですから、新約においてもたらされたキリスト者としての召しは、「イスラエルは世を照らす光として輝くようになる」と預言されていたことの成就でもあったのです。「主である私は義をもってあなたを呼び、あなたの手を取り、あなたを守り、あなたを民の契約とし、諸国民の光とした。」（イザヤ書42：6。同60：1〜3、ルカ2：32、ヨハネ1：9、8：12も参照）イエス自身の言葉「あなたがたは地の塩である。……あなたがたは世の光である。……あなたがたの光を人々の前に輝かせなさい。人々が、あなたがたの立派な行い(45)（働き＝河野）を見て、天におられるあなたがたの父を崇めるようになるためである。」（マタイ5：13〜16）が、「あなたがたは世の光となれ」ではなく、「あなたがたは世の光である」であることも、それを示しています。

子の身分を受け、共同相続人となる

このような「贖い」「召し」は、「子としての身分を受ける」こと、そしてそれは、私たちがみな

「御子を長子とするきょうだいとなり」、「キリストとの共同相続人となる」こととしても語られています。「神の霊に導かれる者は、誰でも神の子なのです。あなたがたは、人を奴隷として再び恐れに陥れる霊ではなく、子としてくださる霊を受けたのです。……子ども（子＝河野）であれば、相続人でもあります。神の相続人、しかもキリストと共同の相続人です。キリストと共に苦しむなら、共に栄光を受けるからです。」（ローマ8：14〜17。同8：28〜29も参照）

ユダヤ人でそのようなキリスト者となった者については、律法との関係において、この世の霊の下で奴隷のように生きることから彼らを守るためだったとはいえ、もはや律法によって管理される必要のある未成年（子ども）ではなく——その律法もこの世の霊の働きからユダヤ人を守り通すことができなかったのですが——、相続人の資格を与えられた成人（神の子）の自由へと贖い出されたとも言われます。「つまり、こういうことです。相続人が未成年であるうちは、全財産の所有者であっても奴隷と何ら違いはなく、父親の定めた時期まで後見人や管理人の下にいます。同様に、私たちも未成年であったときには、この世のもろもろの霊力に奴隷として仕えていました。しかし時が満ちると、神は、その御子を女から生まれた者、律法の下に生まれた者としてお遣わしになりました。それは律法の下にある者を贖い出し、私たちに子としての身分を授けるためでした。……ですから、あなたはもはや奴隷ではなく、子です。子であれば、神による相続人でもあるのです。」（ガラテヤ4：1〜7。同5：1も参照）イエス自身がヨハネの福音書15章13〜15節で弟子たちを「友」と呼んだのも、ここでの「子」（これは父なる神から見た言葉）と同じ意味であろうと考えられます。

＊

ここまで、キリストによる罪人の救いを、《神のかたち》回復の三側面（三つの概念）としてまとめることができることを示してきました。結論として、パウロがそれを要約的に語っている箇所を、もう一度示しておきましょう。ここには、キリストによって**関係概念**の「義」、**実体概念**の「聖め、永遠の命」、そして**目的概念**の「贖い、相続」が実現・回復したと語られているからです。

キリストは、私たちにとって神の知恵となり、義と聖と贖いとなられたのです。

（Ⅰコリント1：30後半）

こうして私たちは、イエス・キリストの恵みによって義とされ、永遠の命の希望を抱く相続者とされたのです（テトス3：7＝聖書協会共同訳の脚注と新改訳2017を参考にした私訳）。

注

（1）『宣教のパラダイム転換－下』新教出版社の「包括的な救いを目指して」という項目の249〜251頁。
（2）Ｉコリント1：8「主イエス・キリストの日」、5：5「主の日」、黙示録6：17「神と小羊の、大いなる怒りの日」、16：14「神の大いなる日」などを参照。
（3）マタイ16：27、24：27、Ｉコリント4：5、フィリピ3：20、Ｉテサロニケ2：19、3：13、黙示録22：20などを参照。なお、新約聖書における終末論に多様性があることについては、大貫隆『終末論の系譜』筑摩書房、2019年などをご覧ください。ここでは、それらを包含しつつ標準的な「開始された終末論」に基づいて記述しています。
（4）『使徒教父文書』講談社文芸文庫、1998年所収の「バルナバの手紙」参照。レビ記9：1、エゼキエル書43：27も参照。
（5）岡田　稔『改革派神学概説』聖契授産所出版局や、トム・ウィルキンソン『現代に生きる信徒のためのウエストミンスター信仰告白』一麦出版社。
（6）クリストファー・J・H・ライト『神の宣教　第2巻』、東京ミッション研究所の11章、さらには、Hemchand Gossai, *Social Critique by Israel's Eighth-Century Prophets: Justice and Righteousness in Context*, Wipf and Stock Publishers. 1993を参照。
（7）『ギリシア語新約聖書釈義事典Ｉ』教文館の「ディカイオスネー」の項参照。
（8）関係を表していたヘブライ語やギリシア語（概念・文化）と、実体的な意味を持っていたラテン語（概念・文化）の違いによる「義（ギディカイオスネー）」の意味のシフトについての詳細な研究には、Alister E. McGrath, *IUSTITIA DEI - A history of the Christian doctrine of Justification (The Beginnings to the Reformation)* があります。

（9）『和解という知恵』講談社現代新書、２０１４年。また、わが国の民法が造られている考え方、意図やその概要については、川田昇『ゼロからわかる民法』平凡社新書、２００７年も参照ください。

（10）マルコ1：40〜45（マタイ、ルカの並行箇所）の「規定の病を患っている人の『汚れからの清め』」も同類型と思われます（ヘブル9：22、Ⅰヨハネ1：9も参照）。そして、それらはその言い回しから、おそらくレビ4、5章、14章の「清めや償いのいけにえ」による祭儀と関連しているのでしょう。「罪」の単数、複数については、本書第三章　2　日本語における『罪』と『罪を犯す』（83〜84頁）を参照。

（11）マタイ6：12（ルカ11：4も）、14〜15、マルコ4：12、11：25、ルカ6：37、12：10、17：3〜4（ここも日本語訳聖書は「彼を」を訳出していません）も参照。この場合の〔だれだれを〕は与格で語られます。それに対して〔罪を〕赦す場合は対格で語られます。第六章注7も参照。パウロが、ローマ5：12〜21のアダムとキリストの対比で語る「義とされる」が、「人が存在ごと赦される」の意味であることも合わせ考えられます（特に16節）。

（12）マルコ1：4とその並行（ルカ3：3）、マタイ26：28（原文は名詞形「罪の赦し＝新改訳２０１７」）、ルカ1：77、24：47、使徒2：38（原文は名詞形）、5：31（原文は名詞形「罪の赦し＝新改訳２０１７」）、10：43、13：38、26：18、そして手紙ではエフェソ1：7、コロサイ1：14など。

（13）マルコ3：29（原文は「永遠に至る赦し」と名詞形）、ヘブライ9：22（新改訳２０１７は「罪の赦し」と

「罪の」を加筆しています)。

(14) 聖書協会共同訳の「……赦しなさい。」は原文にはありません。新改訳2017参照。

(15) ひとつの計算法では20万年分の労賃に匹敵する債務とも言えますが、当時の人が数えられる最高単位の額を言ったとするなら、現代の私にとっては一千兆円のようなものでしょうか。つまり、存在そのものとしての債務者を語っていると考えます。

(16) この「赦し」における仲保者、キリストの役割、彼の十字架と復活の出来事の意味については、本書第四章3―1　父なる神の代理として:関係概念(117頁以降)をご覧ください。

(17) 最初の「彼を赦し」は、直訳「彼を去らせ[ギ]アペルセン」。「借金を帳消しにしてやった」の「帳消しにしてやった」は「赦した・免除した(ギアフェーケン)」。ここでも、日本語で「彼を・彼に対して」を訳出するのは難しく、どの聖書も訳出していません。

(18) このたとえ話の後半については、本書第六章2―1　義を探し求め続けなさい:関係概念(226頁以降)をご覧ください。

(19) S・ハワーワス、C・ピンチス『美徳の中のキリスト者』教文館は、特に第7章においてローマ5:1~5を引用しつつ、プロテスタント神学の「信仰によって義とされたこと」と不即不離に、4節で「品格・練達(ギドキメー、英character)」が語られていることを指摘することから始めて、キリスト信仰に基づく「美徳の倫理学」を展開しています。

(20) 「住む[ヘ]サーカン」から来た「神殿やイスラエル共同体に神が臨在すること」を意味する言葉。

(21) 以上、N・H・スネイス『旧約宗教の特質』56〜65頁、Th・C・フリーゼン『旧約聖書神学序説』204〜206頁を参照。
(22) 『クリスチャンであるとは』あめんどう、の第二部（81頁から）参照。
(23) クリストファー・J・H・ライト『神の宣教 第2巻』の11章を参照。
(24) ローマ12：1、Ⅰコリント1：30、Ⅱテサロニケ2：13、Ⅰテモテ4：5、Ⅰペトロ1：2など。ただ、新改訳2017はⅡコリント7：1、Ⅰテサロニケ4：7やヘブル12：10、14で「聖さ」という言葉を使っています。
(25) ギアノーセン。ヨハネ3：3の聖書協会共同訳脚注をご覧ください。同3：31、8：23〜24も参照。意味としては「神によって」（同1：12〜13）と同じ。
(26) 「新しい」も「あらたし」から来た言葉ですが、現代用語における「新た」は、三省堂大辞林が「①新しいさま。今までにないさま。②生き生きとして古びないさま。③改めて行うさま。今までの状態を改めて、新しくするさま。」と説明しているのに則って、「新たな」を、ギネオス」と区別したギカイノス」の訳語とするのがよいのではないかと思います。本書では以降、そのように記します。
(27) 本書第三章3―2「命」は「霊の命」（138頁以降）も参照。
(28) ギヒュッペル・トーン・ネクローン。「ギヒュッペル」は属格を伴って「〜のために、〜の代わりに」と言う意味で使われていることが多いのですが、使徒5：41、9：16、15：26、21：13「イエスの名のために」や、フィリピ2：13「御心のままに、〔自らの〕意にかなったことがらのために＝岩波訳」のような使用法もあります。
(29) ギプシュキコス・アンスローポス。「自然の人＝聖書協会共同訳」「生まれながらの人間＝新改訳2017」。これまでの私は、これを「肉の人」①と区別していませんでしたが、これは、神学的には、一般恩恵（啓示）の下に生かされつつも、特別恩恵（啓示）の働きかけを経験していない人として区別されていると考え、このようにしました。ローマ1：18〜32、7：7〜10、エフェソ2：11〜12、コロサイ1：21、ヨハネ14：17も参照。第三章の注15もご覧ください。

（30）ギサルキノス。新改訳2017は「肉的な人（脚注＝肉なる者）」、「肉に属する者」と訳しています。サルキノスは、後の注32のギサルキコスとは異なり、律法やキリストという特別啓示を受けつつもそれを受け取ることのできないユダヤ人（霊の働きに抗している人）のことと言えましょう。織田昭『新約聖書ギリシャ語小辞典』312頁参照。

（31）ギソーマ・プシュキコン。新改訳2017では「血肉のからだ」、その脚注の別訳では「生まれながらのからだ」。

（32）ギサルキコス。これを聖書協会共同訳、新改訳2017ともに「肉の人」と訳しており、「ギサルヤノス」との違いが不明確です。N・T・ライトは「-ikos」で終わる形容詞は、物が作られる材料となる物質を表すものではなく、物を動かす力、あるいはエネルギーを表す言葉であると説明しています（『驚くべき希望』あめんどう、261頁）。すなわち、キリスト者となって霊を持っていながらも、肉の力に動かされている人のことです。Iコリント3：1の「キリストにある幼子」もこれと同じと思われます。これが聖書協会共同訳では、直前の「肉の人」の言い換えであることを示唆するように「つまり」を翻訳時に付加していますが、必ずしもそうではありません（新改訳2017参照）。ローマ6：19の「肉の弱さを考慮して」（ギディア・テーン・アセネイアン・

テース・サルコス）も参照。

（33）ギプニューマティコス。「霊の人＝聖書協会共同訳」、「御霊を受けている人、御霊に属する人＝新改訳２０１７」と訳されていますが、ギサルキコス（注32）に相対する言葉として「霊的な人」と訳すのがよいと思われます。

（34）ギソーマ・プニューマティコン。新改訳２０１７は「御霊のからだ」と訳している。「キリストは、……私たちの卑しい体を、ご自身の栄光の体と同じ形に変えてくださるのです。」（フィリピ３：21）ともあります。そのような復活した人を呼ぶ名としては「天上の者（天に属する者＝新改訳２０１７）ギエポウラニオス」（Ｉコリント15：48）があります。

（35）「霊の体」と「自然の体」について、詳しく、また、わかりやすく説明したものとしては、N・T・ライト『驚くべき希望』の第10章全体を参照。

（36）高橋保行『ギリシャ正教』講談社学術文庫、273〜276頁参照。

（37）ギアポルトローセオース。新改訳２０１７では単に「贖い」と訳していることからわかるように、「の業」は付加されたものです。

（38）この引用で「自由にし」と訳されている語は「赦し ギアフェーシス」ですが、引用元のヘブライ語イザヤ書の日本語訳に沿って翻訳されているように目的概念的なものです。

（39）マルコはそれを、イエスの言葉「時は満ち、神の国は近づいた。」（１：15）で表し、マタイは、４：12〜16でイザヤ書８：23〜９：１の実現を語り、「その時から、イエスは『悔い改めよ。天の国は近づいた。』と言って、宣べ伝え始められた。」（マタイ４：17）と表現しています。

(40) 聖書協会共同訳は、ここを「あるものは三十倍、あるものは六十倍、あるものは百倍になった。」と訳していますが、それは、マタイ13：8に合わせたためであろうと思われます。

(41) 大貫 隆『マルコによる福音書Ⅰ』リーフ・バイブル・コメンタリーシリーズ、日本基督教団・宣教委員会の224頁以下、廣石 望『信仰と経験――イエスと〈神の王国〉の福音』新教出版社の302頁以下を参照。

(42) これは、後続しているたとえの説明（同4：13〜20）からの洞察です。エフェソ2：1〜3でも「この世の神ならぬ神」「空中に勢力を持つ者」「肉の欲」が言及されています。

(43) N・T・ライトは『シンプリー・ジーザス』、165〜172頁で、このたとえ話が寓話ではなく、ダニエル書に出てくる夢や幻とその説き明かしのパターンとそっくりな「神の国の黙示的ヴィジョン」であると述べています。

(44) 本書第二章3―3　神の共働者として地を治めることを委託された存在：目的概念（63頁以降）を参照。

(45) 本書第八章2　信仰生活の『行い』と『裁き』『報い』の「行い（業・仕事）に応じての報酬」（314頁以降）参照。

第六章　《神のかたち》を生きる

《神のかたち》を聖書では三つの概念、すなわち関係概念、実体概念、目的概念で語っていることを述べてきました。そして前章では、「キリストによる救い」を「《神のかたち》の回復」と表現し、ここでも聖書は三つの概念で述べていることを詳しく記しました。「救いの所与」についてです。しかし「救いの完成」は、終末時における神の国完成を待たなければなりません。そしてその間には、「救いの課題」を果たす継続的な歩みがあります。それが、とりもなおさず「キリスト者として、回復された《神のかたち》を生きる」ことですし、本書の表題との関連で言えば、「人はどこから来たのか？」を知らされて、その本来の姿を回復されただけでなく、「人はどこへ行くのか？」の展望を与えられて生きる人生のことでもあります。

そのように考えると、この章は最後に持ってくるのがふさわしいかもしれません。というのも第八章は「神の国と《神のかたち》の完成」の約束、すなわち「人はどこへ行くのか？」の終極的展望を語っていますので、それと第五章での「《神のかたち》の回復」という所与との間にあって、本章はまさに、「今、私たちキリスト者はこのように生きることができる」という、最も身近で重要な現実を扱っているからです。ですから、第八章を先に読み、その後でこの第六章と第七章「《神のかたち》完成への聖霊の働き」を読んでくださっても構いません。

とりあえず、ここでは、図表〈**救いの構造＝《神のかたち》のスキーマ**〉の時間的順序に従って述べることとします。それは「人は何のために生きるのか？」との疑問に対しても確信を与えられつつ、その課題を担って生きることとです。本章でも、それを三つの概念別に述べることになりますが、その前に、「救い」の時間的次元（過程）について確認しておきましょう。

1 「救い」の所与と約束、そして課題

〝開始された終末論〟

「救い」は、それがキリストによって私たちに一方的に与えられたからといって、キリストを信じることによりすべてが即解決というわけではありません。前述した「オルド・サルティス（救いの秩序）」は行き過ぎた順序化ですが、救いは神の国に入ることであるだけに、それと同じ時間的・歴史的広がり（過程）があることは当然です。神の国のそれは、完了的な「既に（英 already）」と未来的な「未

だ（英 not yet）」の緊張を持つ現実として〝開始された終末論（英 inaugurated eschatology）〟と呼ばれているものです。A・M・ハンターは次のように言っています。

〝神の国は、歴史の中に侵入する終末的なもの、神の最後的な目的である。神の国は、神、悪の力と戦う神が、人間の救いのために、イエスとその宣教とにより、人間の歴史の中に動的に突入してくることであり、このようにして打ち建てられた新しい体制である。神の国は、神の決定的な時、いな神の唯一の決定的な時、それ以前とそれ以後の歴史全体に意味を与える決定的な時である。そして、イエスにとって、この新しい体制は、自分の宣教によって決定的に開始されていたのである。〟（『イエスの働きと言葉』新教出版社、154頁）

そのイエス・キリストによって与えられる救いに関しても同じことがあると考えられます。新約で多く「完全な」と訳されている言葉は、名詞では「完成」「終わり」「結末」など、動詞では「完成する（させる）」「成し遂げる」「実現する」「終える」などを意味する語の形容詞形です[1]。ですから、それは「完成した」「成熟した」「成人した」などとも訳される、きわめて終末論的な言葉です。パウロの手紙では、有名にも「私は、すでに得たというわけではなく、すでに完全な者となっているわけでもありません。何とかして捕らえようと努めているのです。自分がキリスト・イエスによって捕らえ

られているからです。」があります（フィリピ3：12。エフェソ4：12〜13。コロサイ1：28も参照）。また
イエス自身も、山上の説教のなかでこう言いました。「だから、あなたがたは、天の父が完全であら
れるように、完全な者となりなさい。」（マタイ5：48）ここで命令形に訳されている箇所は「完全な者
となる（であろう）」とも訳しうる直説法未来形ですので、「完全な者となる」は、終末的約束である完
成を目指しつつ生きることと理解できます。

パウロの手紙において「救う」が使われている時制を見ても、

（ⅰ）完了形、アオリストでの「あなたがたの救われたのは恵みによるのです。」（エフェソ2：5）、
「神は、……ご自分の憐みによって、私たちを救ってくださいました。」（テトス3：5）などとあ
りますが、（エフェソ2：8、Ⅱテモテ1：9、ルカ19：9も参照）

（ⅱ）一方、未来形での、「それで今や、私たちはキリストの血によって義とされたのですから、キ
リストによって神の怒りから救われるのは、なおさらのことです。敵であったときでさえ、御
子の死によって神と和解させていただいたのであれば、和解させていただいた今は、御子の命
によって救われるのはなおさらです。」（ローマ5：9〜10）があります。

（ⅲ）そして、現在における課題として、命令形で「恐れおののきつつ自分の救いを達成するよう
に努めなさい。」（フィリピ2：12）とも語られています。

救いの所与と約束の間にある「課題」

このように聖書自体が三つの時制で語っている「救い」は、やはり、その現実に即して理解、表現されるべきと思われます。ミラード・J・エリクソンはこのような救いの時間的次元に言及し、それを、「救いの始まり」、「救いの継続」、「救いの完成」と区分しています。[2]「直説法の救いと仮定法の救いとの間の緊張における命令法」との言い方も、文法的な表現ですが、基本的には同じことがらを語っています。[3]なぜなら、救いは神の恵みが一方的に注がれて出来事となりますが（直説法）、将来の約束の時までは完結されません（仮定法）。その間には、聖霊に助けられつつ人の信仰によって応答される必要もあります。それを喚起するのが、地上における信仰生活において与えられた救いを継続・維持していくとともに深化せよとの勧め（命令法）だからです。それらを総合して、救いとは、まず完了的な「所与」で始まりつつも将来に完成を「約束」されているものであり、その間に現在進行的な「課題」があるものと表現できます。

キリスト者として生きることが、そのように完成を目指す課題を負ったものであると言うとき、それは簡単に、あるいは時が経てば自動的に成し遂げられると約束されているわけではないことを意味しています。むしろそれは、思いがけない試練に会ったり、霊的戦いを強いられたりすることを承知していなければなりません。とはいえ、それは私たち自身の力によって果たさなければならないものでもありません。なぜなら、神はキリスト者に贈り物としての霊を注いでくれており、その霊が神に愛されている私たちと共に働いて、私たちがその課題に立ち向かい、それを果たそうとする力を与えてくれるからです。

そのことを覚えつつ、本章のここからは、キリスト者に命令形で勧められている課題を果たすこと、言い換えると、回復された《神のかたち》を生きることについて、これまでと同じように三つの概念別に述べます。そして、次章では、その人生を支え、導いてくれる聖霊の働きを語ることとします。

2　救いの課題についての三概念

これまでのプロテスタント神学では、「救いの課題」というと、すぐに「聖化」と答えられてきました。なぜなら、「義とされる」ことを「義と認められる」と法廷的に理解したことにより、それはキリスト者となった時点で完了したものと考えられたからです。そうすると、後に課題として残るのは、キリスト者が実質的に「義化・聖化」されることだ、となってしまいます。

そのような単純化は、「オルド・サルティス」の下に、救いに関する諸々の術語が持つ固有の概念を考慮に入れることなく説明しようとしてきたことに起因します。しかし、救いを三つの概念によって分析してみれば、「義とされる」(関係概念)、「聖なる者とされる」(実体概念)、「贖われる」(目的概念)それぞれにも、《神のかたち》完成に向けての大切な課題があることに気づかされます。

2—1　義を探し求め続けなさい：関係概念

信仰（信頼）の堅持と深化

私たちにとって「義とされた」ことは、神と和解させられて、関係が現実に修復された（契約が結ばれ、交わりが築かれた）ことですから、確かにそれは一時点で与えられたものなのですが、その後も絶えず問われているものでもあります。実際、パウロにおける「義とする」（[ギ]ディカイオー）という語の時制は、過去の一時点を表すアオリスト時制だけでなく（ローマ3：4、8：30、ガラテヤ2：16、17、3：24など）、現在時制もあり（ローマ3：24、26、28、4：5、8：33、ガラテヤ2：16、3：8、11、5：4など）、さらには、終末時を想定させる未来時制もあります（ローマ2：13、3：20、30など）。するとそれは、所与として義とされて以降もその関係、契約、交わりを楽しみ、維持し、さらに深めていくプロセス、すなわち、義とされ続ける信仰堅持と深化の課題が存在することを意味します。そして、その「信仰」はむしろ、二人格間の「信頼」と言ったほうがよくわかると思われます。

それはちょうど、養子とされた孤児のようです。養子は一回的な法的手続きによってその家の子となり、その時点において実子との立場の差異はなんら無くなっています。しかし、そこには大切な課題が残っていることを私たちは理解できるでしょう。それは、養子として家に入った子がその日からすぐに、実子となんら変わりないように両親に信頼する生活ができるわけではないからです。実子や他の養子と比較して「自分は親からあまり愛されていないのではないか」との疑念を持ったり、折に触れて、「自分の力だけで生きていかねばならない」という以前の思いが湧いてきたりすることもあるでしょう。ついつい、孤児であった時代の生き方に戻りそうになります。ですから、養子が父母を理解し、本当の父母に対するように信頼を寄せて、何でも話し合うことができるようにまで関係を強め、深めていくという継続的な課題は残っているのです。

同じように、十字架と復活によって成し遂げられた「キリストの信実による神の義」を受けとめて、神の子とされたキリスト者には、その初めの「信仰」を保持するだけでなく、さらにその父なる神への「信頼」を強め、深めていく課題が残っているということです。そのことは、イエスが、「心を入れ替えて子供のようにならなければ、決して天の国に入ることはできない。」（マタイ18：2～3）と逆説的に語ったことでもあります。

義に飢え渇く者は幸いです

マタイによる福音書は、冒頭のイエス誕生物語のなかで「『その名はインマヌエルと呼ばれる。』これは、『神は私たちと共におられる』という意味である。」（1：23）と記し、最後は、「大宣教命令」の「私は世の終わりまで、いつもあなたがたと共にいる。」（28：20）という言葉で閉じています。それは、イエスの受肉から十字架、復活にいたる生涯が、「神はわたしたちと共におられる」ことの知らせとともに、その成就・実現であったことを伝えようとしていると言えるでしょう。

それが、弟子たちに語られた、いわゆる山上の説教（5〜7章）のなかで、「義」を中心的テーマとして、神との義しい関係が語られていることと関連しているように思えます。5章6節には「義に飢え渇く（飢え渇いている＝口語訳）人々は、幸いである。その人たちは満たされる。」とあります。ここでの「飢え渇く」[4]は、詩編42編2〜3節、イザヤ書55章1〜3節、そしてヨハネによる福音書4章14〜15節、7章37〜39節、19章28節のように「神、キリストとの親しい関係に（飢え）渇いていること」と理解できます。

また、マタイによる福音書5章20節の「あなたがたの義が律法学者やファリサイ派の人々の義にまさっていなければ、あなたがたは決して天の国に入ることができない。」も、弟子たちの「イエスを通して与えられた神との関係」が、律法学者やファリサイ派の人々の「歪んだ律法理解を通しての神との関係」にまさっていなければ、天の国に入ることはできないと告げていると言えましょう。それが、5章21〜48節では「あなたがたも聞いているとおり、昔の人は、……と命じられている。しかし、私は言っておく」という定式で、律法学者の律法解釈に対するイエスの六つの反対命題が語られることによって、律法学者にまさる義がどのようなものかが具体的に説明されています。それに続く6章1〜18節では、「見てもらおうとして、人の前で自分の義を行わないように注意しなさい。」（1節。聖書協会共同訳の脚注にある直訳）で始まる、ファリサイ派の人々のような偽善的な義の生活に陥らないようにするための三つの警告という形で、ファリサイ派の人々にまさる義が語られています。そして、最後の6章19節～7章27節での、キリストによって与えられた新たな義に生きる積極的原則へと続いています。ですから5章10～12節では、イエスの弟子となった者たちには、「義のために」迫害が及ぶけれども、それは、旧約時代の預言者たちと同じように、神との義しい関係を持っていることの証拠であるから「喜びなさい」と言われていたのです[5]。

これらは、「義」が「一時点で与えられた神との義しい関係」だけでなく、イエスに信頼して従うという「継続的に、より親密な信頼関係を築いていく課題」としてあることをうかがわせます。

大いなる交流＝信

この「義の課題」をもっとも端的に言い表したものが、「まず神の国と神の義とを求めなさい。そうすれば、これらのものはみな添えて与えられる。」（マタイ6：33）との有名なみ言葉です。これは、多くのキリスト者によって誤用されているような、「神を第一にしなさい」という優先順位の教えではありません。

何はともあれ、この言葉は25～34節の流れのなかで読まなければなりません。まず、25節には「自分の命、……体のことで……思い煩うな。」とあり、この地上の人生における思い煩いについて書き始めています。そして26節以降で、イエスは空の鳥、野の花を取り上げ、それらは自分で思い煩うことなく、神から養われ、装われていることに目を向けさせます。それから、「あなたがたは、鳥よりも優れた者ではないか。……野の草さえ、神はこのように装ってくださる。まして、あなたがたにはなおさらのことではないか。信仰の薄い者たちよ。だから、あなたがたは、『何を食べようか』『何を飲もうか』『何を着ようか』と言って、思い煩ってはならない。……あなたがたの天の父は、これらのものがみな、あなたがたに必要なことをご存じである。」（26～32節）と語ります。このように言って、天地を創造した神がその後も働きかけ続け、私たちに必要なものはすべて（100％）、恵みによって（ただで）供給してくれている「摂理」を教えたのです。

「摂理」とは英語でprovidence（プロビデンス）と言うように、英provide（プロバイド＝備える、予め用意して供給する、養う）の名詞形ですから、今もまどろむことなく働き続けている神が、一瞬一瞬、その言葉によって私たちに必要なものを予め造り出し、供給してくれていることです。[6] 31節に、「だから」があることにも注目する必要があります。まず、現実にある神の摂理の恵みが語られて、「だから、このような神を父と呼ぶようになったキリスト者こそ、与えられてそこにある神の国（恵みの支配）と、神の義（回復された神との義しい関係）を何にもまさって、いつも、いつも探し求め続けなさい。そして、与えられ続けている神の摂理の恵みを発見し、それに対する応答として感謝にあふれ、父なる神との関係を大切に維持するとともに、さらに親密になるよう生活し続けなさい」と勧められます。

ここで、神の国と神の義を「求めなさい」ではなく、「探し求め続けなさい」と訳した理由は、この語が7章7節の「探しなさい（ギ ゼーテイテ）」と同じものだからです。日本語のニュアンスでも、「求める」のは、持っていないものに対してであり、「探す」のは、すでに与えられているにも関わらず、気づいていないものに対してですので、このほうが意味を明確にすると思います。また、文法的には、新改訳2017脚注にあるように「〜し続けなさい」と訳せる時制です。

そうすれば、「これらのものはみな添えて与えられる」ことを体験するようになるという約束とともに、「だから、明日のことを思い煩ってはならない。明日のことは明日自らが思い煩う。その日の苦労は、その日だけで十分である。」（34節）という勧めが続きます。ここの中心である33節を私は、キリスト者に向かって恵みに満ちた神に全幅の信頼を置くようにとの招きと、それにともなった祝福の約束として、〝大いなる交流（英 Great Communion）〟と呼びたいと思います。

いつも喜んでいなさい

イエスが語った「すべて重荷を負って苦労している者は、私のもとに来なさい。あなたがたを休ませてあげよう。私は柔和で心のへりくだった者だから、私の軛を負い、私に学びなさい。そうすれば、あなたがたの魂に安らぎが得られる。私の軛は負いやすく、私の荷は軽いからである。」（マタイ11：28〜30）も、その恵みを語ったものです。人は自力だけを頼りに生きるとき、疲れ、重荷に耐え切れなくなることがありますが、キリストのもとに来て休み、キリストと二人三脚のように歩み始めるとき、孤独と頑張りから解放されて安らぎのなかに生きることができるようになる約束を語っています。

そのことを述べるパウロの手紙などにおいては、「喜びなさい」「祈りなさい」「感謝しなさい」という言葉（命令形で語られている課題）が目立ちます。「いつも喜んでいなさい。絶えず祈りなさい。どんなことにも感謝しなさい。（なぜなら）これこそ、キリスト・イエスにおいて、神があなたがたに望んでおられること（だから）です。」（Ⅰテサロニケ5：16〜19）が、その代表的なものです（フィリピ4：4〜7、コロサイ3：15〜16、4：2、ヤコブ4：8、5：16、Ⅰペトロ5：7〜11、箴言15：29も参照）。一つ注意すべきは、このような「命令形」の多くの言葉を、自分の力で「そうしなければならない」と考えてはなりません。もちろん、それは課題なのですが、次章で述べるように、「私たちには聖霊が注がれていて、その聖霊が、そういう生き方ができるように変えてくださる」という約束として、「喜ぶことができる」「祈ることができる」「感謝できる」のように読めるものだからです。私は「命令は約束として読め！」と自分に言い聞かせています。ですから、試練のなかにあっても喜ぶように勧められてもいます。「愛する人たち、あなたがたを試みるために降りかかる火のような試練を、何か思いがけないことが起こったかのように、驚き怪しんではなりません。かえって、キリストの苦しみにあずかればあずかるほど、喜びなさい。それは、キリストの栄光が現れるときにも、喜びに満ち溢れるためです。」（Ⅰペトロ4：12〜13。Ⅰペトロ1：6〜9、ローマ5：1〜5、ヘブライ12：1〜11、ヤコブ1：

2〜4、マタイ5：10〜12も参照）

赦されて赦す者になる

「赦し」について先に言及した、マタイによる福音書18章21〜34節をもう一度取り上げたいと思います。ここでは「主よ。きょうだいが私に対して罪を犯したなら、何回（彼を）赦すべきでしょうか。七回までですか。」（21節）というペトロの問いから始まっています。それに対してイエスは「七の七十倍まで」、すなわち「どこまでも」と答え、「赦す」とは人を存在ごと赦すことだと示唆しました。それを聞いたペトロは、私たちと同じように「そんなこと、できるはずがない。不可能だ！」と思ったのではないでしょうか。それを見越してかイエスは、「いいえ、それは可能です。あなたがきょうだいを存在ごと赦すことができるようにしてあげよう」と言うかのように、次に続くたとえ話を語ったのです。

それは、一人の家来が一万タラントン（20万年分の労賃にも匹敵する）もの巨額負債を、貸主である主君の憐みによって帳消しにされ、赦される話です。ここでは、そのたとえ話の後半が焦点です。一万タラントンの負債を帳消しされた家来は喜んで帰る途中、百デナリオン（3〜4ヶ月分の労賃）貸している仲間に出会います。彼は、「もう少し待ってくれれば返す」と言っている仲間を承知せず、すぐに返済できないならと、仲間を牢に放り込みます。それを聞きつけた主君は、当然、こう言います。

「私がお前を憐れんでやったように、お前も仲間を憐れんでやるべきではなかったか」と。すなわち、ペトロや私たち読者に対して、「あなたがたがきょうだいを赦せないのは、神に対して巨大な負い目(罪)のあるあなたがたを、神が憐みによって赦してくれていることを理解し、心から感謝するに至っていないからではないのか。反対に、巨大な負い目(罪)のある自分を存在ごと赦してくれた神の愛と憐みをほんとうに知るならば、あなたがたに対して小さな負い目のある(罪を犯した)きょうだいを赦すことができるようになるはずだ」と語ったのでした。

ここに、「神の赦しの福音」を「神に赦されること」だけと考えるなら、それはまだ福音の半分でしかなく、「人を赦すようになること」こそが福音の成就であることが語られています。ところが、人間側によく起こる問題があります。多くの場合、自分は神に不当なことをした負い目を持っているという「罪意識(加害者意識)」が希薄だということです。それが、罪意識のある人は赦された恵みを受けとめても、その意識のない多くの人は赦されても感謝することさえしないことの理由なのです。このたとえの後半はその難しさを語っているといえるでしょう。「赦すこと」は、神の赦しをいただいたキリスト者に与えられている課題ですので、イエスは主の祈りにおいて、「私たちの負い目を、〔私たちを〕お赦しください。私たちも自分に負い目のある人を赦しましたように(赦します=新改訳2017)。」(マタイ6:12)と祈るように導きました。[7][8]

キリスト信仰に基づいた〝プラチナ・ルール〟

たとえ話の結論部分にある「私がお前を憐れんでやったように、お前も仲間を憐れんでやるべきではなかったか」（33節）とよく似ている「あなたがたの父が慈しみ深いように、あなたがたも慈しみ深い者となりなさい。」（ルカ6：36）、そして〝新たな戒め〟とも呼ばれている「私があなたがたを愛したように、あなたがたも互いに愛し合いなさい。」（ヨハネ13：34）こそは、キリスト者に与えられた信仰を行動に反映させる課題を表現している大切な規範ではないでしょうか。ご承知のように、「人にしてもらいたいと思うことは何でも、あなたがたも人にしなさい。」（マタイ7：12。ルカ6：31も）が道徳の〝黄金律（the golden rule）〟と呼ばれて、教会内だけでなく社会にも流布しています。それにかこつけつつも私は、こちらをこそキリスト信仰に基づいた行動規範としてキリスト者が銘記すべきものと考えて、〝キリスト者のプラチナ・ルール（the platinum rule for christians）〟と名付けてみました。「互いに親切で憐み深い者となり、神がキリストにおいてあなたがたを赦してくださったように、互いに赦し合いなさい。」（エフェソ4：32）ともあります。[9]

ですから、キリストにおいて神から赦された私たちは、神の赦しの恵み、憐みを理解すればするほど神への感謝があふれてくるばかりでなく、その神の憐みにならって、自分に罪を犯した人（不当なことをして負い目のある人）を赦す。そして、可能なら和解することのできる者に変えられていくはずです。それは、キリスト者に与えられた救いである「義」が「約束のともなった課題（チャレンジ）」

でもあることを語っているのです。[10]

2―2　聖なる者となりなさい：実体概念

キリストを信じ、聖霊が注がれることによって「霊の命」が回復された「聖なる者」が続いて抱える継続的課題を、プロテスタント教会では「聖化」と呼んできました。現代的な表現である「霊性の形成（英 spiritual formation）」は、キリスト信仰を得た後の、関係概念、実体概念、目的概念のすべてを含んだ課題を意味していると思われますが、「霊的変容（英 transformation）」や「キリスト者の徳（英 christian character／virtue）」などの表現は、ここでの実体概念的な「聖化」とほぼ同じことを語っていると考えてよいでしょう。まず、歴史的な教理としての「ウエストミンスター信仰告白」の漸進的聖化観を紹介しましょう。[11] 第13章「聖化について」で次のように言っています。

〝(1) 有効に召命され、再生された者たちは、自身のうちに創造された新しい心と新しい霊を持っているので、み言葉と彼らに内住するみたまで、キリストの死と復活の力によって、実質的に人格的に、さらに聖とされる。罪の全身にわたる支配が破壊され、そのいろいろな欲情は段々弱められ、殺されていくし、また彼らは、それなしには、だれも主を見ることができないところの真の聖潔の実践にむかって、すべての救いの恵みに段々生かされ強くされていく。

（2）この聖化は、全人に行きわたるけれども、この世にいる間は未完成である。どの部分にもなお腐敗の残部が残っている。そこから、絶え間のない和解できぬ戦いが生じ、肉の欲がみたまに反し、みたまもまた肉に反するのである。

（3）この戦いにおいて、残っている腐敗が、一時、大いに優勢になることもあるが、それでもキリストの聖化のみたまからくる継続的な力の補給によって再生の側が勝利を得る。それで聖徒たちは、恵みに成長し、神をおそれて聖潔を完成して行く。〟

「すでに聖い」だから「聖くなれ」

救いの所与で述べたように、キリストのうちにある者はすでに、「新たに生まれた者」（Ⅰペトロ1：23参照）、「新たに造られた者」（Ⅱコリント5：17参照）とともに、「聖なる者」（ローマ1：7、Ⅰコリント1：2など）と呼ばれています。そして「聖化」は、キリスト受容時に与えられた「聖別」「新生」の恵みにもとづいて、その新たな命が継続的に成長し、実質的に聖なる人格に変えられていくこととして述べられています。そのことを語っていると思われるローマの信徒への手紙6章19～22節にはこうあります。「かつて、五体を汚れと不法の奴隷として献げて不法に陥ったように、今は、五体を義の奴隷として献げて聖なる者となりなさい。……今や罪から自由にされて神の奴隷となり、聖なる者となるための実を結んでいます。その行き着くところは永遠の命です。」ペトロの手紙一1章15〜16節もこう言います。「あなたがたを召してくださった聖なる方に倣って、あなたがた自身も生活のあらゆる面で聖なる者となりなさい。『聖なる者となりなさい（ギエセッセ。後述の説明参照）。私が聖なる者だからである』と書いてあるからです。」

では、キリスト者はすでに「聖なる者」とされているのに、なぜ、さらに「聖なる者」とされていかなければならないのでしょうか。それは「命」の性質を理解するならば、すぐにわかることです。人は人として「命」を与えられたあと、成長して「人（成人）」となっていきます。それは特別なことではなく「命」の法則によるものです。チンパンジーのことを考えてみてください。チンパンジーに向かって「あなたは人間ではない。それではだめだから人間になりなさい。」といくら言ったとしても、それは不可能なことです。しかし、人として生まれた子供には「あなたは人間なのだ。だから人間（成人）になりなさい。」と言います。聖書も「罪人であるあなたは、聖なる者となりなさい。」というような言い方をしていません。それは不可能だからです。神は、恵みによってまず私たちを聖別して「聖なる者」とし、その上で「聖なる者となりなさい。」と言います。それは文法的に「直説法（あなたは聖い）に基づいた命令法（あなたは聖くなりなさい）」と説明されていることです。

この論理は、福音書のイエスの言葉にもパウロなどの手紙にも、さらには旧約聖書にも数え切れないほど多く見出されるものですが、特にパウロの手紙には、このことが構造的にはっきりしているものがあります。ローマの信徒への手紙では、1～11章がキリストによる救いのすばらしさを直説法で叙述し、12章以降はキリストの救いにあずかった者の生き方を命令法で勧めます。そして、その転換を知らせているのが、12章1節の短くも重要な、「こういうわけで、……（私は）あなたがたに勧めます。」（ギパラカロー・ウーン・フマース）です。エフェソの信徒への手紙も同じ構造を持っており、その転換点の4章1節「ですから、……私は、あなたがたに勧めます。」も、ギリシア語では全く同じです（ガラテヤ5：1、コロサイ3：1なども参照）。

旧約におけるイスラエルに対しても、すでに神がそのように語っていたことをクリストファー・J・H・ライトは次のように言っています（『神の宣教　第2巻』256～257頁。）。

〝イスラエルのきよさには実際二つの側面があり、……一方で、きよさは所与―彼らの存在の事実―である。すなわち、神はイスラエルをご自身のために取り分けた。それは、神がイニシアティブをとり、選んだのである。「わたしは彼を聖別した主だからである」（レビ記21：15）すなわち、あなたを聖とし、分離し、他の国々から区別することである。（同20：26、22：31～33参照。）

他方、きよさは任務（課題）でもある。すなわち、イスラエルは日々の生活のなかで、神のきよい民としての資格を実践して生きていくことが期待されていた。「あなたらしくなれ」がそのメッセージであった。……「あなたたちがかつて住んでいたエジプトの国の風習や、わたしがこれからあなたたちを連れて行くカナンの風習に従ってはならない。その掟に従って歩んではならない。わたしの法を行い、わたしの掟を守り、それに従って歩みなさい。わたしはあなたたちの神、主である。」（レビ記18：3～4）〟（傍点著者）

このように「聖化」は、イエスを信じて洗礼（バプテスマ）を受けるとともに聖なる者とされたこと（神の命に新生したこと）を起点（所与）としつつも、それで終わるわけではなく、終末的な聖の完成（約束）に向かって生命的・実体的に変化・成長する課題（命令）があることを語っているのです。

聖なる者に与えられる倫理的課題

具体的に考えてみるべきは、キリスト者の倫理です。多くの人は「聖なる（者）」という言葉を聞くと、道徳的な清廉・高潔さをイメージするのではないでしょうか。これまで述べてきたように、それが「聖なる（者）」の第一義ではありませんが無関係でもありません。パウロは、キリストによって救われた者の生き方を過越祭・除酵祭にたとえて次のように語っています。「あなたがたが誇っているのは、良くないことです。僅かなパン種が、生地全体を膨らませることを、知らないのですか。新しい生地のままでいられるように、古いパン種をきれいに取り除きなさい。現に、あなたがたはパン種の入っていない者なのです。キリストが、私たちの過越の小羊として屠られたからです。だから、古いパン種、悪意と邪悪のパン種を用いないで、パン種の入っていない純粋で真実なパンで祭りを祝おうではありませんか。」（Ⅰコリント5：6～8）ここの「古いパン種」とは、キリスト者となる前の古い生き方（倫理）のことです。その少し後に、「正しくない者[12]が神の国を受け継げないことを知らないのですか。思い違いをしてはいけません。淫らな者、偶像を礼拝する者、姦淫する者、男娼となる者、男色をする者、盗む者、貪欲な者、酒に溺れる者、人を罵る者、奪い取る者は、神の国を受け継ぐことはありません。あなたがたの中には、そのような者もいました。しかし、主イエス・キリストの名と私たちの神の霊によって洗われ、聖なる者とされ、義とされたのです。」（Ⅰコリント6：9～11）ともあります（ローマ12：1～2、ガラテヤ5：16～26、Ⅰペトロ1：13～16、Ⅰヨハネ3：9も参照）。

人をそのように、古い生き方から造り変えることができるイエス・キリストを、パウロやマタイは「律法を完成（成就）する方」として、すなわち、自身が律法を完全に守り抜いた方であるとともに、罪人を造り変えて律法の要求を満たす人にすることのできる方として描きました。実際イエスは、「私が来たのは律法や預言者を廃止するためだ、と思ってはならない。廃止するためではなく、完成するためである。」（マタイ5：17）と語りましたし、パウロも「それでは、私たちは信仰によって、律法を無効にするのか。決してそうではない。むしろ、律法を確立するのです。」（ローマ3：31。8：3～4も参照）と書きました。そのような見方で見るキリストの「十字架に至る歩み」は、神に従う、すなわち、心を尽くして神である主を愛することの完遂であるとともに、隣人を自分自身のように愛する隣人愛の究極的実践であり、律法の要求を全うするものでした（ルカ10：25〜37参照）。とはいえ聖書は、キリスト者となることで即、倫理的に完璧な人となることを約束しているわけでも、要求しているわけでもありません。「聖なる者となる」ことは、恵みによって与えられた所与でありつつ、同時にキリスト者にとっての絶えざる倫理的課題として残っているからです。

〝神は救いをキリストにおいて「無代で」人間に与える（ローマ3：24）。したがって、倫理は救いの獲得とは全く関係がない。しかし、生起した、ないしは現在の救いは、その受容者を全人格ごと要求する。彼は「キリストを着る」（ローマ13：14、ガラテヤ3：27）べきである——これは命令法である！ここから次のように言える。パウロの倫理の根本的定式は、キリスト者は「キリストにある」人間として生きるためには、振舞いにおいて、実際の生活態度において、救いを自分のものにしなければならない、ということである。……したがって、パウロは全くキリストの救いの行為から思考している。しかし、キリスト者の新しい実存は非倫理的ではない。なぜならば、彼は神の戒めのもとに留まるからである（Ⅰコリント7：19）。……しかし、これらはつねに恵みの命令法であって、律法のそれではない。[13]〟

主と同じかたちに変えられる

「聖なる者となる」課題は、単なる倫理（行動）の事柄ではなく、その行動を生み出す品格、同時に、習慣的行動の結ぶ実としての美徳の事柄でもあります。その目標は、次章の「霊の結ぶ実」で述べますが、一言で言えば「愛の人」となることであり、その具体的現れとして、聖書は多くの言葉を使って示しています。有名な一例として「愛は忍耐強い。愛は情け深い。妬まない。愛は自慢せず、高ぶらない。礼を失せず、自分の利益を求めず、怒らず、悪をたくらまない。不正を喜ばず、真理を共に喜ぶ。すべてを忍び、すべてを信じ、すべてを望み、すべてに耐える。」（Ⅰコリント13：4〜7）があります。[14]

それをキリスト論的に表現するなら、真性の《神のかたち》である「キリストに似た者となる」ということです。パウロが、「キリストの満ち溢れる成熟した年齢に達する」（エフェソ4：13）などという表現で語っているのがそれであり、それらは「〜されていく」という現在形や「〜されなさい」という命令形、さらには「〜に達する」という未来形で書かれています。それは、「主と同じかたちになることが、ある時を起点としつつ完成に向けて継続的に進行していることを意味しています。「私たちは皆、顔の覆いを除かれて、主の栄光を鏡に映すように見つつ、栄光から栄光へと、主と同じかたちに変えられていきます。これは主の霊の働きによるのです。」（Ⅱコリント3：18。Ⅰペトロ1：15〜16も参照）パウロが、キリスト者は「キリストを着た」（ガラテヤ3：27。イザヤ61：10、ゼカリヤ3：4も参照）と過去の事実として語るとともに、「キリストを着なさい」（ローマ13：13〜14。エフェソ4：22〜

24、コロサイ3：9～10も参照）と命令形の課題として語っていることも同じです。

またそれは前述したように、「キリストにあって完全な者になる」約束としても語られています。「完全な者」とは、一般にイメージされやすい道徳的に「欠けのない完璧な人」というよりもむしろ、「極みまで（完成に）達した人」を意味します。「完成された者」あるいは「成熟した者」と言ったほうがよいかもしれません。実際、コロサイの信徒への手紙1章28節にはこのようにあります。「このキリストを、私たちは宣べ伝え、知恵を尽くしてすべての人を諭し、教えています。それは、すべての人を、キリストにある完全な者（成熟した者＝新改訳２０１７。ギアンスローポン・テレイオン）として立たせるためです。」（エフェソ4：13も参照）

《神のかたち》完成に向けての、神のアフターケア

それがどのように達成されていくのかを、「こういうわけで」に続くキリスト者への勧めとして書いているのがローマの信徒への手紙12章1～2節です（エフェソ4：22～24、コロサイ3：9～10、及びⅠコリント6：19～20も参照）。

こういうわけで、きょうだいたち、神の憐みによってあなたがたに勧めます。自分の体を、神に喜ばれる聖なる生けるいけにえとして献げなさい。これこそ、あなたがたの理に適った礼拝です。

あなたがたはこの世に倣ってはなりません。むしろ、心を新たにして自分を造り変えていただき、何が神の御心であるのか、何が善いことで、神に喜ばれ、また完全なことであるのかをわきまえるようになりなさい。

同1章28節での罪人の状態を「叡智（ギヌース）の機能不全に」引き渡されたと訳していた千葉恵が、ここの「心を新たにして」を「叡智（ヌース）の刷新により」と訳しているように[15]、キリスト者は神の憐みによって聖なる者とされた者であれば、以降、「何が神の御心に適い、何が善いことで、神に喜ばれ、また完全であるのか」を指向する「叡智（ヌース）の刷新」によって自分を造り変えられていくことが、主への理に適った礼拝（応答）に伴うのです。

そのような人としての完成・成熟は約束でありつつも、この地上での人生で達成されるわけではなく、絶えざる課題であり続けることは明白です。それをパウロは、すでにキリストの復活の命に生かされていつつも体の復活は将来の希望として残されている、キリスト者の状態として表現しています。「私は、キリストとその復活の力を知り、その苦しみにあずかって、その死にあやかりながら、何とかして死者の中からの復活に達したいのです。私は、すでにそれを得たというわけではなく、すでに完全な者となっているわけでもありません。何とかして捕らえようと努めているのです。自分がキリスト・イエスによって捕らえられているからです[16]。」（フィリピ3：10～12）

このような物語がイギリスにあるそうです。「醜い顔を持ったある男が美しい顔を持った男に憧れて、その顔をかたどった仮面をつけ始めました。そして長い年月の後にその仮面を取ってみると、いつの間にか、自分の顔がその仮面にぴったり合い、醜い顔が美しい顔を持った男の顔に変わっていました。初めは偽装であったものが現実となったのです。」C・S・ルイスが、その話を援用して「キリスト者の人生」について語ったことを私流に述べると、次のようになります。

キリスト者の人生とは、「キリストという仮面（キリストへの憧れのこと）をかぶって生きる」ことです。今の私は、キリスト者になったとは言ってもキリストを信じる前とあまり変わってはいません。しかし、キリストによって救われ、《神のかたち》を回復された私は「やがて、キリストと同じかたちに変えていただける」との聖書の約束を信じて、「キリストのようになりたい」との憧れを持ち続け、祈り続ける毎日を送ります。そのような日々を経た終わりの日に仮面をはずしてみると、私はキリストのかたちに変えられていました。それは、私のうちに住んでいる霊が、私を新たな命によって内側から造り変えてくれたことによるのです。決して、自分の力で変わったのではありません。私といえば、真性の《神のかたち》であるキリストへの憧れを持ち続け、彼の生き方をまね、「必ずそうしていただける」と聖書の約束を信じ続けて歩んだだけです。(17)

このように、人がキリストを信じるとき、即座に霊の命を受けとるということで救いは完成するのではなく、受けとったその命がその人を生活の中でキリストに似た人に造り変えてくれて完成するのです。

「キリストの体」の部分として生きるときに

ですからコリントの信徒への手紙一5章1〜13節は、教会の内部にいる「肉的な人」、例えば「きょうだいと呼ばれる人で、淫らな者、貪欲な者、偶像を礼拝する者、人を罵る者、酒に溺れる者、奪い取る者」(11節)を教会が裁く、すなわち、戒規を執行する責任について、きびしく響く言葉で語るのです。ここでは、直接的には異邦人(非キリスト者)の中にもないほどの淫らな行いなどの行状に対してですが、その前には「つまり、私たちの主イエスの名により、主イエスの力をもって、あなたがたと私の霊が集まり、このような者を、その肉が滅ぼされるようにサタンに引き渡したのです。それは、主の日に彼の霊が救われるためです。」(4〜5節)とあります。そこは教会戒規の目的について語っており、それは、

(i)キリスト者となってもなお残存している肉的な性質が一つ一つ取り去られて「霊的な人/聖なる者」へと変えられていくため、

(ii)あるいは、地上においては「肉的な人」として、最悪には死というような罪(複数)の刈り取りをしなければならなくても、それもやがて主の日には「霊の体」による復活にあずかるためであることを意味しています(マタイ18:15〜18、使徒5:1〜11、Iコリント11:27〜32、ガラテヤ

6：7～8、Ⅰペトロ4：1～10も参照)。

しかし加えて、キリスト者を「聖化」に促す教会という信仰共同体の役割として戒規執行はごく一部であり、教会は本来、もっと積極的な役割を果たすものであると理解しておくことが重要と思われます。キリスト者の信仰生活において、人は個人として生きるだけでなく、キリストの体と呼ばれる信仰共同体の一部として生きることを聖書は繰り返し述べています。[18] それは、そのような信仰者仲間と共にささげる礼拝、相互による祈り、交わり、学び合い、愛し合い、仕え合いの生活を通してこそ、人は現実に聖化された品格（美徳）を身に付けていくことができるからです。教会は聖霊に導かれて、その歴史の最初からそれを自覚して実践していた様が、使徒言行録2章43～47節に記録されています。その共同体的キリスト者生活の重要性を「キリストの体を造り上げる」ことであるとして、エフェソの信徒への手紙4章13～16節は特にこう語っています。「ついには、私たちすべてが、信仰と神の子の知識において一つとなり、完全な者となって、キリストの満ち溢れる成熟した年齢に達するのです。こうして、……頭であるキリストへとあらゆる点で成長していくのです。……キリストによって、体全体は、支えとなるすべての節々でつなぎ合わされ、… それぞれの部分は分に応じて働いて、体を成長させ、愛の内に造り上げられてゆくのです。[19]」

大いなる戒め＝愛

「私が来たのは律法や預言者を廃止するためだ、と思ってはならない。廃止するためではなく、完成するためである。」（マタイ5：17）と語ったイエスに、律法の専門家が「先生、律法の中で、どの戒めが最も重要でしょうか。」と尋ねたとき、イエスは「心を尽くし、魂を尽くし、思いを尽くして、あなたの神である主を愛しなさい。……隣人を自分のように愛しなさい」（マタイ22：37～39）と答えました。これが〝大いなる戒め（Great Commandment）〟と呼ばれているのは、主を愛することが戒め（律法）を実行する原動力であると同時に、隣人愛が旧約のすべての戒め（律法）を満たしてもいるからです。しかしイエスは、それまでのユダヤ人たちが考えていた「隣人」の意味が、レビ記19章13～18節に基づいて「同胞」「兄弟」「民の子ら」であった限界を打ち破ります。彼は、「善いサマリヤ人のたとえ」によく表されているように（ルカ10：25～37）、隣人とは民族性という限界を持たない「すべての人」であることを示唆しただけでなく、マタイによる福音書5章43～48節では「敵」さえも含むことを宣言します。その結びとしての「あなたがたは、天の父が完全であられるように、完全な者となりなさい」（マタイ5：48）の「完全」は、直接には「隣人愛」の限界を取り除く「無境界性・徹底性」を意味していると考えられます。

ここでの「なりなさい」（ギエセッセ）は、人間が自らの努力によって「完全な者」となるように、ただ命令されているわけではありません。むしろ、E・シュヴァイツァーが、〝マタイの言い方は、約束「君たちは……になる」と、そうなるようにとの呼びかけ「君たちは……であるべきだ」と、両方の意味を含んでおり、そのことはギリシア語でもヘブライ語でも通用する。〃と語っているように（『山上の説教』教文館、１９８９年の107頁）、神がキリストによって神の国の民としてくれたからには、神がその恵みによってキリスト者をキリストの年齢（身丈）、すなわち完全な人にまで成熟させてくれるという、約束を基盤とした励ましとして読むことができます。

パウロが「神は御子を、罪のために、罪深い肉と同じ姿で世に遣わし、肉において罪を処罰されたのです。それは、肉ではなく霊に従って歩む私たちの内に、律法の要求が満たされるためです。」（ローマ８：３～４）と言っていることでもあります。

2—3　十字架を負って従いなさい：目的概念

キリストの救いの目的概念的表現である「贖い」と「召命」もまた、所与でありつつ終末論的約束です。するとここでも、「すでに」と「まだ」の緊張関係の中での課題を負ったキリスト者の生き方が語られるのは当然です。「贖い」は「解放」ですから、それは「自由な生活」となるはずです。他方、「召命」は神からの委託、使命を果たすためのものですから、それは「献身の生活」になるはずです。

神の国の相続人として

「贖い」「召命」は、罪と律法の下に奴隷状態にあった者が自由とされて「子としての身分を受ける」こと、そしてそれは、私たちが皆「御子を長子とするきょうだいとなり」、「キリストと共同の相続人となる」こととして語られていることを、すでに述べました（ローマ8：14〜17、8：28〜29、ガラテヤ4：1〜7参照）。

しかし、「神の国を相続する」という言葉を、やがて時が来たなら「神の国に入れられること」、「すべての財産をもらい受けること」と考えるならば、それは表面的な理解です。やや古い印象を受けるかもしれませんが、「相続する」ことを「家業を受け継ぐ」ことと言い換えたらどうでしょうか。親が営んできた農業、漁業、商業あるいは諸種の企業経営（マネージメント）を財産とともに譲り受けるためには、その働きを受け継いでいくノウハウや手腕やセンス、人望などを身に付けていかなければなりません。そして、その受け継ぎをやり遂げるためにいわゆる準備（訓練）期間を必要とし、多くの場合、実際に親だけでなく多くの人の下で実地訓練を受けるのが常道です。

ちょうどそのように、神の国の相続人とされたキリスト者はやがて完成された神の国（天国）に入ることだけでなく、神の国とされた地を治める者となることを銘記すべきです。イエスは弟子たちにこう言いました。「よく言っておく。新しい（新たな＝河野）世界になり、人の子が栄光の座に着くとき、私に従って来たあなたがたも、十二の座に着いて、イスラエルの十二の部族を裁くことになる（治めます＝新改訳２０１７）。」（マタイ19：28）また、パウロやヨハネもこう言っています。「次の言葉は真実です。『私たちは、……耐え忍ぶなら、この方と共に支配するようになる。』」（Ⅱテモテ２：11〜12）「『あなた（小羊）は屠られて、その血により、神のために、あらゆる部族と言葉の違う民、あらゆる民族と国民の中から人々を贖い、彼らを私たちの神に仕える御国の民、また祭司となさったからです。彼らは地上を支配するでしょう（治めるのです＝新改訳２０１７）。」（黙示録５：９〜10）

ですからキリスト者には、まだ罪と闇の諸力が支配しているこの世にあっても、現にここにあり、やがて完成する神の国の一員として働くように勧められているのです。コロサイの信徒への手紙はその代表例ですが、そこには「また、光の中にある聖なる者たちの相続分にあずかる資格を、あなたがたたたに与えてくださった御父に、喜びをもって感謝するように。御父は、私たちを闇の力から救い出して、その愛する御子の支配下（御国＝新改訳２０１７の脚注）へと移してくださいました。」（１：12〜13）「上にあるものを思いなさい。地上のものに思いを寄せてはなりません。」（３：２）とあります。

うめきながら、待ち望んで生きる

聖書はこのような「贖い」を、人間だけではなく地（被造物）全体に関わるもの、すなわち、天地創造時に神が「極めて良かった」と見たエデンの園（創世記１：31、２：８参照）をイメージしながら、それ以上の「シャローム（平和）」に満ちた新たな天と地の創造として語っています（黙示録21：１〜２、

22：1～5、イザヤ書11：1～16、32：15～20、35：1～10、65：17～25などを参照）。この世の現実においては、人間一人一人だけでなく、教会という共同体や社会においても、さらには被造世界全体においても、問題がなくなることはありません。むしろ、文明の発達に伴って、それぞれにおける問題は深刻かつ複雑にさえなっているように感じられます。それでも、私たちキリスト者はキリストによって与えられた「贖いの完成」を信じることができ、その時をひたすら待ち望んでいます。ヘブライ人への手紙2章5～10節を見てみましょう。

神は、私たちが語っている来るべき世界を、天使たちに従わせることはなさらなかったのです。ある個所で、こう証しされています。

「人とは何者なのか
　あなたが心に留めてくださるとは。
また、人の子とは何者なのか
　あなたが顧みてくださるとは。
あなたは、彼をわずかの間
　天使たちよりも劣る者とし[20]
栄光と誉の冠を授け

万物をその足元に従わせられました。」

「万物を彼に従わせられた」と言われている以上、この方（彼＝直訳）に従わないものは何も残っていないはずです。しかし、私たちはいまだに、万物がこの方（彼＝直訳）に従っている状態を見ていません。ただ、「僅かの間、天使より劣る者とされた」イエスが、死の苦しみのゆえに、「栄光と誉れの冠を授けられた」のを見ています。神の恵みによって、すべての人のために死を味わわれたのです。というのは、多くの子たちを栄光へと導くために、彼らの救いの導き手を数々の苦しみを通して完全な者とされたのは、万物の存在の目標であり源である方に、ふさわしいことであったからです。

ここは解釈において難しい問題がいくつかある箇所ですが、私なりに主旨を追ってみます。ここで引用されている詩編8編での「人」や「人の子」、そしてそれに続く「彼」は本来、神によって《神のかたち》として創造された「人」のことです。そして、ここでの『あなた（神）は、……栄光と誉の冠を授け、万物をその足元に従わせられました。』（8節前半）は、創造において神が万物を人の足元に従わせられたということを語っています。しかし同時に「私たちはいまだに、万物が彼（＝直訳、人）に従っている状態を見ていません。」（8節後半）と、神が人に万物を治める役割を委託したにもかかわらず、その神に背いて委託を放り出した罪人であれば、人が万物を治めることを私たちはまだ見ることができないでいると言います。
次の9節でこの手紙の著者は、創造された「人」「人の子」（最初の人、アダムの子孫）からイエス（パウロ的に言えば、第二の人／最後のアダム）に目を移します。御子・キリストはイエスとして、そのような私たちのところに来て「真の人」、「神の僕」として歩んだ結果、十字架にかけられましたが、復活させられ、天に上げられて王座に就いたことを通して、「人の栄光と誉れの冠」を先立って受け、人が神に委託された、被造物を従わせる使命と権威を取り戻す道を、すでに切り開いてくれていると述べます（9〜10節、14〜15節、5：8〜10参照）。すなわち、神の国はまだ完成していない（再臨がまだない、9：28参照）という現実を述べつつ、先に完全な者とされた救いの導き手・イエスがすでに王として即位しているのだから、キリスト者は、その栄光にあずかる完成の日を待ち望み、このイエスから目を離さないで生きるようにと励まします（3：1、12：2〜3参照）。[21]
そのような私たちキリスト者の生き方を、パウロは「呻きながら生きる」と表現しています。「思うに、今この時の苦しみは、将来私たちに現わされるはずの栄光と比べれば、取るに足りません。被造物は、神の子たちが現われるのを切に待ち望んでいます。被造物が虚無に服したのは、自分の意志によるではなく、服従させた方によるのであり、そこには希望があります。それは、被造物も滅びへの隷属から解放されて、神の子ども（子＝河野）たちの栄光の自由に入るという希望です。実に、被造物全体が今に至るまで、共に呻き、共に産みの苦しみを味わっていることを、私たちは知っています。

被造物だけでなく、霊の初穂を持っている私たちも、子にしていただくこと、つまり、体の贖われることを、心の中で呻きながら待ち望んでいます。」（ローマ8：18〜23）

神と共働するキリスト者

ここに引用したパウロの言葉（ローマ8：18〜23）の直後に、次の言葉が続いています（8：26〜28）。

霊もまた同じように、弱い私たちを助けてくださいます。私たちはどう祈るべきかを知りませんが、霊自らが、言葉に表せない呻きをもって執り成してくださるからです。人の心を見極める方は、霊の思いが何であるかを知っておられます。霊は、神の御心に従って聖なる者のために執り成してくださるからです。神を愛する者たち、つまり、ご計画に従って召された者のためには、万事が共に働いて益となるということを、私たちは知っています。

ここは、その前から続いて、私たちキリスト者とともに、あるいはキリスト者のうちに霊がどのように働いているかを書いているところです。ところが、28節をこのように訳されると、多くのキリスト者は「この世にあるキリスト者には、良いことだけでなく悪いこと、不条理なことも起こるけれど、それら（万事）は共に働いて、結果的には私たちの益となるように導かれる。」と理解してしまいます。

しかし、ここには他の訳し方があります。聖書協会共同訳も新改訳２０１７も、それぞれの脚注においてその可能性を示唆していますが、次に示す口語訳がそれを採用していましたので紹介しましょう。

神は、神を愛する者たち、すなわち、ご計画に従って召された者たちと共に働いて、万事を益となるようにして下さることを、わたしたちは知っている。（28節）

どこが違うかというと、一つは、この文章の主語を何とするかです。前者の主語は「万事が」ですが、後者は26節から続いている「霊は」とするか、おそらくそれをわかりやすくするために「神は」を挿入した異本に従うか（口語訳はこれを採用）です。もう一つは、何と何が「共に働く」（[ギ]スナルゲイ）のかということです。前者は、万事が（良いことも悪いことも）共に働くと理解しているのに対して、後者の場合は、霊（神）がご計画に従って召された者たちと（与格）共に働くと理解しているのです。[22]

私は、文脈から判断して後者を採ってきましたが、そうすると、神学的に積極的な意味を見出すことができるからでもあります。すなわち、神の「摂理」の働きにおける神の民（キリスト者）との「共働（コンカランス[英]concurrence）」です。これは神人協力説とは違います。協力とは、まず双方が分担を定めて各自の分野で働くという考え方であって、一方が働くところでは他方は働きません。そのとき、他方が働くところで働かないならば、一方の働きも無効に終わることになります。これに比べて、「共働」は、どこであれ、またどのようなことがらであっても、双方が共にそれぞれの立場から働くということであって、しかも神の働きは常に人の働きを用いられるということです。コン（con 共に）という接頭語は、同じ水準という意味ではなく、同時に、同じ場所にという意味でしょう。すなわち、神の側も100％、人の側も100％働くということです。[23]

大いなる委託＝望

その神は、自分の共働者として召した神の民である教会に、この世に対しての使命（Mission）を委託し、その使命への献身をも求めました。それが一般的に「大宣教命令」と言われている〃大いなる委託（Great Commission）〃です。それは四福音書にそれぞれ記されていますが、マタイによる福音書28章18〜20節が最も包括的です（マルコ16：15、ルカ24：46〜49とヨハネ17：18、20：21、使徒1：8をも参照）。

「私は天と地の一切の権能を授かっている。だから、あなたがたは行って、すべての民を弟子にしなさい。彼らに父と子と聖霊の名によって洗礼《バプテスマ》を授け、あなたがたに命じたことをすべて守るように教えなさい。私は世の終わりまで、いつもあなたがたと共にいる。」

また、使徒言行録1章8節には、昇天前のイエスが弟子たちに向かって言った言葉「私の証人となる」が、約束として記されています（ルカ24：44～49、ヨハネ15：26～27も参照）。

「ただ、あなたがたの上に聖霊が降ると、あなたがたは力を受ける。そして、エルサレム、ユダヤとサマリアの全土、さらに地の果てまで、私の証人となる。」

生前のイエスが弟子たちに語った次の言葉（マタイ16：24～27）は、その〝大いなる委託〟の個人版と言えるでしょう（マルコ8：34～38、ルカ9：23～26も参照）。

「私に付いて来たい者は、自分を捨て、自分の十字架を負って、私に従いなさい。…人の子は、父の栄光に輝いて天使たちと共に来るが、その時、それぞれの行ない（働き、実践〔ギ〕プラクシス）に応じて報いるのである。」

このように、主が弟子たち、すなわち教会に使命を委託したということは、人が《神のかたち》として創造されたときに、委託された使命を果たして神と共働するようにされていた、本来の生き方と符合しています。

そのとき、「自分を捨て、自分の十字架を負って従っていく」献身とイエスに従う生活は、ただ禁欲的かつ自己犠牲的で苦しく、喜びとは縁遠いものと想像するなら、それは、人が置かれた状況や動機の変化を考慮していないことから来る誤解です。考えてみてください。もしある日、ワールドカップに出場することを夢見つつも、激しい競争にさらされている一人のサッカー少年のところに全日本代表チームの監督が訪れて、「君を8年後のワールドカップのメンバーにする。これは約束だ！」と言ったとしたら、どうでしょう。その少年はその日からどのような日々を過ごすでしょうか。その少年は飛び上がって喜び、「しめた。8年後の日本代表チームに入れる確約を得たのだから、明日からはのんびりやろう。練習はほどほどにして、今までがまんしていたスマホ・ゲームもこれからは楽しもう。」と言うでしょうか。おそらくそうはならずに、「憧れていたワールドカップに出場できるなんて、夢のようだ。こんな自分に声をかけてくれた監督のためにもワールドカップで活躍できるような選手にならなければ！　今の自分の力は到底そのようなレベルではない。もっともっと、必死に練習するぞ。」と自発的かつ真剣に練習し、それが毎日の喜びと充実につながるのではないでしょうか。そして、他の多くの人が楽しんでいることを抑制するのは、彼にとってもっと大切なこと、もっと集中したいことがあるからにほかなりません。ちょうどそのように、キリスト者に与えられた素晴らしい約束と希望には、今の生き方を変える力があるのです（Ⅰコリント9：23～27参照）。

「十字架を負う」は「使命を負う」こと

さらにここで、このみ言葉にある「十字架を負う」の理解について、述べておきたいと思います。日本においてキリスト者ならずとも、人生の苦しみ、すなわち心身の病気や障害、または不条理に負わされた苦難などを「十字架」と表現する人が多くいます。しかし、聖書に起源のある「十字架を負う」というときの「十字架」は、不条理な苦難を意味してはいません。むしろ、それは神の僕、キリストの弟子である私たちに「神から委託された使命」のことと理解すべきです。イエスはキリストとしての使命を果たすために十字架の道を歩みました。その主イエスが、私たちを彼の弟子として招くときに、「自分を捨て、自分の十字架を負って、私に従いなさい。」と語ったのは、私たちがキリストに従うときには、自分自身のために生きることを捨てて、それぞれに神から委託されている使命を負うように、ということでした。確かに、そこには苦しみが生じますが、その苦しみはおもに「自分を捨てること」すなわち、自分の内なる願望を握りしめて自己実現を図ろうとする人生を捨てることの葛藤、そして、主から与えられた使命、キリストに従う使命を果たす過程においてふりかかる、迫害などの社会的苦難のことです。ところが多くの人は「十字架を負う苦しみ」を、使命と関わりなく「自分の外から不条理に負わされた苦しみ」という意味に間違って使っています。[24]

そしてその代わりに、神から与えられた「使命」のことを「重荷」と言っているのをよく耳にします。たとえば、「私は、どこどこの国への宣教師となる重荷が与えられました」とか、「学校に行けない子どもたちを助け、福音によって立ち上がらせるのが、私が主からいただいた重荷です」という具合です。これは、「十字架」と「重荷」の意味を入れ替えて使っていると言えます。実際、聖書のなかで「重荷を負う」が出てくる箇所としては、何よりも次のイエスの言葉が有名です。「すべて重荷を負って苦労している者は、私のもとに来なさい。あなたがたを休ませてあげよう。」（マタイ11：28）この「重荷を負っている者」の重荷を負っている生活とは、直接的にはおそらく、律法を守ることに負いきれなさを感じている生活でしょうが、「すべて」の人の、罪人としての苦しみ・悩みに満ちた生活のことと理解してもよいでしょう。イエスはそのようなすべての人を休みへと招いていてくれるのです。旧約にも「あなたの重荷を主に委ねよ。この方はあなたを支え、正しい人を揺るがせることはとこしえにない。」（詩編55：23）とあります（Iペトロ5：7、Iヨハネ5：3参照）。また、パウロがキリスト者に勧めている言葉に「互いに重荷を担いなさい。そうすれば、キリストの律法を全うすることになります。」（ガラテヤ6：2）がありますが、ここでの「重荷」（ギバロス）は重圧とか圧力を表す言葉であり、独りでは耐えがたく乗り越えがたい人生の戦いや苦しみであることがよくわかります。そうすると、「重荷」を「使命」の意味で使うことも非聖書的であると言えましょう。

このように、聖書に出てくる言葉を、日常生活において聖書と違う意味に使うことは、信仰生活に弊害をもたらします。なぜなら、日常生活での言葉使いと意味を逆に聖書に持ち込んでしまう危険が生じるとともに、聖書が語ろうとしている豊かな意味とメッセージを曇らせてしまう可能性があるからです。気をつけたいものです。

召されたときの状態にとどまって

キリスト者は神の国完成を望み、この世にあってはその準備あるいは訓練として主に献身し、主から与えられた使命に仕えるようにと言われると、ある人々はそれを、この世のことがらを捨て去り、その一切のしがらみ、束縛から離脱して生きることだと誤解しやすいものです。それは「天国」という言葉が、この世から隔絶し、しかも地上的・肉体的なことがらを解消した「霊魂としての永遠の住まい」とイメージされているからでしょう。

実際、コリントの教会においてキリスト者になった者たちのなかには、結婚関係や主人と奴隷の関係など、束縛されてきた社会的関係を解消すべきだと考える人たちがいたようです。この問題に対して答えたパウロのコリントの信徒への手紙一7章20〜24節にはこうあります。

おのおの召されたときの状態にとどまっていなさい。召されたときに奴隷であっても、それを気にしてはいけません。自由の身になれるとしても、そのままでいなさい（もし自由の身になれるならその機会を用いたらよいでしょう＝新改訳2017）。主にあって召された奴隷は、主によって解放された者であり、同様に、召された自由人はキリストの奴隷だからです。あなたがたは代価を払って買い取られたのです。人の奴隷となってはいけません。きょうだいたち、おのおの召されたときの状態で、神の前にとどまっていなさい。

神の国の民とされたキリスト者はたしかにすべての束縛から自由にされてはいますが、この世にあっては、できるだけ今置かれている状態のままにとどまるように、と言うのです。なぜでしょうか。イエスは弟子たちに向かって、次のように言っていました。「あなたがたの中で偉くなりたい者は、皆に仕える者となり、あなたがたの中で頭になりたい者は、皆の僕になりなさい。」（マタイ20：26〜27。同23：11、及びマルコの並行箇所も参照）それからもわかるように、キリスト者には、キリストの僕として、キリストに仕えるようにすべての人に仕える生き方をすることを通して、置かれた状況によらない真の自由と平和を証しすることが求められているからです。[25] そして神の国（天国）が地に完成するとき、私たちは「霊の体」に復活させられて神の国を相続し、この地上の人生で神と人に仕えた労苦の報いとして称賛を受けるからです（Ⅰコリント3：10〜15、4：1〜5、9：19〜25、15：50〜58参照）。

＊

本章のまとめとして、ひとたびキリストに従い《神のかたち》を生きるようになった弟子たちに、イエスが教えた「主の祈り」の後半、いわゆる三つの「私たち祈願」が、この三つの概念についての祈りとなっていることを確認します。マタイによる福音書6章11～13節を見てみましょう。

私たちに日ごとの糧を今日お与えください。（生命・実体概念）
私たちの負い目を、［私たちを］お赦しください。私たちも自分に負い目のある人を赦しましたように。（和解・関係概念）
私たちを試みに遭わせず、悪（悪い者＝新共同訳）からお救いください。（力動・目的概念）

さらに、救われた者のこの世での生き方と、終末における救いの完成時との関係について、パウロは次のように書いています（Ⅱテモテ2：11～12）。

次の言葉は真実です。
私たちは、この方と共に死んだのなら
この方と共に生きるようになる。（実体概念）
耐え忍ぶなら
この方と共に支配するようになる。（目的概念）

私たちが否むなら

この方も私たちを否まれる。（関係概念）

そして最後に、《神のかたち》完成への概念別課題を言い表している三つの代表的聖句を、マタイによる福音書からまとめておきましょう。

（1）大いなる交流（Great Communion）：関係概念

「まず神の国と神の義とを求めなさい。そうすれば、これらのものはみな添えて与えられる。」（マタイ6：33）

（2）大いなる戒め（Great Commandment）：実体概念

「心を尽くし、魂を尽くし、思いを尽くして、あなたの神である主を愛しなさい。……隣人を自分のように愛しなさい。」（マタイ22：37〜39）

（3）大いなる委託（Great Commission）：目的概念

「あなたがたは行って、すべての民を弟子にしなさい。彼らに父と子と聖霊の名によって洗礼《バプテスマ》を授け、あなたがたに命じたことをすべて守るように教えなさい。」（マタイ28：19〜20）

これを、個々人に向けて語ったのが以下です。

「私に付いて来たい者は、自分を捨て、自分の十字架を負って、私に従いなさい。」（マタイ16：24）

注

（1）形容詞は「[ギ]テレイオス」、名詞は「[ギ]テロス」、動詞は「[ギ]テレイオオー」

（2）『キリスト教神学・第4巻』いのちのことば社、２００６年。

（3）デイヴィッド・ボッシュ『宣教のパラダイム転換－下』新教出版社、251頁参照。

（4）[ギ]ディプサオー。ヨハネ7：37など、ほとんど「渇いている」と訳されている語。

（5）「山上の説教」について詳しくは、拙著『神の国のライフスタイル――クリスチャン生活と山上の説教』いのちのことば社、１９９２年を参照。

（6）申命記8：2～10の「……人はパンだけで（パン自体で＝河野）生きるのではなく、人は（パンを造っている）主の口から出るすべての言葉によって生きる……」は、それを端的に語っています。詩編104：13～15、27～28、121：3～8、127：1～2、イザヤ書55：8～11、マタイ5：45（直訳「父は、悪人にも善人にも〔彼の〕太陽を昇らせ、……」）、使徒14：17、17：24～25、ヘブライ1：3参照。

（7）日本語訳聖書では、日本語としておかしくなるので「私たちを」を訳していません。英語のＮＩＶはForgive us our debts, as we also have forgiven our debtors. のように、ギリシア語に近い訳となっています。マタイ6：15、ルカ11：4も参照。第五章の注12もご覧ください。

（8）マタイ6：14～15、ルカ7：36～50、17：3～4、19：1～10も参照。ハワード・ゼア『修復的司法とは何か』新泉社、第8章「契約のジャスティス」を参照。

（9）ローマ15：7、コロサイ3：13、マタイ5：48も参照。J・H・ヨーダーも同じことを述べています（『イエスの政治』新教出版社、154頁）。

（10）ドナルド・B・グレイビル／スティーブン・M・ノルト／デヴィッド・L・ウィーバー‐ザーカー『アーミッシュの赦し――なぜ彼らはすぐに犯人とその家族を赦したのか』亜紀書房、特に第三部の「赦しとは何か？」197～201頁、ロバート・D・エンライト『ゆるしの選択 ―― 怒りから解放されるために』河出書房社、G・ジョーンズ、C・ムセクラ『赦された者として赦す』日基教団出版局などを参照。

（11）『ウェストミンスター信仰告白』（日本基督改革派教会／信条翻訳委員会訳）。

（12）ここの「正しくない者」とは「不義の者 ギ アディコイ」、すなわち「キリストによる義をいただいていない非キリスト者」のことです（『ギリシア語新約聖書釈義事典Ⅰ』「アディコス」の項参照）。

（13）H・D・ヴェントラント『新約聖書の倫理』日基出版局、117～118頁。

（14）ローマ5：2～4、ガラテヤ5：22～23、コロサイ3：12～14、ヤコブ3：17～18なども参照。S・ハワーワス、C・ピンチス『美徳の中のキリスト者』は、その実例を「希望と服従と勇気と忍耐」でまとめています。

（15）千葉恵『信の哲学－下巻』北海道大学出版会の付録二「パウロ『ローマ書』新訳」。また、本書第三章1 人間の邪悪性の始まりとしてのアダムの堕罪の「堕罪したアダムと神の怒り」の項（73頁以降）を参照。

（16）Ⅱコリント4：7～18、ガラテヤ2：19「私はキリストと共に十字架につけられてしまっている（現在完了形）＝岩波版」も参照。

（17）以上は、C・S・ルイス『キリスト教の精髄』新教出版社、「キリストのふりをしよう」（283頁以降）を参照。

前項で言及した「キリストを着なさい」の「着る」には、役者が役になりきって演じる」意味があることとも通じます。

(18) 代表的ないくつかは以下です。ヨハネ13：34〜35、15：12〜14、ローマ14：1〜15：14、Ⅰコリント8：1〜13、13：1〜13、エフェソ4：1〜16、フィリピ2：1〜5、コロサイ3：12〜15、Ⅰヨハネ1：5〜10、4：8〜12。

(19) このことの重要性をN. T. Wrightは、*AFTER YOU BELIEVE–Why Christian Character Matters.* の特に最後部（207頁以下）で強調しています。

(20) ここは、「神に僅かに劣る者とされ（詩篇8：5前半）＝聖書協会共同訳」のヘブライ語本文「神（ヘエロヒム）に」が、七十人ギリシア語訳で「天使（ギアンゲロス）に」と訳されているものが引用されていますので、「あなたは、彼（人＝新改訳2017参照）を天使たちよりも僅かに（＝聖書協会共同訳の脚注にある別訳）劣るものとし」と訳すのが良いと、私は考えています。本書第一章1 聖書が語る《神のかたち》とは、の「人とは何ものか」の項（16頁以降）を参照。

(21) 10節で語られていた「多くの子たちを栄光に導く」日。続く3〜4章ではそれを「安息」と呼んでいます。

(22) N・T・ライトも後者の訳を採用しています。『神とパンデミック』あめんどう、2020年の66〜72頁参照。

(23) Ⅰコリント3：7〜9、15：10、Ⅱコリント5：18〜6：1、フィリピ2：12〜13、Ⅰテサロニケ3：2、また、直後で触れるマタイ28：18〜20も参照。祈りについてのイエスの二つの言葉（マタイ6：7〜8とヨハネ14：13）の関係もそれです。

(24) J・H・ヨーダーは、『イエスの政治――聖書的リアリズムと現代社会倫理』の第七章において「キリストの弟子とイエスの道」を論じ、特に165～170頁において「十字架を負う」ことが教会の歴史のなかで歪めて適用されてきた例を挙げつつ、新約聖書が語る「イエスに従う」ことのラディカルな意味をまとめています。
(25) Iコリント9：19～23、コロサイ3：18～24などの「家庭訓」、Iペトロ2：16も参照。

第七章　《神のかたち》完成への聖霊の働き

回復された《神のかたち》の完成に向けた課題について、前章で述べました。しかし、ここで重要なことを追加する必要を感じています。それは、私たちの救いにおける聖霊の働き・役割です。実際、「霊〔ギ〕プニューマ」は新約聖書全体で379回出てきますが、このうちの275回が神の霊についてのものです。それは、救いにあずかったキリスト者の生活を述べるとき、聖霊（神の霊）の存在と働きが不可欠であり、きわめて重要と考えられている証拠とも言えるでしょう。ですから私は、御子・キリストが成し遂げてくださった救いを私たちのもとに持ち運んで現実化し、体験させるとともに、そのようにして始められた信仰生活の原動力として、私たちの救いの課題への取り組みを可能とするのが聖霊の主たる働きであるという理解から、《神のかたち》の完成に向けたキリスト者生活を、聖霊の働きとの関連で述べるのがふさわしいと思います。

ただ、ここで述べようとしている聖霊の働きは、神学的、人間論・救済論的な側面のものであり、その多くはパウロの手紙に依拠したものにならざるを得ません。ところが、聖霊についてそれとは異なった視点から書かれている聖書箇所もあります。その代表がルカの書いた使徒言行録です。そこでの記述の視点は歴史的、教会論・宣教論的ですので、神学的、人間論・救済論的に聖霊の働きを語ろうとするときには、使徒言行録に言及することは当然少なくなります。そこで先に、使徒言行録における聖霊について述べておきましょう。

1　使徒言行録に見る聖霊の働き

聖霊は神の国を証しする力の授与のため

ルカ（使徒言行録）だけが五旬祭（ペンテコステ）の日の聖霊降臨を記述しています。そこで、ルカによる福音書に続く使徒言行録が伝えようとしている、聖霊降臨の意義とメッセージを知る必要があります。これについてウィリアム・W・メンジーズ／ロバート・P・メンジーズ父子は、福音派とペンテコステ派は使徒言行録2章の出来事を、後に個人が追体験していく「聖霊のバプテスマ」の原基的出来事と考える点では違いがないものの、その意義の解釈において違いがあると述べています。[1]福音派にとってのペンテコステの出来事は、彼らが新たな契約の下にあることの源であり、「聖霊のバプテスマ」とは、人を真にキリスト者にするもの（回心＝イニシエーション）と理解すると述べます。対照的に、ペンテコステ派の大半は、ペンテコステの出来事を効果的に証しするための力の源とし、したがって「聖霊のバプテスマ」を、回心とは別の独自の体験（後起的賜物）、奉仕のための力の賦与の一つの形として理解するとまとめています。

使徒言行録（特に2章）をこのような二つの解釈に基づいて対立的に見る限りにおいては、ルカにおける聖霊が効果的に証しするための力であるという点で、ペンテコステ派の理解のほうに分があるように思われます。その理由として一つには、使徒言行録冒頭の1章3節が「イエスは、……ご自分が生きていることを、数多くの証拠をもって使徒たちに示し、四十日にわたって彼らに現れ、神の国について話された。」と記し、4～5節でイエスは弟子たちに「聖霊による洗礼《バプテスマ》を待つ」ように命じた後、8節で「ただ、あなたがたの上に聖霊が降ると、あなたがたは力を受ける。そして、……地の果てまで、私の証人となる。」と約束していることです。そしてここ以降、イエスの受肉から十字架に至る生涯と復活によって始まった「神の国」、すなわち「イエスの世界の王としての統治」を世界中に証しするために、弟子たちが遣わされていく出来事が記録されていくのですから、聖霊はそのための力であると明白に読み取ることができます(2)。

もう一つは、神の霊の注ぎは旧約時代から、イスラエルという神の民を救い、治めるために選ばれた器への霊の威力の顕現として記されていることが圧倒的だということです。すなわち神の霊は、神の選んだ（油を注いだ）器が神の民を救ったり、治めたり、そのために預言したりする、奉仕のための力としての意味合いが強いということです。そしてその場合、特に限定句「主の／神の」が付いた「霊」に顕著です。[3] 新約において「霊」に付けられる「聖なる」という限定句は、巻末の〈研究ノート2：「聖」と「霊」と「命」〉でも触れているように、「神の」とほとんど同義ですので、「聖なる霊」を「活力を創造する神の力の人間経験における現れ」と考えるのは自然の流れです。

実際、使徒言行録では、罪人に霊的な命が回復するというような生命論的なこと、神の救いを得るというような救済論的なこと、さらには、その人が聖なる人格の持ち主になるような倫理的なことと聖霊との関係は、ほとんど言及されていません。言語の使用頻度を見ても、使徒言行録においては、「霊（ギ プニューマ 御霊＝新改訳2017）」（11回）に比べて「聖霊（ギ ハギオス・プニューマ 聖なる霊）」の表現が圧倒的に多く使われています（40回）。逆に、救済論的視点の強いパウロの手紙においては、「聖霊」（18回）に比べて「霊」という表現が74回も使われていることが、その特徴を裏付けているように思われます。

ユダヤ人の暦に則った出来事

しかし、ルカによるペンテコステの出来事の記述には、メンジーズ父子が積極的には触れていない大切なことが二つあるように思います。第一は、ユダヤ人の暦との関係です。イエスの十字架の死が過越祭を期しての出来事であったのは、イエスの死と復活が新たな出エジプトと理解されることを期待してのことです。そして、ペンテコステ（五旬祭、七週祭）に聖霊が降ります。ユダヤ人にとってその祭がどのようなものであったかと言えば、それは過越祭（除酵祭）とともにユダヤ三大祭のひとつであり、元来は、小麦の刈り入れを祝って、主にその初物を献げる春の祭でした（出エジプト記34：22、レビ記23：15〜16参照）。ですから、使徒言行録2章に見るように、この日、聖霊に満たされたイエスの弟子たちが他国のいろいろな言葉で話し始めたのを、天下のあらゆる国々からエルサレムに来ていた敬虔なユダヤ人たちが聞いてあっけにとられたことを報告して、イエスの名と聖霊の働きによって、異邦人たちにも及ぶ世界大の宣教の初物が献げられ、大いなる収穫の時代が幕開けしたことを告げているのです(4)（ヨエル書の引用も参照）。

ユダヤにおける五旬祭は、それに加えて、シナイ山でイスラエルに律法が授与されたことを祝う記念としても祝われるようになっていました。なぜなら、それが出エジプトから約五十日目に起こった出来事だったからです(5)。そうするとルカは、神がイスラエルと結んだ契約（旧約）においてそれを遵守する道（生き方）として律法を授与したその日に聖霊を授与することによって、神は選びの民と新たな契約を結ぶ約束を成就し、旧約を更新・完成したことを告げようとしていると考えられます（ルカ24：44〜53、使徒1：3〜5、2：29〜33参照）。その根拠として、エレミヤ書31章31〜34節「その日が来る。――主の仰せ。私はイスラエルの家、およびユダの家と新しい契約を結ぶ。……私は、私の律法を彼らの胸の中に授け、彼らの心に書き記す。……もはや彼らは、隣人や兄弟の間で、『主を知れ』と言って教え合うことはない。小さな者から大きな者に至るまで、彼らは皆、私を知るからである。」や、エゼキエル書11章17～20節、36章24節以下が考えられているのは明らかです。ですから、ペンテコステの出来事には、「聖霊によって神の国（救い）が今ここに実在し始め、その救いに全世界のすべての人が招かれる終末の時代が来た」という、救済論的終末論の意味も含まれていると考えざるを得ません。

ルカが世界宣教進展を描くフレーム

第二には、ルカが教会による世界宣教の進展を、彼特有のフレームを持った物語（ナラティブ）として記していることです。使徒言行録全体の表題とも言える1章8節には、「ただ、あなたがたの上に聖霊が降ると、……エルサレム、ユダヤとサマリアの全土、さらに地の果てまで、私の証人となる。」と書かれています（ルカ24：45～48も参照）。ここに示されている地名は、しばしば使徒言行録の内容目録のようなものであると言われてきました。「エルサレム」は最初の7章を総括し、「ユダヤとサマリアの全土」は8章から9章を総括し、10章からは、福音がそれらをも越えて遠く「地の果て」ローマにまで及ぶ進展を叙述しているからです。そして、それらの境界線を越える宣教拡大の新たな段階への進展にあたって、エルサレムでの聖霊降臨（2：1～4）、サマリアの人々への聖霊降臨（8：14～17）、ローマの百人隊長コルネリウスとその一同への聖霊降臨（10：44～46）が記述されています。それは、キリストの福音が単に地域的境界だけでなく文化・民族の境界線を突破していったことが、それぞれへの聖霊降臨によって証拠づけられ、彼らも皆、キリストにある一つの神の民であると、神自身から承認されたことを語っていると思われます(6)。

結局、ルカの視点による「聖霊降臨/聖霊による(の)バプテスマ」の記述は、終わりの時代にあって教会が、新たな契約による神の選びの民であることの神による承認に加えて、主の証人として立ち、宣教奉仕をするための力(預言者的力)を上から着せられることが中心と言えるでしょう。実際、上記の宣教における地域的・民族的・文化的境界線突破のとき以外は、イエスを信じて洗礼(バプテスマ)を受けた者が聖霊を受けたとも、また、使徒たちが彼らに「聖霊を受けよ」と言ったともことさらに書かれていませんので、使徒言行録から、「聖霊による(の)バプテスマ」という表現が、すべてのキリスト者が普遍的かつ個人的に受け得る(受けるべき)イニシエーション、または後起的賜物を指していると断定するのには、慎重でなければならないと感じます(7)。

ただしそれは、「聖霊による(の)バプテスマ」が使徒言行録の時代で終息してしまったことを、必ずしも意味してはいません。むしろそれは、続く教会史においても、宣教の進展、特に様々な社会的・文化的障壁の突破を求める教会の叫びに呼応しつつ、神の主権のもとに何度も生起しましたし、今後もいつでも、どこでも起こりうると私は考えます(8)。

2　聖霊のパースペクティヴでの救い

　ここからは、パウロ的視点を中心にした救済論における聖霊の働きに焦点を当てて述べることになります。とはいえ、救いにおける聖霊の働きは、これまでキリストとの関係で語られてきた救いと別な内容を述べているのではなく、同じことがらを聖霊論的に述べていると私は理解します。「聖霊のパースペクティヴ（観点）」での表現です。ではどうして、わざわざ聖霊の言葉で言う必要があるのでしょうか。それは、私たち一人一人に内住して神体験を個別に現実化させる聖霊特有の役割があるゆえに、聖霊の言葉で救いを語ることによって、特に救いの課題の部分をより詳しく、具体的かつ体験的に語ることができるからです。アレスデア・ヘロンはこう言っています。(9)

〝聖霊は、新約聖書において、次のような呼び名を与えられて、事実上舞台の中央にあらわれる。「あなたがたの父の霊」（マタイ10：20）、「御子の霊」（ガラテヤ4：6）、「イエスの霊」（使徒16：7）、「キリストの霊」（ローマ8：9）、「生命の霊」（同8：2）、「子たる身分を授ける霊」（同8：15）「恵みの霊」（ヘブライ10：29）、「助け主」（ヨハネ14：16）。さらに聖霊は、「真理の御霊」（同14：17）や「知恵の御霊」（使徒6：3、10）などよく知られた名を持っている。これらすべての称号をもつ聖霊は、神がイエス・キリストにおいてなし給うたこと、並びにその神の働きの完成に本来的に関与するものと考えられ、またそのように描かれている。この点が、新約聖書を、旧約聖書や中間時代の文書から区別する使信なのである。救い主はすでに到来した。そして霊の時代がはじまった。霊それ自体が、イエス・キリストをその中心とし、イエス・キリストから発するところの神の目的をめざす力である。霊について新約聖書が語らねばならないことは、すべてこの中心を指し示し、究極的にはこの中心によって統御されている。〟

救いとともに与えられた聖霊

ペトロは彼らに言った。「悔い改めなさい。めいめい、イエス・キリストの名によって洗礼《バプテスマ》を受け、罪を赦していただきなさい。そうすれば、聖霊の賜物（ギドーレア、贈り物＝河野）を受けるでしょう。」（使徒2：38）

ここでは、「救い」そのものが「聖霊という贈り物を受ける」ことだとあります。それは、洗礼者ヨハネによって「私の後から来る人は、私より力のある方で、……その方は、聖霊と火であなたがたに洗礼《バプテスマ》をお授けになる。」（マタイ3：11。ヨハネ1：32〜34も参照）と預言され、復活のイエスによって「エルサレムを離れず、私から聞いた、父の約束されたものを待ちなさい。ヨハネは水で洗礼《バプテスマ》を授けたが、あなたがたは間もなく聖霊によって洗礼《バプテスマ》を受けるからである。」（使徒1：4～5）と約束されて実現した、ペンテコステにおける聖霊降臨（使徒2章）の出来事が原点です。しかし、上述聖句の「聖霊の（という）贈り物を受ける」は、イエス・キリストを信じ、洗礼（イエスの名による水のバプテスマ）を受けることと共に与えられる、個人的な救い（所与）の聖霊論的表現として考えるのが望ましいと思います。このように聖書は、個々人が救われることを「贈り物として聖霊を受ける」とは言いますが[10]、「聖霊によって洗礼《バプテスマ》を受ける／聖霊による（の）バプテスマ」と呼んではいないことを銘記すべきでしょう。

ここで「賜物 [ギ]ドーレア（単数形）」を「贈り物」と訳した理由は、複数形で語られ「（霊の）賜物」と訳されている「[ギ]カリスマタ」（ローマ12：6、Iコリント12：4、31など）や「[ギ]プニューマティカ」（Iコリント12：1、14：1など）と区別するためです[11]。また、「聖霊の賜物」を「聖霊という贈り物」と訳したのも、直訳「聖霊の贈り物」の属格「の」が説明的属格であることを明確にするためです[12]。

3　聖霊の働きの三つの概念での表現

いよいよ「《神のかたち》を生きる」なかでの聖霊の働きについ述べることになります。「聖霊という贈り物を受けること」すなわち「救いの所与」と、それに続く「救いの課題」を語る「キリスト者として《神のかたち》を生きること」の聖霊のパースペクティヴによる記述においても、聖書は三つの概念で表現しています。以下、それらを概念別に述べていきましょう。

3―1　霊に満たされ続ける：関係概念

所与としての「霊による証印」

「神の国は飲み食いではなく、聖霊によって与えられる義と平和と喜びなのです。」（ローマ14：17）とあるように、救いの関係概念である「義」が「平和」「喜び」とともに聖霊によるものと言われています。それが他の箇所では、「聖霊によって証印を押された（調印された）」という契約締結の言葉で書かれています。すなわち、神がキリストによって私たちと和解して、私たちを神の子としてくれた新たな契約が神の信実によるものであり、決して取り消されたりするものでないことを、「聖霊による証印」を押すことによって示したのです。「あなたがたも、キリストにあって、真理の言葉、あなたがたの救いの福音を聞き、それを信じ、約束された聖霊によって証印を受けたのです。[13]」（エペソ1：13）

また、キリスト者となって神に「アッバ、父よ」と呼び、祈ることのできる関係に入れられたことを、神の霊を受けたゆえであると語っていることも同じです。「神の霊に導かれる者は、誰でも神の子なのです。あなたがたは、人を奴隷として再び恐れに陥れる霊ではなく、子としてくださる霊を受

けたのです。この霊によって私たちは、『アッバ、父よ』と呼ぶのです。」（ローマ8：14、15。ガラテヤ4：6も参照）

さらには、キリストの体とされた教会（キリスト者）を「聖霊が宿ってくださる神殿」（Ⅰコリント6：19。エフェソ2：21～22も参照）と言っているように、真の神殿である復活のキリストにあずかっているキリスト者は、聖霊によって神との交わりを持っている者とされています[14]。

課題としての「霊に満たされ続ける」

キリストを信じたときに「贈り物として受けた聖霊」は、以降、継続していく信仰生活において人の内側から働き続けます。それが、聖霊の本領と言っても過言ではないでしょう。救いの所与である「義とされること」に対応する聖霊的表現が「霊による証印」であるなら、課題として「神の国と神の義を探し求め続ける」ことは「霊に満たされ続ける」ことです。これが命令形として出てくるのは、エフェソの信徒への手紙5章18節の「霊に満たされ（続け）なさい」だけです。

それは、どのような状態のことを言うのでしょうか。私は、コップの中に水が満たされる（それは一度満たされればそれで終わります）イメージで描くよりも、神と私たちとを結んでいるパイプを通して水（霊）が、絶えず滔々と流れてくるイメージで描くほうがよいと思います。「私が与える水を飲む者は決して渇かない。私が与える水はその人の内で泉となり、永遠の命に至る水が湧き出る。」（ヨハネ4：

14)、「渇いている人は誰でも、私のもとに来て飲みなさい。私を信じる者は、聖書が語ったとおり、その人の内から生ける水が川となって流れ出るようになる。」(ヨハネ7：37〜39)とあるように、です。

また、火が燃え続けるためには燃料である油に満たされて(油が供給され続けて)いなければならないように、信仰を燃やし続ける霊は、火の比喩でも語られています。「霊に燃えて、主に仕えなさい。」(ローマ12：11)、「霊の火を消してはいけません。」(Iテサロニケ5：19)、「私が来たのは、地上に火を投じるためである。その火がすでに燃えていたらと、どんなに願っていることか。」(ルカ12：49)などがそうです。

「霊の満たし」を失ったとき

では、キリスト者にとって「霊の満たし」を失うことはあるのでしょうか。もちろん、あります。神との生き生きとした交わりが失われる場合です。パイプを通って流れていた霊の流れが、何らかの理由で悪くなることをイメージするとわかりやすいでしょう。それは、礼拝、賛美、祈りなどによる神との交わりの機会が少なくなり、パイプが細くなることによります。また、キリスト者の中に残っている肉の性質から生じる罪(複数形で表わされる罪の行為)があるために、パイプにそれが垢のようにこびりついて霊の流れを滞らせてしまうことにもよります。

その場合に私たちはどうしたらよいかと言えば、次のヨハネの手紙一1章8〜9節を思い起こすべきです。

自分に罪がないと言うなら、自らを欺いており、真理は私たちの内にありません。私たちが自分の罪を告白するなら、神は真実で正しい方ですから、その罪を赦し、あらゆる不正から清めてくださいます。

この手紙は、「罪などない」とか「罪を犯したことがない」などとうそぶく異端的教えに惑わされないように書かれたものですが、9節は、キリスト者の罪についての大事な教えを語っています。ここでの「罪（複数形）」（2:2も）は、ヨハネによる福音書やパウロの手紙がおもに語る根源的「罪（単数形）」と同じように考えるべきではありません。キリスト者は、イエス・キリストの十字架と復活によって赦された者であり、すでに義人（神との関係が回復された人。罪人ではない！）とされています。しかし、そのようなキリスト者であっても、罪（複数形）や不正（不義＝新改訳2017）、すなわち他人に対する怒りや憎しみ、社会に対する不満、神との関係の歪みなどから来る罪の行為（罪過）や、それゆえの悩みや不安や寂しさが全くない生活を送ることはできません。

そういうなかでの「罪（複数形）を告白する（ギホモロゲオー）」云々は、「自分のなした悪の行為を白状して懺悔する。そうすれば神は罰することをやめてくださる」こと（司法モデル）ではないと思います。むしろ、「罪の行為と、その根っことして私たちの心の底にある不信、怒り、不満、憎悪、苦悩、悲しみ、寂しさなどを神に、あるいは信頼できるきょうだいに素直に吐露する」こと（心療モデル）と理解します。私たちキリスト者は、私たちを存在ごと赦してくださっている神に対して、自分の内にある弱さや不信、悪意や敵意などを包み隠さず打ち明けることができるのです。そうすれば、真実で（信実で ギ ピストス）正しい（ギ ディカイオス 義の＝私たちを神との義しい関係に引き戻そうとする）神が、「その罪を赦し、あらゆる不正から清めてくださいます。」すなわち、パイプにこびりついた垢を神自身が取り除き、パイプをきれいにしてくれるということです[15]。そのようにして、神との親しい関係を取り戻し、霊はまた豊かにパイプを流れるようになります。〝第一ヨハネのパイプスルー〟とでも呼んで、覚えておくとよいかもしれません[16]。

3―2　霊の実を結ぶ：実体概念

所与としての「霊の内住」

救いの実体概念、「聖め」「新生」は、聖なる命に新たに生まれることですが、イエスは次のように言っています。「よくよく言っておく。人は、新たに生まれなければ、神の国を見ることはできない。」……「誰でも水と霊とから生まれなければ、神の国に入ることはできない。肉から生まれたものは肉である。霊から生まれたものは霊である。」（ヨハネ3：3～6。同1：13～14、7：37～39、Ⅰコリント15：42以下、エゼキエル書37：1～14も参照）このように、「新たに生まれる」ことが「霊から生まれる」と言い替えられています。

またパウロは、キリスト者がこの世にありながらも、すでに新たな命をいただいていることを、霊が私たちの内に宿ることとして描いています。「イエスを死者の中から復活させた方の霊が、あなたがたの内に宿っているなら、キリストを死者の中から復活させた方は、あなたがたの内に宿っているその霊によって、あなたがたの死ぬべき体をも生かしてくださるでしょう。」（ローマ8：11）「あなたがたの体は、神からいただいた聖霊が宿ってくださる神殿であり、あなたがたはもはや自分自身のものではないのです。」（Ⅰコリント6：19。Ⅱコリント6：16も参照）それを「霊の内住」といいます。(17)

課題としての「霊の実を結ぶ」

「聖なる者とされ、新たに生まれた」キリスト者は、聖霊の表現では「命の霊が内住した（神の命の種が内にとどまっている）」者なのですが、そこにもやはり、その霊の命において成長、成熟するという継続的課題が与えられています。「私たちは皆、… 栄光から栄光へと、主と同じかたちに変えられていきます。これは主の霊の働きによるのです。」（Ⅱコリント3：18）ここで、「主と同じかたちに変えられていく」と受身形で書かれているのは、キリストに似た者となっていくことが人間の努力によってではなく、私たちキリスト者の内に蒔かれた命の種が、霊の働きによって人格の中にその実を結んでいく仕方で可能となることを示しています。

ガラテヤの信徒への手紙5章22～23節にはこうあります。「霊の結ぶ実は、愛、喜び、平和、寛容、親切、善意、誠実、柔和、節制であり、これらを否定する律法はありません。」この「霊の実を結ぶ」ことはキリスト者の課題ですが、聖書において命令形で出てこないのは、「実を結ぶ」という植物的な現象と関係があると思われます。植物は内在している命の力によって自ら成長しますから、霊の命に生まれたキリスト者も同じように、内に宿った霊の命が必ず成長して、霊の実を結ばせるに至るということでしょう（フィリピ1：10～11、ヤコブ3：17～18参照）。

そのように、「霊の実を結ぶ」には聖霊が持っている命とその成長力による以外にありませんが、人のほうは何もすることがないのかと言えば、そうではありません。上述のガラテヤの信徒への手紙の言葉の直後でも、「私たちは霊によって生きているのですから、霊によってまた進もうではありませんか。」（5：25）とあるように、キリスト者は霊をいただき、それによって生きている者とされたからこそ、霊の法則に適合し続けるようにと勧められています。[18] ちょうど植物が育ち、良い実を結ぶためには良い環境が必要なように、「霊の実を結ぶ」に至るためにも、霊の命が成長力を発揮できるような、人による良い環境作りは有用かつ必要です。それは、御言葉に親しみ、よく祈り、教会の交わりのなかで積極的に生き、愛による奉仕にいそしむことです。そのような霊に導かれた生き方（ライフスタイル）を築いていくとき、その人の人格のなかに霊の実（キリストに似た品格）が結ばれるのです。

霊の「実」は単数形

この場合の「実」（ギカルポス）は単数形です。それは、よく言われるような九つの実ではありません。キリストにあって霊の内住に生きるとき、その霊の命がすべてのキリスト者の人格に、同一の味を持った実（品格）を結ばせるのです。これは、霊の「賜物」（ギカリスマタ）には多くの種類があり、キリスト者それぞれに異なった現れ（分配）があるので、複数形で語られることが多いのと対照的です（Ⅰコリント12：31、14：1、12参照）。

そして、その霊の実（キリストに似た品格）の味は何かと言えば、一言では「愛」です。愛、喜び、平和……と並べられていますが、それらは同等のものの列挙というよりも、最初に書かれている愛がその中心的・包括的概念（味）であり、あとのものはその愛の色々な具体的現れ（フレーバー・風味）と考えることができます。新共同訳は「霊の結ぶ実は愛であり、喜び、平和、寛容、親切、善意、誠実、柔和、節制です。」と訳して、それを表現していました。その根拠として、コリントの信徒への手紙一13章4～7節では、愛の具体的説明として忍耐強い（寛容＝新改訳2017）、情け深い（親切＝新改訳2017）、自慢せず、高ぶらない、などが書かれていますし、コロサイの信徒への手紙3章12～14節でも、憐みの心、慈愛（親切＝新改訳2017）、謙遜、柔和、寛容などが語られて、「これらすべての上に、愛を着けなさい。愛はすべてを完全（ギテレイオテートス）に結ぶ帯です。」と書かれています。このように、霊の実を結ぶとはキリストに似た愛の人となることです。

3―3　霊の賜物を用いて仕える：目的概念

所与としての「保証としての霊」

救いの目的概念による表現、「贖い」「召命」は、聖霊の言葉では「神の国を受け継ぐことの保証」として聖霊を与えられたことと表現されています。「聖霊は私たちが受け継ぐべきものの保証であり、こうして、私たちは神のものとして贖われ、神の栄光をほめたたえることになるのです。」（エペソ1：14）「神はまた、……保証として私たちの心に霊を与えてくださいました。」（Ⅱコリント1：22、同5：5も）。ここでの「保証」[19]は、直訳では売買契約を保証する「手付け金」であるように、霊は、罪人を贖い（買い取って）神の国を受け継ぐ（相続する）者とすることを保証するために、前もって与えられた手付け金だというのです。「被造物だけでなく、霊の初穂を持っている私たちも、子にしていただくこと、つまり、体の贖われることを、心の中で呻きながら待ち望んでいます。」（ローマ8：23）の「霊の初穂」（ギアパルケーン・トゥ・プニューマトス）も同じような意味を持っていると思われます。

それはキリスト者が、主から与えられた手付け金である「贈り物としての霊」によって、神の国の完成時にすべてを相続することを保証し、その生活を前もって一部味わうことができるようにされていることを意味しています。[20]

課題としての「霊の賜物を用いて仕える」

「贖われ、召されたこと」が、聖霊のパースペクティヴによれば、「神の国を受け継ぐことの保証、すなわち手付け金として聖霊を与えられたこと」であるなら、キリスト者としてのそれからの信仰生活は、主からいただいた手付け金である霊の「賜物」を活用して、主のために励んで働くという課題を果たす生活であると言い換えられます。「あなたがたは、それぞれ賜物を授かっているのですから、神のさまざまな恵みの善い管理者として、その賜物を用いて互いに仕えなさい。」（Ⅰペトロ4：10）とあるとおりです。この場合の個々人に与えられる賜物（ギカリスマ）は、恵み（ギカリス）のさまざまな現れであり、多くの場合、複数形で書かれている点[21]、霊の「実」が単数形であることと好対照をなしています。

「賜物」は人の「能力」のように考えられることが多いのですが、ローマの信徒への手紙12章、コリントの信徒への手紙一12～14章、エフェソの信徒への手紙4章、そしてペトロの手紙一4章から、「力（能力）」だけでなく「使命」、「働き（ミニストリー）」、「役割」までをも含んでいる大きな概念であることがわかります。そして、教会に与えられる賜物の意義と特徴は以下のようです。

（i）賜物には多くの種類があり、聖書でさえもその全部を網羅しているわけではありません。現代の教会ではすぐに思い浮かぶ、賛美や祈りの賜物などは聖書に出てきません。
（ii）癒やし、奇跡、異言など、特別な霊の注ぎによる超自然的な賜物もありますが、その他、知恵、知識、教えること、仕えることなどの多くは、神が一人一人に与えた自然的能力を磨き、霊の働く道具として用いてくれるものです。
（iii）一人の人がすべての賜物を持つことはなく、賜物がまったく与えられていない人もいません。すべての人は、それぞれ異なったいくつかの賜物を与えられています。
（iv）賜物は、神と教会に仕え、主から託された任務を遂行する目的のために用いられるべきものです。ですから、次のように勧められています。「私たちは、与えられた恵みによって、それぞれ異なった賜物を持っています。預言の賜物を受けていれば、信仰に応じて預言し、奉仕の賜物を受けていれば、奉仕に、教える人は教えに、勧める人は勧めに専心しなさい。分け与える人は惜しみなく分け与え、指導する人は熱心に指導し、慈善を行う人は快く行いなさい。」（ローマ12：6〜8）

一つの体、多くの部分

このように言うパウロが、コリントの信徒への手紙一12〜14章において賜物に言及する主旨は、いわゆる霊的な賜物（癒やし、奇跡、異言）を持つ信者が教会の中で高ぶったり、彼らが自己陶酔的あるいは異教的、そして教会破壊的になったりしていたのを鎮静化するとともに、その教会的意義を明らかにし、それらを他の賜物との正しい関係に位置づけることでした。

まず、それぞれに分け与えられた霊の賜物は多様であっても、すべてに同じ一つの霊が働いているので[22]、目立つ賜物があるからと言って高ぶってはなりません。教会はキリストの体であり、一人一人がその部分であるので、どの部分も（弱く見える部分も、目立たない部分も）なくてはならないものであり、その大切さに変わりはありません。また、賜物は教会を建て上げ、教会が世に向かって宣教するために与えられたものであることを銘記すべきです。それは教会の働き（ミニストリー）を豊かにして益をもたらし、一つの目的に沿った一致をもたらすはずであり、14章はその前提で書かれています。さらには、その限りにおいて務めに必要と感じた賜物は、神に熱心に祈り求められるべきと言われています。賜物は使わなければ埋もれたままで終わるだけでなく、廃れていく可能性があると同時に、求めていけば増し加えて与えられるものでもあるからです。特に、それらの賜物のなかでは預言がより大きなものであり、熱心にそれを求めるようにと勧められています（Ⅰコリント12：31、および14：1、12、39）。

愛は霊の賜物ではなく、霊の実

ついでに、コリントの信徒への手紙一12章と14章に挟まれた13章、いわゆる〝愛の章〟について述べておきましょう。ここは上記のように、「コリント教会における目立つ霊の賜物の現れとともに、教会がかえって混乱していた問題」に対するパウロの答えの文脈の中に置かれています。12章31節前半で「あなたがたは、もっと大きな賜物を熱心に求めなさい。(ギゼールーテ)」とあり、内容的にはそれは14章1節後半の「また、霊の賜物、特に預言するための賜物を熱心に求めなさい。(ギゼールーテ)」の繰り返しにつながっています。そして、その間に13章が挿入されていますが、内容的には、〝愛の章〟とは12章31節後半から14章1節前半と見るほうがよいでしょう。

〝愛の章〟はまず、賜物に対して「最も優れた道(ギヒュペルボレーン・ホドン)をあなたがたに示しましょう」で始まっています。そこでの「優れた」は同じ尺度での程度の違いではなく、賜物の限度を越えた、賜物とは別のものであることを意味していますので、それを「道」と表現することによって、人の歩み(生き方)について述べようとしていることを明らかにしています。それが優れていることは、13章1~3節によってさらに強調されています。「愛がなければ、(賜物は)無に等しい。……愛がなければ、私には何の益もない。」とは、愛がなければ賜物の効果が半減するどころではなく、全く値打ちも効果もないというのです。全面否定です。さらに、愛とは何かが4~7節で語られた後、愛は信仰、希望とともに、キリスト者である私たちの生活の中で、時が過ぎても齢をとっても決して滅びる(消え去る)ことはなく、いつまでも残ると言われており、一方の賜物(預言や異言や知識など)

は廃れたり、やんだりすると語られているのとは対照的です（8～13節）。

ですから、「愛を追い求めなさい。（ギディオーケテ）」（14：1前半）が、「賜物を熱心に求める」のとは違う言葉であることは重要です。後者は「それが欲しいと神に願い求める、希求する」意味であるのに対して、前者は「あとを付いて行く、追求する」ことです。そこでは、完全な愛を身に付けていたイエスのあとを追いかけて近づいて行くことが勧められているのです。それで12章31節後半が、愛を「道」と呼んでいたことに納得します。聖霊のパースペクティヴで言うと、愛は「霊の賜物」とは別な「霊の実」であること、そしてそれは、すべてのキリスト者が人格と生き方において成熟すべく、生涯をかけて追求していく最重要なものであるということです。

4　マタイ25章の「主の再臨に備える生き方」

イエスはマタイによる福音書24章45～51節で、主人の帰りを待つ幸いな僕のように、キリスト者は主の再臨を待ち望んで生きるよう忠告しました。そのときの幸いな僕を、「時に応じて（ギエン・カイロー）彼らに食事を与える」、「忠実で」、「賢い」僕と言い表しています。そして、続く25章の三つのたとえ話によって、この三つの幸いな生き方を具体的に教えたのです。それが、とりもなおさず救いの課題の三側面となっているばかりでなく、ここでの聖霊のパースペクティヴでのそれぞれを説明するものとなっています[23]。

最初は「十人のおとめのたとえ話」です（1～13節）。婚礼の日に花婿を待っている10人の付き添いのおとめがいます。ところが、花婿の来るのが遅くなったので、おとめたちは寝入ってしまいます。夜中になって花婿が到着したとき、「賢い」5人のおとめはすぐに灯を整えて祝宴に向かいましたが、あとの愚かな5人のおとめの油は切れており、灯は消えそうになっていました（油断大敵！）。彼らは夜中に油を買いに走りましたが、祝宴に間に合いませんでした。この場合、灯は信仰、油は霊のたとえとなっています。すなわち、この話によって、主の再臨まで信仰の灯を燃やし続けるために、霊に満たされ続けている「賢さ」が大切であることを語ったのです。（関係概念）

第二は「タラントンのたとえ話」です（14～30節）。旅に出る主人が自分の財産を僕たちに預けました。この場合、タラントン（財産）は神の秘義を担うために個々人に託された霊の賜物[24]（使命）を、商売はキリスト者がなすべき働きを指します[25]。5タラントンと2タラントン預かった僕たちは、それぞれ商売をして資金を倍増させ、主人からその「忠実さ」を褒められました。ところが、1タラントン預かった僕は主人を、蒔かない所から刈り取る厳しい方だと考えて、1タラントンを地の中に隠し、帰ってきた主人にそのまま返します。すると主人は、彼を悪い、臆病の僕だと叱り、その1タラントンも取り上げてしまいます。それは、キリスト者には、使命・賜物を自覚しないで（〝私には賜物が足らん！〟と言って）果たすことなく、神に栄光を帰すべき人生を無駄にしてしまう危険のあることを警

告したものです。（目的概念）

最後は「羊と山羊のたとえ話」です（31〜46節）。そこでは、人の子（王）による最後の裁きのときに、すべての国の民が永遠の命と永遠の懲らしめに分けられると語られます。ここでの中心は、その裁きが何に基づいて決定されるかということです。羊飼いが羊を右に、山羊を左に分けるように、栄光の座に着いた王は右にいる人たちに「国を受け継ぎなさい」と言い、その理由として「私が飢えていたときに食べさせ、……」と、彼らの生涯において、周りの弱く最も小さな者の一人に「時（機会）に応じて必要を満たした」ことは「私にしたのである」と説明しました。彼らはその生活においてほとんど無意識のうちに、困窮している小さな者に手を差し出していることを指摘して、愛が身に付いていたことを評価したのです。他方、それをしなかった左側にいる人たちが責められたのは、慈善行為をしなかったからではなく、愛という霊の実を結んでいなかったからでした。「木の良し悪しはその実によって分かる。」（マタイ12：33）のです。（実体概念）

注

（1）『聖霊と力――ペンテコステ体験の基盤』地引網出版の特に第3章。

（2）ルカ24：44〜49も参照。アレスデア・ヘロン『聖霊――旧約聖書から現代神学まで』ヨルダン社、74〜78頁もご覧ください。

（3）士師記3：10、6：34、11：29、サムエル記上11：6、16：13、14、サムエル記下23：2、イザヤ書11：2など多数。M・ヴェルカー『聖霊の神学』教文館の、特に第一部、N・H・スネイス『旧約宗教の特質』日本基督教団出版局、212頁以下、月本昭男『創世記Ｉ』日本基督教団宣教委員会、205頁、及び「付論7：ヤハウェの霊」207～210頁も参照。

（4）救済論を語るときのパウロもこのことを念頭においてでしょう。キリストを信じて洗礼（バプテスマ）を受け、「贈り物として聖霊」を受けた（使徒2：38）者を「霊の（という）初穂を持っている私たち」（ローマ8：23）と表現しています。後述の「救いとともに与えられた聖霊」（279頁）参照。

（5）出エジプト記19：1～20（1節「第三の月の新月」はエジプト出立から45日目）参照。

（6）使徒11：1～18、15：6～21の報告も参照。また、F・F・ブルース『使徒行伝』聖書図書刊行会を参照ください。

（7）使徒2：41、6：7、8：38、9：18、9：42、11：21、13：12、48、16：14～15、33、17：12、18：8参照。19：1～7については、ヨハネの洗礼（バプテスマ）しか受けていなかった例外と見るか、パウロのエフェソ到着がアンティオキア以来の異邦人宣教のもうひとつの中心地への進展と考えるか、どちらかの可能性があります。

（8）このような現象を「リバイバル」と呼ぶのが一般的かもしれません。その歴史的素描は、D・M・ロイドジョンズ『栄えに満ちた喜び』地引網出版、の458～462頁などをご覧ください。

（9）『聖霊——旧約聖書から現代神学まで』ヨルダン社、70頁。

(10) 使徒2：38とローマ8：15〜16。ローマ5：5「与えられた聖霊」、8：23「霊の初穂を持つ」、Iコリント6：19〜20「神からいただいた聖霊」、12：13「一つの霊を飲ませてもらった」も参照。

(11) 本章3─3　霊の賜物を用いて仕える：目的概念（281頁以降）と比較してください。

(12) ギテーン・ドーレアン・トゥ・ハギウー・プニューマトス。新改訳2017は、使徒2：38を「賜物として聖霊を受ける」と訳しています。同8：20、10：45、11：17、そしてエフェソ4：7の「賜物」もギドーレア。ちなみに、エフェソ4：8で「贈り物」と訳されている語はギドーマタ（複数）であり、こちらは新共同訳のように「賜物」と訳してもよいと思われます。

(13) IIコリント1：21〜22、ヨハネ3：33（「認める印を押した＝新改訳2017」）、6：27（「証印を押された＝新改訳2017」）、ローマ4：11〜12、黙示録7：3〜8、9：4、雅歌8：6、ハガイ書2：23も参照。

(14) 本書第四章3─1　「復活によって『神の子』と定められた」の最後の段落（132頁）を参照。

(15) Iヨハネ2：1〜2、3：5、ヤコブ5：15〜16、詩編32、51、箴言28：13参照。旧約律法の「賠償と宥めの献げ物の制度」（民数5：5〜10）と比較してください。また、本書第五章2─1　義とされる：関係概念の「義とする」と「赦す」（175頁以降）も参照。

(16) 伊藤重平『愛は裁かず』黎明書房、岡本茂樹『反省させると犯罪者になります』新潮新書を参照。

(17) Iヨハネ3：24も参照。同3：9では、それを「神の種が内にとどまる」とも表現しています。

(18) 千葉惠は、ここの「霊によって進む」ギストケオー」を「霊に適合し続ける」と訳して、そのことを明確にしています（『信の哲学─上巻』655頁参照）。

(19) ギアラボーン。聖書協会共同訳、IIコリント1：22、エフェソ1：14の脚注参照。

(20) 前項で触れた使徒言行録における「贈り物としての聖霊」を、あえて救済論の中で位置づけるなら、ここがふさわしいであろうと思われます。

(21) 「ギカリスマタ」（ローマ12：6、Iコリント12：4、31）や「ギプニューマティカ」（Iコリント12：1、14：1）など。

(22) 「これらすべてのことは、同じ一つの霊の働き」（Iコリント12：11）とともに「皆一つの霊を飲ませてもらったからです。」（同12：13）は、パウロの強い確信を表現しています。

(23) この三つのたとえ話からの説教は、拙著『わかるとかわる！《神のかたち》の福音』いのちのことば社の370頁以降で読むことができます。

(24) 主人が僕たちに預けた財産であるタラントンは、Iコリント4：1において神の「秘義ギムステーリオン（秘められた計画＝新共同訳）」を果たすために、神がキリスト者一人一人に委託した使命（霊の賜物）のことと理解します。

(25) 「商売」は、Iコリント3：13の「働き」と同じギエルゴン。

第八章　神の国と《神のかたち》の完成

「人はどこから来て、どこへ行くのか?」の問いに対して、その答えを聖書に求めて思索してきました。そして、神が人を自分のかたちに創造したことがその端緒であり（創世記1：27参照）、聖書全体はそれを枢軸とした壮大な物語として語られていることを確認しました。ところが、《神のかたち》に創造された人は、それを毀損して罪人となってしまいます。それにも関わらず神は、その罪人を救うために「真性の《神のかたち》」である御子・キリストをこの世に遣わして神の国を開始し、とりわけ彼の十字架上での死と復活、そして聖霊の注ぎを通して、人が《神のかたち》に回復される道を開きました。

そのキリストを受け入れるとき、人は救いにあずかって《神のかたち》を回復されます。しかしそれは、大いなる救いのプロセスの始まりでしかありません（所与）。この世にある間、人は「《神のかたち》を生きる」ようにと勧められ、聖霊によって励まされます（課題）。そして終わりの日に、主の再臨にともなって天と地が変容するとき、ついに人は《神のかたち》に成熟して救いが完成します（約束)。この最後の章では、その完成について聖書が示している展望をまとめることになります。

1　主の再臨に伴う最後の裁き

私たち罪人となった人類の救いのために、神の御子・キリストはイエスとして受肉しましたが、その30年余りの生涯は十字架の死で終わりを告げました。そのイエスは三日目に復活させられて今も生きていますが、天に上げられて神の右の座に着座しましたので、私たちはその方を目で見ることはできません。しかし聖書は、歴史がこのまま永続するわけではなく、やがてキリストがもう一度、地に帰って来ると告げています。イエスが天に上げられるときのことが、こう記されているように、です(使徒1：10～11。ルカ21：25～28、使徒3：21も参照)。

イエスが昇って行かれるとき、彼らは天を見つめていた。すると、白い衣を着た二人の人がそばに立って、言った。「ガリラヤの人たち、なぜ天を見上げて立っているのか。あなたがたを離れて天に上げられたイエスは、天に昇って行くのをあなたがたが見たのと同じ有様で、またお出でになる。

また、ヘブライ人への手紙9章28節にはこう書いています。「キリストもまた、多くの人の罪を負うためにただ一度身を献げられた後、二度目には、罪を負うためではなく、救いをもたらすために、ご自分を待ち望んでいる人々に現れてくださるのです。」

そのキリストが救いをもたらす「二度目の来臨（再臨）の日」を、新約では「主イエス・キリストの日」（Ⅰコリント1：8）、「主の日」（Ⅱペトロ3：10）、「神の日」（Ⅱペトロ3：12）、「大いなる日」（黙示録6：17、16：14）とも呼びますが（マタイ24：29～44、ヘブライ12：21～29も参照）、それは、旧約においてたびたび語られている神による最後の「裁きの日」[1]と同定されます。パウロによって次のように言及されているとおりです。「このことは、私の福音によれば、神が人々の隠れた事柄をキリスト・イエスを通して裁かれる日に、明らかになるでしょう。」（ローマ2：16）他にも、「裁きの日（時）」（マタイ10：15、12：36、42、Ⅱペトロ2：4、Ⅰヨハネ4：17）、「神の正しい裁きの現れる日」（ローマ2：5）、「裁かれて滅ぼされる日」（Ⅱペトロ3：7）などとも言われている日のことです。その日になされる「神の裁き」とはどのようなものでしょうか。その「裁き」が実行されるとき、キリストの約束が実現して神の国が完成し、そこに入り、祝福を得る者がいるとともに、滅びる者がいることは否定できません。ところが、私たちの理解によくあるいくつかの問題がそこにはあります。

「裁き」とは、もともと「分けること」

一つは、すでに述べたことですが、「神の最後の裁き」を刑法法廷的なイメージによってとらえて、絶対的な審判官である神がすべての人を一人一人審判し、キリストを信じて罪を赦された者、神から義と認められた者には永遠の命を与え、キリストを信じない者には永遠の刑罰を与えると考えることです。しかし、新約聖書において114回出てくる「裁く」（ギクリノー）は、基本的には「分ける、判定する」ということであり、それはほとんど、神が「有罪として罰する」までを意味しません。[2] 日本語においても事情は似ています。「さばく」は「捌く」が基本的で、からまったりくっついたりしているものを解き分けることを意味します。相撲で「さがりをさばく」とか、料理において「魚をさばく」とか言ったりするように、です。それが「理非を判断する」場合には、「裁く」と表記されることが多いようです。

そのうえ、聖書的にはむしろ、「裁き」イコール「救い」と考えられるのです。なぜなら、私たちがこの世において悩み苦しんでいる多くのことは、善と悪、正と不正、霊と肉、そして神の業と悪魔の業が混然としていることにより、それらを明確に見分けて良いほうを選び取ることが簡単にはできないからです。「思うに、今この時の苦しみは、将来私たちに現わされるはずの栄光と比べれば、取るに足りません。……実に、被造物全体が今に至るまで、共に呻き、共に産みの苦しみを味わっていることを、私たちは知っています。被造物だけでなく、霊の初穂を持っている私たちも、子にしていただくこと、つまり、体の贖われることを、心の中で呻きながら待ち望んでいます。」（ローマ8：18〜23）とあるように、です。やがて来るべき「最後の裁き」とは、神が最後の時に善と悪、正と不正、霊と肉、命と死、そして神の業と悪魔の業をきっぱりと分けてくれることですから、それは「救い」の大切な要素です。

「救い」を意味する「[ヘ]ミシュパット」

もともと、旧約聖書で使われている「[ヘ]ミシュパット」は「裁き」「公義・公正」と訳されることが多いのですが、「救い」を意味することもあります。詩編43編1節で「神よ、私を裁き、私のために争ってください。」と訳しているのは、後半に「……欺きと不正の者から私を救い出してください。」とあるのと同じ意味です。イザヤ書では、「救い」の同義語として「[ヘ]ミシュパット」が現れ（59：9、11、14）、それは「裁き」ではなく「公正」と訳されています。また、神である主を「[ヘ]シャフェット」と呼ぶ場合、「裁き手」（士師記11：27）や「裁く方」（イザヤ書33：22）などと訳されますが、現代語の裁判官の意味ではなく、むしろ「支配者」、さらには「救う方」を意味していると考えられます（士師記11：4、詩編50：6なども参照）。族長時代における「裁き人／士師[ヘ]シャフェット」も、神の代理者として公正を施行する人のことであり、士師記においては民を救うべく神から立てられた指導者を表しています。(3)

新約のマタイによる福音書19章28節で、イエスが弟子たちに語った「よく言っておく。新しい世界になり（世が改まって＝新改訳第三版）、人の子が栄光の座に着くとき、私に従って来たあなたがたも、十二の座に着いて、イスラエルの十二部族を裁くことになる（治めます＝新改訳２０１７[ギ]クリノー）。」

も、イスラエルの各部族に審判を下すということではなく、イスラエルを「治める」役割をすると理解されます（Ⅱテモテ２：12参照）。

神に敵対する勢力を「無力にする」

ですから、神が「最後の裁き」を行なうことの第一義は、この世から悪と不正と死、そして悪魔を分けて無力にし（取り除き）、神の国（支配）を確立することです。コリントの信徒への手紙一　15章24～26節は、こう言っています。

それから、世の終わりが来ます。その時、キリストはあらゆる支配、あらゆる権威と勢力を無力にして、父なる神に国を引き渡されます。……最後の敵として、死が無力にされます。(4)

また、ヨハネの黙示録20章７～15節には、次のような描写があります。

千年が終わると、サタンは牢獄から解き放たれ、地の四方にいる諸国の民を……集めて戦わせようとする。……すると、天から火が降って来て、彼らを焼き尽くした。そして、彼らを惑わした悪魔は、火と硫黄の池に投げ込まれた。そこにはあの獣と偽預言者もいる。そして、この者どもは昼も夜も世々限りなく責めさいなまれる。……死も陰府も火の池に投げ込まれた。この火の池が第二の死である。命の書に名が記されていない者は、火の池に投げ込まれた。

ここでまず、従来の諸訳は最後の15節を「命の書に［名が］記されていない者は、火の池に投げ込まれた。」と訳して、すべての非キリスト者を暗示してきましたが、新改訳２０１７が初めて、正しくも、原文にはない［名が］を除きました[5]（21：27も）。これまでは、おそらく3章5節などに引きずられて［名が］を入れていたのだろうと推測します。しかしそこは、白い衣を着ている人（キリスト信仰を全うした一人一人）の名を命の書から決して消しはしないことを言っているのに対して、ここは、必ずしも人だけを指しているとは言えず、むしろ悪魔や死や陰府などを指す「命の書に記されていない［もの］」と訳し得ます。

そして、14節で火の池、すなわち第二の死[6]に投げ込まれて無力にされた（取り除かれた）ものとして、人を神に反逆させる悪魔に続いて（10節）死や陰府が言及されていますが、15節は14節の言い換え、あるいは10～14節のまとめと理解して、15節冒頭の「ギカイ」を「すなわち／しかも」と読むこともできます[7]。そのように考えると、ここは「すなわち、命の書に記されていないものは、火の池に投げ込まれた。」となります。これらから、火の池に投げ込まれたものはすべての非キリスト者ではなく、悪魔（サタン）、死、陰府など、神に敵対する勢力の可能性が大であると私は考えます。同じ火の池に投げ込まれた人間については（同19：20、20：10、21：8）、それら、神に敵対する勢力に加担する特別な人間のことと考えるべきでしょう。

パウロはそれを、「不法の者、つまり、滅びの子」と呼びますが（Ⅱテサロニケ2：1〜12。マタイ13：36〜43、ヨハネ17：12も参照）、そこで、「主イエスは……彼を殺し、来られるときの輝かしい光によって滅ぼしてしまわれます。」（Ⅱテサロニケ2：8）と言うときの「滅ぼす」[8]も「無力にする／取り除く」ことです。ともかく、神に敵対する悪の勢力に対する、神による最後の決定的な「裁き（取り除きと無力化）」はそのまま「救い」なのですから、それは恐れるものではなく、むしろ待ち望むべきことです。

人が「滅びる」とは「失われる」こと

それでは、「人が滅びる」と言われていることは、どうなることでしょうか。その場合には、上述した、神に敵対する勢力を「無力にする（取り除く）」と訳されている語とは違う語が使われています。人に対して言われるときに使われる「滅ぼす」（ギアポルーミ）という動詞は、新約において92回見られ、そのうちの70回は四福音書で使われています。他動詞（能動）的意味においては、一度失えば取り返しがつかないような「失う」が基本的な意味であり、自動詞（中動）的意味では何よりも転義的な「失われた」もの（マタイ10：6、ルカ15章など）と使われ、ヨハネによる福音書3章16節では「滅びる」と訳されています。[9] パウロも他動詞的には、人間の無思慮な行為に対して（ローマ14：15）、また、自動詞的には、神に見放された状態として（ローマ2：12、Ⅰコリント1：18、Ⅱコリント2：15、4：3）、個人的苦境として（Ⅱコリント4：9）、あるいは終末論的状態として（Ⅰコリント15：18）語っています。後期の文書においては、世界と人間の性質が「滅びる（消えうせる）」ものと言い表されます。[10]

名詞「滅び（ギアポーレイア）」（自動詞的）は20回見られ、終末論的に「自らの罪による人間の決定的状態」「最終的に失われた状態」を意味します。[11] そして、その対立概念は「命」（マタイ7：13〜14）、「救い」（フィリピ1：28、3：19〜20）ですので、「滅びないために、命と救いの招きに応えるように」という勧告と倫理は、福音の中心思想となっています。そして、それを与えうる唯一の方はイエスなのです[12]（ルカ19：10、使徒4：12）。そのイエスの言葉に出てくる「ゲヘナ（地獄＝聖書協会共同訳脚注にある別訳）」は、もともとエルサレムの南に位置するヒノムの谷（ヘゲ・ヒンノム）がごみ捨て場となって、燃える火が絶えなかったことから、彼が倫理的教えにおいて裁きの厳しさを語るときに修辞的に引用したり、「人が失われる（滅びる）こと」の比喩的表現に用いたりしたものと思われます。[13]

結局、人に対する「最後の裁き」では、キリストや聖霊との結びつきを拒んだ人々は、アダムの子孫として霊的に死んでいる（神から離れている）状態が最終的な境遇となるという点で「失われる（滅びる）」でしょう。[14] それは単に無に帰することではなく深刻なことです。ただ、「主の名を呼び求める者は皆、救われる。」（使徒2：21）とあるものの、この世での人生において一度もイエス・キリストのことを聞く機会がなかった幼児を含む人や、キリストに好意を抱きながらも洗礼（バプテスマ）を受けるまで至らなかった人などがどうなるかを、聖書は明確に語っていません。ですからプロテスタント教会内には一方に、この世にあってイエスをキリストと信じて洗礼を受け、生涯その信仰を守り抜いた人（神に選ばれていた人）以外は皆、神の国から締め出されると考える「厳格な限定救済論」があり、他方の極端には、神は愛なる方であるから結局は、キリスト信仰のあるなしに関わらず、すべての人を救うと考える「普遍（万人）救済論」があります。そのような中にいる私たちには、救われる人と滅びる（失われる）人についての神の裁定が具体的にどのような線引きによってなされるのかを知らされていませんので、真実は、その両論の間のどこかにあるとしか言うことができないでしょう。[15]

それがどのようであっても確実なことは、神がある人々を「ゲヘナ（地獄）に投げ込む＝滅ぼす」というよりも、人は自ら蒔いた種の実を刈り取って滅んでいくのです（ローマ1：18～32、6：20～23、ガラテヤ6：7～8参照）。それに対して「神は、すべての人が救われて、真理を認識するようになることを望んでおられます。……この方（キリスト・イエス）は、すべての人のための贖いとしてご自分を献げられました。……」（Iテモテ2：4～6）とあるように、神の御心は「一人も滅び（失われ）ないで、すべての人が悔い改めるように」望んでいる以外ではありません。[16]

2　信仰生活の「行い」と「裁き」「報い」

次に、信仰生活における「行い」と「裁き」「報い」の関係についても考えておきたいと思います。新約聖書で169回出てくる「[ギ]エルゴン」が「[ギ]プラグマ」（新約で11回）、「[ギ]プラクシス」（新約で6回）とともに、多くは「行い」と訳されています。問題は、「裁き」や「報い」が、「行いによって／行いに応じて」なされるとの言葉がある一方で、[17]人は「神の恵みの選びとキリストの信実に基づき、信仰によってのみ義とされる」と、パウロがたびたび強調していることについてです。[18]そこには矛盾、対立があると考える人もいるのではないでしょうか。「行い」について三つの考察を述べます。

「行い（律法の実行）」によって義を生きることはできない

第一に、パウロにおける「行い」と「信仰」の対立は、「目に見える行い（素行や業績）」か「心における信仰（口での告白）」かというような、神の義を得るための心身二元論的な対立ではありません。それは、「神とイスラエルとの古い契約のもとで義を生きようと律法を守り行うこと＝行いの法則」と「新たな契約のもとで、キリストの信実を通してすべての人に神から与えられる義を信仰によって生きること＝信仰（信頼性）の法則」、という、神の義（啓示）の認識から受容と応答に至る道筋についての救済史的な進展なのです。

しかし今や、律法を離れて、しかも律法と預言者によって証しされて、神の義が現されました。神の義は、イエス・キリストの信（実）によって、信じる者すべてに現わされたのです。…では、誇りはどこにあるのか、それは取り去られました。どんな法則によってか。行いの法則によるのか。そうではない。信（仰）の法則によってです。なぜなら、私たちは、人が義とされるのは、律法の行いによるのではなく、信（仰）によると考えるからです[19]（ローマ3：21〜28）。

神の義が、福音の内に、信（実）により信（仰）へと啓示されているからです。「正しい者（義人＝新改訳2017）は信（仰）によって生きる」と書いてあるとおりです（ローマ1：17。ガラテヤ3：6〜14も参照）。

『ギリシア語新約聖書釈義事典Ⅱ』「エルゴン」の項（83頁）も、それをこう説明しています。

〝パウロはアレクサンドリア系のユダヤ教の創造神学から「恵み—業」の対立概念を受け取ったが、彼はその〈業〉と恵みとをそれぞれ異なる［時代］に帰属させる（ローマ3：20、21、24）。革新的なのは、義認との関連における「信仰と〈業〉」の区別である。初期キリスト教の定式では新しい救済手段の人間による受容は「ギピスティス［信仰］」と「ギクリストス［キリスト］」によって表現されており、また恵みと業とは伝統的に対立をなしている。……その際問題になっている

のは信仰と業そのものの対立ではなく、新しい救済手段が古い救済手段にとって代わったことなのである。〃

言い換えると、「モーセ」から「キリスト」へ、「律法」から「聖霊」への進展です。

「行い（ふるまい・行状）」に従っての裁き

第二は、倫理的・道徳的「行い」についてです。この場合も、ギリシア語では「アナストロフェー（行状・ふるまい・生活態度）」とともに「エルゴン」で語られているところが多いのですが、以下に述べる聖句においては、この範疇のものとして「行い」を「ふるまい・行動・行状」に置き換えてみると、意味がよりはっきりすると思われます。その代表的な個所として、ヨハネによる福音書3章19～21節の「行い」、テトスへの手紙2章7節、3章1、8節の「行い」、ヨハネの黙示録20章12、13節の「行い」があります。パウロにおいて、それに関する思考の基礎となっているものは、ローマの信徒への手紙2章6～16節にある次の言明です。[20]

神はおのおのの行いに従ってお報いになります。[21] 耐え忍んで善を行い、栄光と誉と朽ちないものを求める者には、永遠の命をお与えになり、利己心に駆られ、真理ではなく不義に従う者には、怒りと憤りを下されます。……すべて善を行う者には、ユダヤ人はもとよりギリシア人にも、栄光と誉と平和があります。神は人を分け隔てなさいません。……律法を聞く者が神の前で正しいの（義なるもの＝口語訳）ではなく、これを行う者が義とされるからです。……私の福音によれば、神が人々の隠れた事柄をキリスト・イエスを通して裁かれる日に、明らかになるでしょう。

では、その行いは信仰とどのような関係にあるのでしょうか。前章で触れたマタイによる福音書25章の「羊と山羊のたとえ話」にあるように、ここでの行いは信仰生活における実体概念的課題を意味していると考えられます。すなわち、キリストを信じて御霊をいただいた者に対して、御霊の実である愛が身に付いているかどうかを問うているものです。ですから、「行いに従っての裁き」はあくまで、信仰すなわち「御霊の命」があるかどうかを「日常のふるまい・生活態度」によって判断しての裁きであると考えることができます。一方、非キリスト者の「肉の行い」「暗闇の行い」や「悪い行い」は、キリストによる救いの恵みの内にいないゆえの生活態度を意味しており、「御霊の命がないこと」の描写であると考えられます（ヨハネ3：19～21、ガラテヤ5：19～21、エフェソ5：11、コロサイ1：21）。

ヤコブの手紙はパウロと対立して、信仰よりも行いを重要視していると誤解されることがありますが、その2章14～26節も、信仰と行い（ふるまい・行動・生活態度）は一致すること、信仰が死んだものではないことが証明されるのは、その行いによってであることを語っているのですから、パウロと矛盾するものではありません。

また、山上の説教の最後の部分（マタイ7：21〜27。ルカ6：46〜49も参照）でイエスは、一方で、「主よ、主よ」と言いながら行い（ふるまい・行動）の伴わない者を退け、他方で、「私たちは御名によって預言し、……悪霊を追い出し、……奇跡をたくさん行った」と、次項で述べる行い（業・働き）を誇る者を「知らない」と突き放しています。そこでも「私のこれらの言葉を聞いて行う者（イエスの教えがふるまいとして身に付いた者）」こそが賢い人として評価されていることを、明快に理解できるようになると思われます。(22)

「行い（業・仕事）」に応じての報酬

第三は、「ギエルゴン」を日本語で「行い」よりも「業」とか「仕事・働き」と訳すべき、多くの場合のことですが、その代表は、コリントの信徒への手紙一3章10〜17節です。

私は、神からいただいた恵みによって、賢い建築家のように、土台を据えました。… この土台の上に、誰かが金、銀、宝石、木、草、わらで家を建てるなら、おのおのの仕事は明るみに出されます。かの日にそれが明らかにされるのです。なぜなら、かの日が火と共に現れ、その火はおのおのの仕事がどんなものであるかを試すからです。誰かが建てた仕事が残れば、その人は報酬を受けますが、燃え尽きてしまえば、損害を受けます。……

その「仕事」は、「地上生活での賜物を用いての仕事（営み・奉仕の働き）」のこと、すなわち、目的概念における救済論的課題が第一義的に言われていると理解することができるものです。

他にも、マタイによる福音書5章13～16節の「あなたがたは地の塩である。……世の光である。……そのように、あなたがたの光を人々の前に輝かせなさい。人々が、あなたがたの立派な行い（働き ギ エルガ）を見て、天におられるあなたがたの父を崇めるようになるためである。」や、同16章24～27節の「私に付いて来たい者は、自分を捨て、自分の十字架を負って、私に従いなさい。……人の子は、父の栄光に輝いて天使たちと共に来るが、その時、それぞれ行いに応じて（ギ カタ・テーン・プラクシン・アウトゥー）報いるのである。」も、「働き・業に応じて」と訳すほうがよいでしょう。さらには、コリントの信徒への手紙一9章1節の「働き」、コリントの信徒への手紙二5章10節の「仕業」（ギ ハ・エプラクセン）、エフェソの信徒への手紙2章10節の「善い行い（善い業＝新共同訳）」、テモテへの手紙二2章21節、3章17節の「善い行い（良い働き＝新改訳2017）」、ペトロの手紙二3章10節の「そこで造り出されたもの（地にある働き＝新改訳2017）」、ヨハネの黙示録22章12節の「行い（しわざ＝新改訳第三版）」などをご覧ください。

そこでは、忠実であることが求められるのですが、コリントの信徒への手紙一4章1～5節は次のように書いています。

こういうわけですから、人は私たちをキリストに仕える者、神の秘義の管理者と考えるべきです。この場合、管理者に求められるのは、忠実であることです。…私を裁く方は主です。…主は、闇に隠れた事を明るみに出し、人の心の謀をも明らかにされます。その時には、神からそれぞれ誉れを受けるでしょう。

このように、最後の日の裁き（判定・評価）において主は、私たちの地上の人生においてなした、他人には知られない奉仕の働き、結果を見ることができないなかでの願い、祈りや業をすべて明らかにして見せ、その忠実な働きを称賛するとあるのですから、「業に応じて与えられる報い」は刑罰を含むものではなく、むしろ「誉れ（称賛 ギ エパイノス）、報酬（報い ギ ミソス）」であることを覚えるべきでしょう（Ⅰコリント3：8参照）。前章で触れた「タラントンのたとえ話」の中で、忠実に商売をした僕に向かって主人が語った称賛の言葉、「よくやった。良い忠実な僕だ。お前は僅かなものに忠実だったから、多くのものを任せよう。主人の祝宴に入りなさい。」も、そのことをよく表しています（マタイ25：21と23。Ⅱテモテ4：14、黙示録22：12も参照）。

結局、「業・仕事・働き」と訳されるキリスト者の「行い」は、神の国の相続を約束されている者として、この世において主の栄光を現すために為す「働き」を指していると考えられます。それは、目的概念に属する用語であり、神とともに神の国を建て上げるという秘義の管理者に選ばれた民である教会の一員として、神と教会と世に仕えることです。そして、その奉仕の働きは人の評価を得るためでなく、ただ主の最後的裁き（評価）に委ねてのものであり、一人一人は自分に与えられた奉仕の働き（使命）に忠実に生きることが大切なのです。

3　新天新地と《神のかたち》の完成

ここからは、イエスの再臨と最後の裁きを経た終わりの日に、「神の国と《神のかたち》の完成された状態」が聖書でどのように展望されているか、を記すことになります。

新天新地への更新

まず、ヨハネの黙示録21章1～5節を見てみましょう（Ⅱペトロ3：13、Ⅱコリント5：17も参照）。

また私は、新しい天と新しい地を見た。最初の天と最初の地は過ぎ去り、もはや海もない。また私は、聖なる都、新しいエルサレムが、夫のために装った花嫁のように支度を整え、神のもとを出て、天から降って来るのを見た。……すると、玉座におられる方が言われた。「見よ、私は万物を新しくする。」

ここでの「新しい、新しくする」は、新しくてもやがて古くなる「ギネオス（新鮮な、若い）」ではなく「ギカイノス、カイノネオー」であり、異質の新しさを意味しています。「新しい ギネオス」と区別して、コリントの信徒への手紙二4章16節の「内なる人は日々、新た」などのように、「新た（な）」と訳したほうがよいと思われる言葉です。実際、聖書協会共同訳は数か所でそのように訳しています。[23]ということは、完成する神の国は今の世と連続したものではなく、キリストの再臨を経た「新たな創造」による「新たな天地」「永遠の世（ギアイオーン）」だということです。[24]それはまた「主の日」、6日間にわたる天地創造が完成した第七の日（創世記2：2～3）とのつながりでは「第八の日」と呼ばれている日の到来のことでもあります。[25]

とはいえそれは、地から遠く、高く離れた、いわゆる「天国」という場所のことではありません。もともと聖書では、「天」とは、そこから地を治め運営している神の空間、次元を意味しており、それは「地」と連動して、ともに今そこにある現実なのです。では、「新たな天地」は旧い最初の天地とどのように異なるかといえば、このとき地は霊のものに変容され、天と一つにまとめられて現れることです。そして、イエス・キリストがすべてのものを支配するようになるという点です。[26]

創造の目的である救いの成就

しかし同時に、人の《神のかたち》性の完成は、人を真性の《神のかたち》である御子キリストに似せて創造した初めから、聖定として神が計画していたことですから、新たな創造は最初の創造の目的の成就でもあります。「神は、前もって知っておられた者たちを、御子のかたち（ギエイコーン）に似たものにしようとあらかじめ定められました。それは、御子が多くのきょうだいの中で長子となられるためです。」（ローマ8：29。エフェソ1：4〜5も参照）

ですから当然ここでも、神によって創造された人の《神のかたち》性が、三つの概念すべてにおいて完成することを見ることになります。それは奇しくも、ヨハネの黙示録の最後の章（22：1〜5）で以下のように描かれています。

天使はまた、神と小羊の玉座から流れ出て、水晶のように光り輝く命の水の川を私に見せた。川は、都の大通りの中央を流れ、その両岸には命の木があって、年に十二回実を結び、毎月実を実らせる。その木の葉は諸国の民の病を癒やす（神の命賦与の成就＝**実体概念**）。もはや呪われるべきものは何一つない。神と小羊の玉座が都にあって、神の僕たちは神を礼拝し、御顔を仰ぎ見る。彼らの額には、神の名が記されている（神との交わり回復の成就＝**関係概念**）。

もはや夜はなく、灯の光も太陽の光も要らない。神である主が僕たちを照らすからである。そして、彼らは世々限りなく支配する（召命と相続の成就＝目的概念）。

これらは創世記2章で、エデンの園における人の《神のかたち》性が三つの概念によって描写されていることと対応しているのがよくわかります。このヨハネの黙示録22章の記述順序とは異なりますが、以下、他の聖書箇所も参考にしながら、神の国の完成に伴う人の《神のかたち》性の完成について、それぞれの概念別にまとめてみましょう。

3―1　神との直接的交わり：関係概念

私たちが「義とされる」とは、神と和解し、神との関係が現実に修復される（新たな契約に結ばれて交わりが築かれる）ことです。それは確かにキリストを信じた時点で与えられるのですが、以降もそれを維持し、キリストの再臨を経て完成するように約束されているものでもあります。実際、パウロにおける「義とする」（[ギ]ディカイオオー）という言葉の時制には、過去の一時点を表すアオリスト時制や現在時制とともに、次のように終末時を想定させる未来時制もあります。「実に、神は唯一だからです。この神は、割礼のある者を信仰のゆえに義とし、割礼のない者をも信仰によって義としてくださるのです。[27]」（ローマ３：30）終わりの日には、これが実現するのです。

また、テモテへの手紙二４章７〜８節では、地上の人生において信仰を全うした人に対して、主が御国において「義の冠」を授けてくれると言い、ヨハネの黙示録では、彼らは「白い衣を着せられる」「亜麻布を身にまとう」「命の書に名が記される」と表現しています。代表的な個所は以下です。「勝利を得る者は、このように白い衣を着せられる。そして私は、その名を決して命の書から消すことはなく、その名を私の父と天使たちの前で公に言い表す。」（３：５。同６：11、７：13〜14、19：６〜８も参照）

神と、顔と顔を合わせて

本来、人は創世記２章15〜17節にあるように、神と共にいて神の語りかけに応答し、神との約束の下に生きる存在、すなわち、神とほとんど対等に交わる者として造られていました。しかし、神を裏切って罪に陥ったアダムに神が現れると、彼は神を怖がって（恐れて）身を隠します（３：９〜10）。そのようなアダムとエバがエデンの園から追放されて（神から遠ざけられて）以降、その子孫である人類は神を恐れないで済むように、自分のほうから神を遠ざけ、神を意識しないで生きる者となったのです。「触らぬ神に祟りなし！」というわけです。[28]

そのような人類に対して神が自分のほうから近づき、語りかけてきた、その対象に選ばれたのがイスラエルです。しかし、神に選ばれた民といっても罪に陥っている人間ですから、神と顔を合わせて出会うことはできないばかりか、神が近づいてくればくるほど、顕われた神を見る者は滅びるとして神を恐れるようになりました。そのようなイスラエルに対して神は自分を隠していながらも選んだ人に近づき、人を神との交わりに回復させる働きを始めました。それが、アダムの子、セトからノア、セム、アブラハム、ヤコブと続く子孫であるイスラエルを選んで自分を顕して来た旧約啓示の歴史です[29]。

やがて時満ちて、神は御子・キリストを世に遣わして人の間に宿らせますが、その仕方は、人が恐れることがないように、御子を赤ん坊イエスとして密かに生まれさせるという仕方だったのでした[30]（マタイによる福音書2章によれば、ヘロデ王だけはその赤ん坊がユダヤの王となるべき方だと知らされると、恐れて幼子を殺そうとしましたが）。成人したそのイエスは父なる神の代理として、罪人のために犠牲を払い十字架上で死にましたが、同じ父なる神によって復活、昇天、神の子と定められたことを通して、私たちと神との関係修復の道を開きました。以来、このイエスをキリストと受け入れたキリスト者は義とされて、神との交わりを回復されるようになります。とはいえ、この世にあってのそれは聖霊による交わりという制約のうちにあり、なお神への不信頼や恐れとの戦いがあることを、私たちは知っています（Ⅱコリント5：6～7参照）。

それが終わりの日にはキリストの再臨を経てついに、私たちと神とが顔と顔を合わせて交わる親しい関係が実現するのです。人が創造されたときに与えられていた《神のかたち》性の、関係概念的な完成です。「すなわち、合図の号令と、大天使の声と、神のラッパが鳴り響くと、主ご自身が天から降って来られます。すると、キリストにあって死んだ人たちがまず復活し、続いて生き残っている私たちが、彼らと共に雲に包まれて引き上げられ、空中で主に出会います。こうして、私たちはいつまでも主とともにいることになります。」（Ⅰテサロニケ4：16〜17）「見よ、神の幕屋が人と共にあり、神が人と共に住み、人は神の民となる。」（黙示録21：3。同21：7、22、エレミヤ書30：22、エゼキエル書48：30〜35、ゼカリヤ書8：8、13：9も参照）「神と小羊の玉座が都にあって、神の僕たちは神を礼拝し、御顔を仰ぎ見る。[31]」（黙示録22：3〜4）

3―2　霊の体による復活：実体概念

イエスは言いました。「私は復活であり、命である。私を信じる者は、死んでも生きる（未来形）。生きていて私を信じる者は誰も、決して死ぬことはない。」（ヨハネ11：25〜26）また、そのイエスをキリストとして信じたパウロは、「私は、キリストとその復活の力を知り、その苦しみにあずかって、その死の姿にあやかりながら、何とかして死者の中からの復活に達したいのです。……キリストは、万物を支配下に置くことさえできる力によって、私たちの卑しい体を、ご自身の栄光の体と同じ形に変えてくださるのです（未来形）。」（フィリピ3：10〜21）と言いました。

その復活はいつ、どのような仕方で実現するのでしょうか。キリスト者は、キリストの名による洗礼（バプテスマ）を通して彼の十字架の死と復活に結ばれて、肉の私に死に、すでに霊の命を生き始めている者です。しかしそのキリスト者も、この世にあっては依然として「自然の体」のままであり、やがて地上の人生を終える（死ぬ）ときが来ます。そのときの違いは、「自然の体」にありながら霊の命を生きているキリスト者の死は即、永遠の死（滅び、失われた状態）とはならないことです。すでにキリストによる「霊の命」にあずかっているからです。とはいえそれは、キリスト者はそのまま、体なしで（魂だけで）永遠に生きるということではありません。終わりの日に、新たな「霊の体」に復活させられるのです。そこにおいて、救いが完成します。(32)

復活の「霊の体」とは

では、復活するときの「霊の体」とは、いったいどのようなものなのでしょうか。「しかし、死者はどのように復活するのか、どのような体で来るのか、と聞く者がいるかもしれません。……自然の体で蒔かれ、霊の体に復活します。自然の体があるのですから、霊の体もあるわけです。聖書に『最初の人アダムは生きる者となった』と書いてありますが、最後のアダムは命を与える霊となりました。……私たちは、土からできた人のかたちを持っていたように、天上の方のかたちをも持つようになり

ます。」（Ⅰコリント15：35〜49）

パウロがここで語っているように、終わりの時、私たちは「霊の体[33]」（ギソーマ・プニューマティコン）に復活させせられますが、それは、「自然の体」（ギソーマ・プシュキコン）とは対照的に、霊の命にあることが強調されています。文中の創世記2章7節後半からの引用文では、「生きる者ヘネフェシュ・ハヤー」のギリシア語訳として「生きる者ギプシュケーン・ゾーサン」と書かれていますが、「自然の体ギソーマ・プシュキコン」には「（神の命に）生きる」を表す「ギゾーサン」がありません。そのことは、アダムが土からできただけの者となったゆえに、その子孫は神の霊の命においては死んでいることを示唆していると考えられます。さらに、ここで「霊の体」は「天上の方のかたち」とも言い換えられています[34]。

ですから「霊の体」とは、肉体の無い幽霊のようなものではなく、創世記2章7節前半で「神である主は、土の塵で人を形づくり、その鼻に命の息を吹き込まれた。」と述べられていた「神の命の息・霊」によって生かされている体です。そのような体に復活する私たちは、実体概念的な《神のかたち》性を完成された人となるということです。そしてそれは、復活のキリストと同じかたちになることも意味しています（ローマ6：5、Ⅱコリント3：18、フィリピ3：21参照）。

新天新地においてこの救いが完成する様を描写しているヨハネの黙示録22章1〜2節では、都の大通りの中央を流れる川、その両岸にある「命の木」のイメージを用いつつ、そこに住む者たちには神の永遠の命が豊かに、無代価で与えられることが描かれていますが、それが、創世記2章7〜16節のエデンの園の様に対応していることは明らかです（エゼキエル書47：1〜12も参照）。

3—3　贖いと神の国の相続：目的概念

キリスト者が所与として受けた「贖い」（エフェソ1：7）は、聖霊によってその保証（手付金）を得ているものの未完成です（エフェソ1：14）。それは「贖い」が「一旦、買い取られて解放される（自由にされる）」ことで終わるものではなく、「（完全に）体の贖われることを、……待ち望んでいます。」（ローマ8：23）とあるように、終わりの日に至って完成するものであることを意味しています。ここでの「体の贖い」とは、私たちの体、すなわち存在と生き方すべてを束縛していた罪の影響（傾向・力）から全く解放され、私たちが全身全霊をもって神の栄光のために生きるようになることだからです。すなわち、《神のかたち》の目的論的側面における完成です（ローマ8：21）。

また、それは「神の国の相続」とも言われます。[35] その思想の歴史を概観してみると、旧約聖書においては、まず、イスラエルがしばしばヤハウェの「ご自分の民・所有の民（ゆずりの民＝新改訳2017）」と呼ばれています。[36] また、神がアブラハムとその子孫に与えたカナンの地が、しばしばイスラエルの「とこしえの所有地[37]」と呼ばれていますが、同様にイスラエル自身も、ヤハウェの「所有の民である部族（ゆずりの地の部族＝新改訳２０１７）・ご自身の部族（ゆずりの民＝新改訳２０１７）」と呼ばれています。[38] このような言葉を見ると、イエスがマルコによる福音書12章7節でイスラエルを「（相続）財産」（ギクレーロノミア）と呼び、彼自身がその「跡取り」（ギクレーロノモス）であるとしていることは、非常に重要であると言えます。

新約聖書においては、キリスト者が「（神の）子ら」とされ、キリストの「共同相続人」（ギシュンクレーロノモイ）とされたことにより相続する「相続財産」とは、終末において完成される「神の国」「永遠の命」であると明言されます。[39]

キリストと共に地を支配する

しかしそのときキリスト者は、ただ「神の国」に入れられるだけではありません。そこで私たちは、新たにされた地をキリストとともに治める（支配する）ようになるのです。やがて地に完全な神の国がもたらされる幻を垣間見たヨハネは、こう語っています。「そして、彼らは新しい歌を歌った。『あなたは、巻き物を受け取り、その封印を解くのにふさわしい方です。あなたは、屠られて、その血により、神のために、あらゆる部族と言葉の違う民、あらゆる民族と国民の中から人々を贖い、彼らを私たちの神に仕える御国の民（王＝新共同訳 ギバシレイアン）、また祭司となさったからです。彼らは地上を支配するでしょう（治めるのです＝新改訳２０１７ ギバシリュースーシン）。』」（黙示録５：９～10。同20：

4、22：5も参照）

それは、創世記1、2章に記述されているように、人が《神のかたち》に創造された時、神が「我々のかたちに、我々の姿に人を造ろう。そして、海の魚、空の鳥、家畜、地のあらゆるもの、地を這うあらゆるものを治めさせよう。」（1：26）と、神の共働者（パートナー）に計画されていたことの成就、実現と見ることができます。

そして、「それから、世の終わりが来ます。その時、キリストはあらゆる支配、あらゆる権威と勢力を無力にして、父なる神に国を引き渡されます。キリストはすべての敵をその足の下に置くまで、国を支配される（王として治める＝新改訳２０１７）ことになっているからです。」（Ｉコリント15：24～25）

注

（1）旧約にはこのことについての預言は多く、詩編50：1～6、コヘレトの言葉12：14、イザヤ書13：6、9、24：1～27：1、エレミヤ書46：10、エゼキエル書7：1～14、ダニエル書12章、ヨエル書1：15などがあります。

（2）『ギリシア語新約聖書釈義事典Ⅱ』「クリノー」の項、（377頁以降）参照。

（3）申命記16：18以下、17：9、士師記2：16以下、ルツ記1：1。また士師記3：9、15で「救助者」と呼ばれていることも参照。

（4）24節と26節の「無力にする」は「ギカタルゲオー」であり、聖書協会共同訳は、次項においての「滅ぼすギアポルーミ」と区別して訳していますが、新改訳２０１７は両方とも「滅ぼす」と訳して区別していません。Ⅱテモテ1：10、ヘブライ2：14〜15も参照。

（5）聖書協会共同訳は、これまで通りに「〔名が〕記されていない者」と訳しています。

（6）黙示録2：11、20：6、14、21：8に出てくる「第二の死」は「火の池」と同定され、20：14においては、「人間が失われること」を意味する「死」（次項で述べます）も火の池・第二の死で無力にされるのですから、それは救いの完成を語っていることになります。

（7）これは、既に語られたことを深化、説明、補完するとの理解です（『ギリシア語新約聖書釈義事典Ⅱ』「カイ」の項参照）。日本語聖書では、これを普通に「そして」と理解しながら、なめらかな日本語になるように訳出していません。

（8）ギカタルゲオー。ここを聖書協会共同訳は、Ⅰコリント15：24〜26の「無力にする」とは違って「滅ぼす」と訳しており、一貫性を欠いています。

（9）古代ギリシア語の「中動態」についての詳しく、興味深い研究に、國分功一郎『中動態の世界――意志と責任の考古学』医学書院、２０１７年があります。

（10）ヘブライ1：11、ヤコブ1：11、Ⅱペトロ3：6。パウロはこの場合、別な語「ギフソーラ（滅び、朽ちるもの）」で語っているようです（ローマ8：21、Ⅰコリント9：25、15：42、50など）。

（11）ローマ9：22、フィリピ3：19、Ⅱペテロ2：1など。もう一つ「滅び」と訳されているギオレィロス（Ⅰ

コリント5：5、Ⅰテサロニケ5：3、Ⅱテサロニケ1：9、Ⅰテモテ6：9）は、「破滅・破壊」のようなニュアンスです。

(12)『ギリシア語新約聖書釈義事典Ⅰ』「アポルーミ」の項、（171〜172頁）参照。

(13)マタイ5：29、30、10：28、18：9、23：15、33、及びその並行箇所。『ギリシア語新約聖書釈義事典Ⅰ』「ゲヘナ」の項は、最後にこう述べています。「新約は地獄の苦しみを詳細に描きあげることを明らかに断念している。地獄とその火を指し示すことは敬虔な感覚的欲求でなく、倫理的訓戒を強調するのに用立てられる。」

(14)マルコ3：28〜29（その並行箇所も）、フィリピ3：18〜19、Ⅱテサロニケ1：6〜10、Ⅱペトロ2：1〜3、そしてⅠヨハネ5：16〜20の「死に至る罪」も参照。

(15)ローマ2：6〜16参照。パウロは「行い」を基準として、12節では「律法なしに罪を犯した者は、律法なしに滅び……」と言いますが、「このことは、私の福音によれば、神が人々の隠れた事柄をキリスト・イエスを通して裁かれる日に、明らかになるでしょう。」（16節）などのように、最後の裁きの具体、及び詳細は人の目に不明瞭であることを示しています。

(16)Ⅱペトロ3：9。マタイ5：43〜48、ヨハネ3：16〜21、使徒17：30、ローマ3：21〜26、10：8〜13、11：32、テトス2：11、エゼキエル書18：21〜32も参照。

(17)ローマ2：6〜11、Ⅰコリント3：13〜15、Ⅱコリント5：10、Ⅰペトロ1：17、黙示録2：23、20：12など。

(18)ローマ3：28、9：31〜32、10：4、11：6、ガラテヤ3：5〜11、23〜26など。

(19)ガラテヤ2：16、エフェソ2：8〜9も参照。ここと次の聖句で「真実」や「信仰」を「信」と置き換えているのは、それらのすべてが同じ語、ギピスティスであることを表すためです。

(20) ローマ13：3、Ⅱコリント5：10、Ⅰペトロ1：14〜17、2：11〜12。コロサイ1：10、旧約のエゼキエル書18章も参照。

(21) 詩編62：13の引用。「お報いになります」はギアポドーセイ。「引き渡す」「返却する」が基本的な意味。

(22) 山上の説教の締めくくりである、マタイ7：24〜27の有名なたとえ話における「岩の上に自分の家を建てた賢い人」は、そのことを意味しています。

(23) 本書第五章2—2　聖なる者とされる：実体概念の「新たに生まれる。新たに創造される」(190頁以降)を参照。

(24) 旧約でその待望を語っている代表的聖句は、イザヤ書65：17〜18です。

(25) 本書第五章1　キリストの「救い」の文脈の「神の国を建て上げる計画の終末的実現」の項(161頁以降)を参照ください。

(26) コロサイ3：4、Ⅰヨハネ3：2、エフェソ1：10参照。詳しくは、N・T・ライト『シンプリー・ジーザス』あめんどう、の特に第11章と14章を参照。

(27) 原文では、動詞「義としてくださる」は一回のみ。ローマ2：13、3：20の「義とされる」も、ローマ5：9の「救われる」も未来形。ガラテヤ5：5の「義とされる希望を……待ち望んでいます。」も参照。

(28) 詩編14、53、ローマ1：18〜23、28、3：18(詩編36：2)、使徒17：16〜32参照。

(29) 創世記18：1〜33、32：30、出エジプト記3：1〜22、24：10〜11、同33：11と20の対照、レビ記16：2、イ

ザヤ書6：5、45：15などを参照。
(30) ヨハネ1：18、14：6～9、Ｉヨハネ1：1～2、さらにはⅡコリント3：7～16も参照。
(31) Ｉヨハネ3：2、4：17～18（創世記3：10との対比）、Ｉコリント13：12も参照。
(32) Ｉコリント15：51～52、Ⅱコリント5：1～5、Ｉテサロニケ4：15～17、黙示録20：4～6参照。N・T・ライトはこの復活を［「死後のいのち」の後のいのち］と表現しています。『驚くべき希望』あめんどう、の249頁参照。
(33) 本書第五章の注34をご覧ください。
(34) 本書第五章2―2．聖なる者とされる：実体概念にある図、パウロにおける〈人の実存における肉と霊〉（197頁）参照。
(35) 以下は、A・リチャードソン『新約聖書神学概論』日本基督教団出版局、448～449頁を参照。
(36) 七十人訳ギクレーロス、申命記4：20、9：29、列王記上8：51、その他参照。
(37) 七十人訳ギクレーロノミア、創世記17：8。「相続地」詩編78：55、105：11、エゼキエル書47：13～23。イザヤ書60：21～22も参照。
(38) 七十人訳ギクレーロノミア、イザヤ書63：17。エレミヤ書10：16。「あなたの買い取られた（贖われた）民」出エジプト記15：16、詩編74：2も参照。
(39) マタイ19：29、25：34、マルコ10：17、Ｉコリント6：9以下、15：50、ガラテヤ5：21、エフェソ5：5、ヤコブ2：5。Ｉペトロ3：9、黙示録21：7も参照。

おわりに

「人はどこから来て、どこへ行くのか？」という、人間の始源と終極を問う最大の問題に対して、聖書は「人は、神によって《神のかたち》に創造され、歴史の終わりには、神の新たな天地創造にともなって《神のかたち》として完成される」と答えています。しかし、その答えは人間が自らの目で見たものでも、人間の思索によって到達した結論でもありません。聖書を記した人々あるいは聖書に登場する人々は、まず生ける人格的な神、主（ヤハウェ）との出会いを経験させられます。そして、その神、主から語りかけられ、洞察を与えられて（霊感されて）神と世界と人間である自分とを知るようになりました。それを「啓示」と言いますので、世界と人の始源である天地創造、そして終極における新たな天地創造による神の国の完成も、この神からの啓示によって知らされたものなのです。そして、何よりもイエスとして受肉し、その生涯を十字架における死で終え、しかし、三日目に復活させられた神の御子・キリストによって、それがはっきりと示されたのでした。

本書がテーマとしていることを表現した副題「《神のかたち》の人間観」も、このイエス・キリストによって知らされ、与えられた《神のかたち》の回復という救いを経験したからこそ見えるようになった人間観であると言えます。しかしキリスト者にとって、それを知的に理解し、心で信じたことで、問題がすべて解決したわけではありません。私たちには、何よりも「今、その《神のかたち》を生きる」ことが期待されているからです。聖書の学びは、そのためにこそあるとも言えるほどです。ですから、この世にいかに多くの複雑な問題があり、私たちの人生にどのような紆余曲折があろうとも、御言葉と聖霊に導かれて日ごとの歩みに指針と力をいただきつつ、希望をもってこの《神のかたち》を生きることができます。それこそがキリストの福音です。

＊＊＊＊＊

ここまでお読みくださった方は気づかれたかもしれませんが、本書が届けようとしている主題を扱っている方法的特徴について、自己解題的になりますが記しておきたいと思います。

（i）聖書的人間論（Biblical anthropology）：人間を理解、解説するのに、私たちは聖書を基盤とした聖書的人間論、神学的人間論として展開することを目指しています。聖書は、神の存在を前提として、その神が全被造物（世・コスモス）を創造したことから書き始めていますが、その中心は、被造物の中心である人間に対して、どのように神自身を啓示してきたかです。ですから、聖書に見る人間は、神によって創造された人間であり、その神によって愛されている（大切にされている）ことを知らされた人間です。そのような聖書記述に基づいて、人間と神の関係に集中して展開したものが、この「《神のかたち》の人間観」です。

（ii）綜合的神学（Synthetic theology）：従来の神学の方法論的分類から言うと、本書は、聖書を主題によって分析する組織神学（Systematic theology）の人間論、あるいは救済論に入れられるかもしれません。しかし教会史上、そこには諸教会の教理形成における思考スキーム（枠組み）の相違から来る相違、そして対立が生まれ、教会はそれを容易に解消することができないばかりか、好意的に互いを位置づけることができないで来ました。しかし本書は、「三つの概念」によってそれらを綜合するとともに、一般信徒にとって最も関心のある「結局、聖書はどう言っているの？」ということに答えることを目指したものです。図表〈救いの構造＝《神のかたち》のスキーマ〉

という「鳥瞰的な視野」でまとめたものと言えるかもしれません。
（iii）有用的神学（Plagmatic theology）：私たち信仰者の聖書の学びの一つの目的は、聖書理解（神学）を机上の学で終わらせることなく、人が生きるための指針、福音を宣べ伝えるときの使いやすい道具として身に付けることでもあります。従来の神学は、理論（神学・真理、theory）と実践（倫理・方法、practice）を分けて考える傾向がありましたが、哲学のプラグマティズム（実用主義・有用主義）が「事実」と「価値」、「真理」と「方法」を分けるのではなく、それらを一つの「有用性＝真理」として考えることを目指したことに鑑みて、このように表現しました。「役立つ神学」とでも言えましょうか。

ここからは、やや神学的に議論されている、あるいは、議論されるべきことを三つの〈研究ノート〉で述べていきます。それを別に設けた理由は、ひとつには内容が、聖書の解釈についてかなり専門的なことであるからです。また、それを本文の中で長々と論じることは、読者を本書の主旨から逸らしてしまうことになるので、避けたほうが良いと判断したからでもあります。それでは、三つの〈研究ノート〉に場を譲りましょう。

〈研究ノート　１：「神の義」と「キリストの信」〉

20世紀になって「神の義」や「信によって義とされること」の研究が進み、そこにはいくつかの問題が絡み合って存在していることが明らかにされてきました。その一つである、「義」は実体概念ではなく関係概念であることについては本文のなかで詳しく述べましたので、ここではあと三つの点について検討します。

1　「神の義」とは何を意味するのか

パウロはローマの信徒への手紙1章17節で、「神の義が、福音の内に、真実により信仰へと啓示されているからです。『正しい者（義人＝新改訳２０１７）は信仰によって生きる』と書いてあるとおりです。」と述べています（同3：21も参照）。

カトリック教会はこの「神の義」の「の」を帰属的属格ととり、「義」を静的性質（正しさ）として実体的に考えることと相まって、「神のみが持っている絶対的な正しさ」と理解しました。そうすると福音とは、「神の正しさはここまで正しいのだ」という基準によって「神は、罪人と不正な者とを罰しながら、同時に、イエス・キリストによって、私たちがその正しさに到達するように助けることができること」と理解することになります。この理解は「能動的義」と呼ばれているものです。

アウグスティノ会修道士としてその理解の中にいた往時のルターは、つねに不安な良心をもって神の前での自分を、正しい者にはなり得ない罪人だと感じるだけでした。ところが彼は後に、「神の義」とは、神が私たち罪人を正しい人間であると認めるという仕方で与える「神の賜物」として理解するようになり、それによって救いの喜びを経験するに至ったと言われています。その福音理解による「神の義」は、「私たちがキリストを信じる信仰によって受ける神の義」を意味するので、カトリックの「能動的義」に対して、「受動的義」と呼ばれます。以来、この理解がおおよそそのままプロテスタントの理解となって定着し、20世紀に至りました。

しかし、この「能動的義」と「受動的義」の区別法も不適切です。両方とも、以下でパウロが同じ術語を使うときの繋がりとは合わないからです。ローマの信徒への手紙10章3節でパウロは、同胞イスラエルが「神の義に従わなかった」と、悲しみをこめて言います。ここでの「神の義」は、一生懸命に働きかけて、分からせよう、従わせようとしている神自身の行為と、それに込められた熱意と力を指しているのです。ですから、文法的に「神の義」は主語的属格として考えるのがよいと思われます。

私たちにとって最も馴染みのある「神／キリストの愛」を考えてみます。それは「神／キリストが私たちを（対格）愛する」行為と熱意を表しており、「神／キリストの愛」は主語的属格であると理解しています。ちょうどそれと同じように、「神の義」の場合も、「神が私たちを（対格）義とする」という言い方がなされているとおり（多くの場合、神的受身形で書かれていますが）、それは「神が私たちを義とする行為・熱意」を表す主語的属格であると言えます。

コリントの信徒への手紙一1章30節でも、「キリストは私たちにとって、……義と聖めと、贖いとになられました（新改訳第三版）」と述べて、「聖め（聖めること）」、「贖い（贖うこと）」という、いずれも神自身の行為を表す言葉と「義」を並列させています。ですから、「義」も「義とすること」、すなわち、迫ってこられる「神の行為・力」であることを暗示しています。さらには、コリントの信徒への手紙二3章9節の「人を罪に定める務めに栄光があったとすれば、人を義とする務めは、なおさら、栄光に満ち溢れているからです。」において、直訳「義の務め」が「義とする務め」と理解されていることでも明らかにされています（同5：18〜21も参照）。N・T・ライトもこう言います。

〝神の義（ギディカイオスネー）は、特に救出することへの信実さ、力にあふれた決意であり、それ自体が創造行為である。それは、物事を正しく位置づけることへの神の徹底的な決意であることが常にはっきりしている。しかし、今見ているように、聖書において、第二神殿ユダヤ教において、そしてパウロ自身において、とりわけパウロの聖書の読みにおいては、世界を正しく位置づける神の方法は、まさに神のイスラエルとの契約を通してである。これが釈義においてはっきりと現れてくる妥当な方向である。世界を正しく位置づけるという神の唯一の計画は、イスラエルを通してなす神の計画なのである。（この点についての文法的注釈：神の義「ギディカイオスネー・トゥ・セウー」の読みは「主語的」属格であるとしばしば言われている。名詞ディカイオスネーがひとつの行為（義の行為としての義）である限りは、それしかない。ディカイオスネーが神の性質の一面を述べている場合では、たとえそれが、神はしかじかの方法で行為することを意味しているとしても、属格のセウーは主語的ではなくて所有的となるであろう。この二つは、場合によって変わるけれども、依然としてはっきりと区別できるものである。もし、私たちが「パウロの手紙」について語るなら、「パウロの」という言葉は主語的である。行為の主体を指しているからである。もし、「パウロの知恵」について語るなら、「パウロの」という言葉は所有的であり、パウロが疑問に答える知恵の所有者であることを指している。）〟(N. T. Wright, *Justification*, IVP Academic, 2009の第3章「一世紀のユダヤ教―契約、律法、そして法廷―」65頁、拙訳。松木治三郎『ローマ人への手紙』、日基出版局、84～85頁、織田昭『ローマ書の福音』教友社、2007年、44～45頁も参照）。

2 「義とされる」とはどうなることか

次に、「義とされる」とはどうなることでしょうか。ルター研究者である倉松 功はザウターを引用しつつ、ルターの義認理解はカルヴァンの理解でもあると言い、それを「法廷的理解」として紹介しています。

〝ザウターは、ルターとカルヴァンの義認論の特徴の一つとして、法廷的宣義論をあげている。たしかに、ルターとカルヴァンは、メランヒトンのように、「法廷的」(forensis) という用語によって義認の性格を特徴づけようとしているわけではない。しかし、既述のように、ルターもカルヴァンも神の法廷 (tribunal Dei) とか神の前で (coram Deo) といい、神の前で判断する (reputare) といっているとすれば、内実的には法廷的 (宣義) 義認論の要素を十分に有していた、といわねばならない。〟(『ルター神学の再検討』聖学院大学出版会、3章「ルターとカルヴァンの義認論」72頁。A・E・マクグラス『宗教改革の思想』教文館の「法廷的義認」の概念、156～164頁も参照)

それと密接に結びついている考え方に、「キリストの義の転嫁」があります。それは、キリストの義がどのように罪人 (不義の人) にもたらされるのかということについてであり、カトリックの「キリストの義の分与」に対して語られるようになったものです。ここでは、それ以上触れることはしませんが、上で述べた「義認の法廷的理解」にともなって用いられる表現です。

そのような「義認」の法廷的理解が持っている根本的問題についてJ・ジースラーは言います。

〝根本的な問題は、「義とする」という動詞の法廷の背景を重視し過ぎることにある。法廷における無罪放免ということを連想するからである。ヘブル語の動詞ツァダクに対する「義とする」（ギディカイオオー）の七十人訳の用法を見ると、法廷あるいは弁護の関連で用いられるのは、数種類ある用法の中の一つにすぎない。ほとんどの用法は、家族、部族、あるいは国家における健全な関係の回復ということに集中している。もちろんヤーウェとの関係も含めて、である。さらに、法律的あるいは法廷の関連で用いられる場合でも、その問題の法廷が、ある個人の有罪、無罪を宣告するというのでなく、間違っていたものを正し、人々を契約の共同体において、過不足なく、適当な位置に戻すという意味で用いられている。従って、パウロにおける義認（義とすること＝河野）は、人々に神との正しい関係を回復させる行為、ということになる。それは赦しに近い。実際、ローマ人への手紙4章6～8節ではそれが同義語とされている。〟（『パウロの福音理解』日本基督教団出版局、146～147頁）

このようにジースラーは、「義とする」の中心的意味はカトリック教会的な「功績的成義」理解でもなく、さりとて、ルターやカルヴァンの流れを汲む伝統的なプロテスタント教会の「法廷的義認」理解でもないと言います。彼は第三の理解を示します。それは、「義とする」が「法的」であるとは、むしろ旧約聖書の主概念である「契約法的」な意味であり、それは「関係的」な概念である、というものです。前項で述べたように、「神の義」が、神自身の人を救出することへの信実で力にあふれた決意、行為を意味するなら、「神が人を義とする」とは、神が人と結んだ契約への信実にもとづいて「人を神との義しい関係に引きもどす」こと、受身形「義とされる」とは、刑法の法廷でのように「義と認められる」ことではなく、神の信実さを受け取って現実に「神との義しい関係（契約関係）に入れられる」こととなります。

そうすると、神学用語として用いることが今や定着してしまった、その名詞形「義認」（ある人は「宣義」を好む）も別な言葉にしたほうが良いと思います。私は、少し冗長ですが「義とすること」という表現を使っています。また、聖書協会共同訳が多くの箇所で「正しい者」と訳している[ギ]ホ・ディカイオスは、「義人」と訳すことを基本とすべきだと思います（ローマ1：17、3：10、5：19、ガラテヤ3：11、ヘブライ10：38だけでなく、マタ9：13、10：41、ルカ15：7など）。

3　「キリストの信実」と「信」

それと連動しているもう一つの問題は、プロテスタント教会が「『キリストを信じることによって』義と認められる」というように、「キリストの信（[ギ]ピスティス・クリストゥ）」という術語を「キリストを（私たちが）信じること」と理解してきたことです。現代の多くの新約学者はそれを「キリストの信実（キリストが信実であること）」と理解するようになりました。最近翻訳された日本語聖書の本文においては、新改訳２０１７が「キリストを信じること」、聖書協会共同訳が「キリストの真実」と訳して、その対照性を示しています。これらの理解については以下で検討しますが、聖書協会共同訳の場合はこれを「キリストの信実」と表記したほうがよいと私は考えます。「神は真実」（ローマ3：4）と訳されている、もう一つの語ギアレテイアと区別するほうがよいというのがその理由です。それに加えて、ギピスティスは関係概念であり、人の「信仰」をも表す語ですので、「信仰」「信頼」などと共に「信」という漢字を用いるほうがよいと考えるからでもあります。同じ理由で、私はローマの信徒への手紙3章2節の「委ねる ギピステューオー」を「信託する」、3章3節の「神の真実」（脚注の別訳は「神の委託」）を「神の信実」あるいは「神の信託」と訳します。

さて論点は、パウロの手紙（ローマ3：22、26、ガラテヤ2：16、16、20、3：22、フィリピ3：9）と、ヤコブの手紙2章1節、ヨハネの黙示録14章12節に出てくるそれと、それに同等の表現（ペトロによる使徒3章16節など）において、属格の「の」をどのように理解するかです。最後的決定は、意味論的にどれが最適かということになるのでしょうが、旧約からの文脈などを含んだ釈義的・文法的主張については、主に以下の五点があります。それらの議論に関しては多くの研究書があり、リチャード・B・ヘイズ『イエス・キリストの信仰』が、特に以下の（i）と（ii）を巡って詳しく論じていますが、ここでは、日本の研究者たちの見解を紹介しつつ、私なりの分類と理解を述べることとします。

（i）『目的語的属格』

従来の代表的見解は、『目的語的属格』として「キリストを信じること」とするものです。そのように㊣ピスティスが使われている明確な例は、マルコによる福音書11章22節の「神を信じなさい（神への信仰を（㊣ピスティン・セウー）持ちなさい＝直訳）」にありますので、文法的にはこの理解があり得ることを示しています（使徒3：16も参照）。しかし、ことは、パウロによる場合です。実際、「ローマの信徒への手紙3章3節の「神の信実（㊣ピスティス・セウー）」は神自身の信実のことであるのは明白ですが、「キリストの信」については、もっと複雑です。現代、この立場を採る有力な理由の一つに挙げられているのには、定冠詞がついていないことがあります。どちらかといえば、「キリストを」よりも「信じること」に重心があるということでしょうか。

プロテスタントにおいてこれが長い間支持されてきたのは、カトリック教会の功績的成義論との戦いにおいて強調された、ルターなどによる信仰義認論の影響が大であったからでしょう。そのような背景のなかで、「キリストを信じることによって」とともに、それを短縮した表現としての単なる「信仰によって」が、神の義を得るのは「人が律法を守り行うことによる」のではなく「人がキリストを信じる（心で信じ、口で告白する）ことによる」と理解されてきたことによるのだろうと思われます。ところがそれによって、プロテスタントの多くの人々の間に、「人の信仰（信じる力）」の有る無し、強弱、大小などに関心を注ぐ傾向が生まれたことは否めない事実だと思われます。

その場合の日本語での「キリストを信じる」は、キリストが目的語となっており、「キリストを信じ、告白すること」と理解されやすいものですが、もともとのギリシア語「ギピステューオー」には、直接あるいはギエピを伴った与格の名詞が来て、「(神／キリスト)に信頼する」というニュアンスで書かれており(ローマ4：17、Ⅰテモテ1：16、Ⅱテモテ1：12、テトス3：8など)、「人格的な信頼の態度」を意味していると思われます。また、ギピステューオーの対象が対格で書かれている場合も、ギエイスやギエピを伴って「(キリスト)に向かって信頼を寄せる」のように表現されているのも(ガラテヤ2：16、ローマ4：24、フィリピ1：29など)、同じことを感じさせます。(本書第三章2　罪の本質としての神への背信、の『信じる』も『誰々に対して』』81頁以降や、注11参照)。すると、これは「キリストに信頼すること」「キリストへの信頼」と言ったほうが原意に近いと思われますので、『目的語的属格』という呼び名にも疑問が生じます。

そのような疑問を意識しつつ20世紀になって出された見解は『主語的属格』と言われているもので、「キリストの信」を「キリストの生涯と行為が信実であること」とするものです。その視線を、揺らぐ「人間の信仰」から揺るぎない「キリストの信実」のほうに向けたのです。その強い根拠として挙げられているのは、パウロがギピスティスをキリスト以外の名詞(「キリスト者」「アブラハム」など)や代名詞の属格と結びつけている場合(24回)、そのすべてが明白に『主語的属格』であるということです。また釈義的には、ガラテヤの信徒への手紙2章16節では「信」に関して三句がある上、その前置詞がそれぞれ「イエス・キリストの信(実)による(ギディア)」、「キリスト・イエスを(ギエイス)信じました」、「キリストの信（実）によって（ギエク）」と異なることによって、結合と区別が暗示されていると指摘されます（ローマ3章22節も参照）。そして、そこにも二つの理解があります。

（ⅱ）『主語的属格―A』

その一つは、西欧の多くの研究者によって表明されている理解です。それは、「キリストの信実」を「歴史のイエスの神への従順」とし、信実の対象を父なる神と考えるものです。この場合は、イエスが真の人間として、神の信実に応えるかたちで神にまったく背くことなく歩んだ生き方を指していることになりますので、ある人たちはこれを「キリストの信仰」と表記することを好みます。

よく挙げられる根拠としては、ローマの信徒への手紙3章26節の「ギトン・エク・ピステオース・イエスー（「イエスの信に」基づく者を）」という言い方が、少し後の「ギトー・エク・ピステオース・アブラハム（「アブラハムの信に」ならう人々に）」（4：16）と同じ構造であるように、イエスの信とアブラハムの信との類比（両方とも神に対する人間の信仰であるとする共通性）をよく説明できるという見解です（清水哲郎『パウロの言語哲学』岩波書店など）。また、ヘブライ人への手紙12章2節が「信仰の導き手（創始者）であり、完成者であるイエス」と述べていることや（エフェソ3：11～12も参照）、ローマの信徒への手紙5章19節で「一人の従順によって多くの人が正しい人（義人）とされる」のように、「信」を「従順」と言い換えたような表現があることが、この見解の正しさを後押しするように思えます（フィリピの2:8も参照)。とはいえ新約聖書に、「イエスが神(父)を信じる(に信頼している)ギピステュオー」という文章がないことが気になります。

また、もしそうなら救済論において、イエスの十字架上での死は、私たちの罪がキリストに転嫁された故であるとともに、交換として「イエスの信による義」が私たちに転嫁されたと理解する〝刑罰代償説〟となるか、不信の罪人がイエスという本来の人としての神への信実な歩みにあずかって義とされるという、イエスの十字架の死よりもその生涯に焦点を当てた〝義人代表説〟となるでしょう。しかし私は、本書の第四章3—1 父なる神の代理として:関係概念(117頁以降)で述べたように、それでは、神の犠牲による罪人の赦しという、神の恵みによる一方的な救済行為を表し得ていないと感じます。

(iii)『主語的属格—B』

もう一つの『主語的属格』理解による「キリストの生涯と行為の信実」とは、「神が私たち人間に対して結んだ契約に信実であることを、神から遣わされたキリストが究極的には十字架の死をもって啓示した出来事」のことであると理解するものです。七十人訳などのギリシア語文献において、ギピスティスが神や人間を表す名詞の属格を伴う場合には主語的に用いられることが際立って多いことが、これを主張する人によって根拠として挙げられていますが、これは(ii)にも当てはまることです（太田修司『聖書論集46―聖書的宗教とその周辺』日本聖書学研究所刊、LITHON発行、２０１４年、所収の論文「『キリストのピスティス』の意味を決めるのは文法か?」など)。

では、(ii)に対してなぜこちらを主張するのかについては、特にローマの信徒への手紙3章1～3節において、ユダヤ人の不信実（不信仰）に対して「神の信実」が語られていること、少し後の21～26節においては、人を救う主体であるその神が人を義とする手段のように「キリストの信実による」「キリスト・イエスによる贖い（の業）を通して」と語られ、「神の義はイエス・キリストの信実と何の分離もない（千葉惠の後掲書参照）」ことが述べられているとする神学的理解（解釈）があります。人に対する「神の信実」が、神から遣わされた「イエス・キリストの信実の行為」を通して現わされたと考えるのです。

ところが新約聖書で、神あるいはキリストが主語となって㊗ピステューオーが使われている箇所は、ほとんどありません。まず、ローマの信徒への手紙3章2節「第一に、神の言葉が委ねられた（信託された＝河野）ことです。」があります。そこでは、意味的には対格の「神の言葉（を）」が主語となり、「ユダヤ人に（与格）」が暗示された神的受身形で「委ねられる（信託される）」と書かれています。コリントの信徒への手紙一9章17節、ガラテヤの信徒への手紙2章7節においては、「私が（福音を）信託されている」とパウロが主語となった神的受身形で書かれています。これらの箇所での「神の言葉」「福音」は、契約と連携している言葉と考えられます（ローマ11：25、16：25、26、Ｉコリント4：1

の「神の秘義」も参照)。

それと比較して、『主語的属格』の代表例である「神/キリストの愛」や「神の義」などの場合には、それぞれ「神/キリスト(イエス)が私たちを(対格)愛する。」とか、「神が私たちを(対格)義とする。」という言い方があり、そのことが、「神/キリストの愛」は「神/キリストが私たちを愛する行為」、「神の義」は「神が私たちを義とする行為」というように、『主語的属格』であることを明確にしています。それらに比べると、「神/キリストの信実」は「神/キリストが私たちに(与格)神の言葉を(対格)信託する。」のようにしか表現されず、他動詞的な前の二つと同じような行為を表し得ないので、『主語的属格』説と呼ぶには少々根拠が弱いように思われます。

(ⅳ)『帰属の属格』

これら二つの『主語的属格』に対して、千葉 惠が異議を唱えています(千葉 惠『信の哲学 ― 上』2017年、北海道大学出版会、462~466頁、『信の哲学 ― 下』422~426頁参照)。それは、パウロが単に「イエス」や「キリスト」と言う場合と「イエス・キリスト(キリスト・イエス)」と言う場合の区別から始まります。たしかに「イエス」は彼の人間性を強調するときに用いられ、「キリスト」は人間イエスと離れていなくとも、人を贖う救い主としての職務を強調するときに用いられており、ともに行為の主体となります。それに対して、職名・尊称を伴った告白的固有名「イエス・キリスト」が主語となって動詞が使われている例はありません。そこから、特に「イエス・キリストの信」は『主語的属格』ではあり得ないとして、千葉は全体的に『帰属の属格』を主張することになります。

ただ私は、「イエス・キリスト」は「キリスト」であるナザレの「イエス」を指示しており、それらには確かに重心の異動があるとしても、互いに厳密な区別をしなくてもよいのではないかとの印象を持っています。その根拠としては、ローマの信徒への手紙3章21〜26節、4章23節〜5章15節、また、ガラテヤの信徒への手紙2章15節〜3章1節などにおいて、「キリスト」としての職務を全うした人「イエス」、すなわち「イエス・キリスト」は、言葉は使い分けられていても同じ一つの人格を指していると思われるからです。特に、「キリスト・イエスによる（における＝千葉）贖い（の業）」（ローマ3：24）が贖うという行為を語っていること、「一人の人イエス・キリスト」（同5：15）という言い方があること、ガラテヤの信徒への手紙2章16節の中で「イエス・キリストの信実」と「キリストの信実」の両方が、そして20節で「神の子の信実」が語られていることは、それを後押しするように思われます。

いずれにしてもここでは、真の神、真の人が受肉したイエスであれば（やがて、このイエスはキリストであると告白されるようになります）、神として人に、そして人として神に信実に歩んだ生涯、為した行為は、彼の人格に帰属している「信実」から出たものと考えると、『帰属の属格』とするのがふさわしく思えます。実際、上述したように「神／キリスト（イエス）」を主語として「人を（対格）信じる

（ギピステューオー）」という表現がないのに対して、諸手紙やヨハネの黙示録においては、「神／キリスト（イエス）は信実である」「信実な神／キリスト（イエス）」のように形容詞形「ギピストス」が使われています（Ⅱテモテ2：13など14回）。これも、「イエス・キリストの信実」「イエスの信実／キリストの信実」は『主語的属格』ではなく、『帰属の属格』であるとの見解をますます後押しすることとなります。

そうすると、このように「キリストの信実」を『帰属の属格』ととらえて、基本的に「神の信実の啓示としてキリストの人格と行為に現わされた信実」と理解することにより、「キリストの信実／イエスの信実」を、イエスの神に対する信頼に満ちた従順な生涯とする（ii）や、神が人に対して結んだ（信託した）契約に誠実な行為とする（iii）のように、対象を限定する必要もなくなり、その両方を含むことができるようになります。

（v）『内容言い換え（同格）の属格』

しかし、ここでもうひとつ考えておくべきこととしては、パウロの手紙における、規定語（「キリストの」とか「私たちの」とか）を伴わない「信（信仰・信実）」のことです（ローマ1：17、3：27～30、4：13、5：1、ガラテヤ3：2～14、エフェソ2：8など多くの箇所）。単なる「信ギピスティス」は、特に定冠詞が付いていない多くの場合、「罪」や「愛」や「希望」などと同じように、あたかも神や人間とは無関係な実体のように扱われる傾向を持ち、基本的には、「神／キリストの信実」からアブラハムをも含む「人一般の信仰＝（神への）信頼の態度」を含む「信頼性」を意味することができます（特に、アブラハムを引用するローマ３：27～５：１、ガラテヤ３：６～18参照）。このように見るとき、「信」は「キリストの信実」か「人の信仰」かという二者択一を止揚した、「神／キリストの信実と、それに人が信仰によって応答するという信頼の法則」（ローマ３：27参照）ともいうべき、広い意味範囲を持ち得ると考えられます。それを、太田修司は〝信の全体論的解釈〟と呼んでいます（太田修司の前掲論文。松木治三郎『ローマ人への手紙』日本基督教団出版局、浅野淳博『ＮＴＪ新約聖書注解・ガラテヤ書簡』日本基督教団出版局も参照）。

しかし、特に定冠詞のついた「信」のように、それを新約に至って現れた「イエス・キリストの信実／キリスト信仰」の短縮形と考えられる場合は、「信」が「イエス・キリストという信実／イエスはキリストという信仰・使信」を意味することとなります。ガラテヤの信徒への手紙３章23節「信（実）が現れる前は」と25節「信（実）が現れたので」では、定冠詞の付いた「信（真実＝聖書協会共同訳、信仰＝新改訳２０１７）」が「キリスト」と換言できる表現で使われていますし、実際、聖書協会共同訳は21～26節における「信」をすべて「真実」と訳していることにもそれを見ます。また、同３章２、５節では「律法を行ったからか、信（仰）に聞き従ったからか」とあり、これも「信（仰）」が「キリスト信仰／キリストの使信」を意味していることは明らかです。

これを考えると、22節の「イエス・キリストの信」は、「イエス・キリストという信実・信仰（使信）」という『内容言い換え（同格）の属格』と理解する可能性が出てきます。（織田昭『ガラテヤ書の福音』教友社参照）。そして、ガラテヤ信徒への手紙2章15～17節では、人が義とされるのは律法の行いによってではなく、「イエス・キリストの信によって（[ギ]ディア）」、「キリストの信によって（[ギ]エク）」義とされる（以上16節）のと共に、「キリストにあって（[ギ]エン）」（17節）義とされるとの表現があること、3章26節では、「信によって（[ギ]ディア）」、「キリスト・イエスにあって（[ギ]エン）」神の子なのだと言われていること、また、ローマの信徒への手紙5章1節で「信によって（[ギ]エク）義とされる」、9節で「キリストの血によって（あって[ギ]エン）義とされる」と異なった前置詞で表現されていることを互いに近接しているものと見るなら、それらを「キリストという信実によって／キリスト信仰によって」という『同格の属格』に収斂させることができるように思われます。

結論として、パウロの手紙における「キリストの信[ギ]ピスティス・クリストゥ」について、私は基本的には「キリストの人格に帰属する信実」という『帰属の属格』として、すべてを「キリストの信実」と訳すのがよいと考えます。特にローマの信徒への手紙3章21～26節のように、人を義とする「神」が主体として啓示しているなかで現わされた「キリストの信[ギ]ピスティス・クリストゥ」についてはそうです。もちろんそれは、『主語的属格』で主張されているキリストの生涯と行為を生み出したものであり、それをも含むものです。

さらにそれは、『同格の属格』としての「イエス・キリストという信実／イエスはキリストという信仰・使信」を意味できる広がりを持つ表現でもあり（ヤコブ2：1「私たちの主、栄光のイエス・キリストへの信仰」、黙示録14：12「イエスに対する信仰」では、そのような理解と思われます）、パウロにおいても、特に「人」が義とされるのは律法の行いによるのではなく「キリストの信ギピスティス・クリストゥ」によることを述べる、ガラテヤの信徒への手紙2章16節、3章22節やフィリピの信徒への手紙3章8～9節では、「イエス・キリスト信仰」、「キリスト信仰」と訳す可能性もあると考えます（ローマ3：27～31、ガラテヤ3：1～5、5：4～5参照）。

そして規定語のない「信ギピスティス」は、定冠詞のついていない場合は特に、「神／キリストの信実」に基づきつつも、「神／キリスト信仰」および「(神／キリストに) 信頼する応答・態度」をも含んだ、広い意味範囲（〝全体論的意味〟）を持っていると考えますが、聖書協会共同訳のように、同じギピスティスを文脈に応じて「真実」と「信仰」に訳し分けるのには賛否両論があると思われます。

このようなギピスティスの豊かな意味と広い使い方を考えてみると、いっそのこと、その日本語訳を「信実」でも「信仰」でもなく、一貫して「信」という一語を当てて読み手に理解を委ねるのも妙手かと感じます。実際、何人かの研究者はそのようにしていますし、浅野は前掲書でそれに「信頼性」という語を当てています。

〈研究ノート2：「聖」と「霊」と「命」〉

旧約聖書は基本的にヘブライ語で書かれ、新約聖書はギリシア語で書かれていますが、それらの言語を使う人々がどのような意味を込めていたかは、彼らの世界観を知らなければなりません。また、その言語を使ってどのようなことを言おうとしたのかというメッセージを確かにするためには、それが語られている文脈を聖書全体にわたってよく読まなければなりません。それは、大変むずかしいことですが、以下、聖と霊と命という三語の関係について、専門的研究者たちから学び、考察したことを記します。

1 「ヘカドーシュ」の訳語は「ギハギオス」

旧約聖書において「聖なる」と訳されている言葉は、「ヘカドーシュ」です。この語は中近東のセム語にその起源を求められますが、異教徒によっては専ら神々一般に用いられました。そのヘブライ語独自の発展は、この語を人格的な意味でヤハウェにだけ関連して用いたことに始まります。ですから、「聖なる」という語は、「神」という語と結びつくともはや余分な形容語なのであり、イスラエルでは、この形容語だけでヤハウェを意味しています。イザヤ書52章10節、詩編98編1節には「聖なる腕」、詩編105編42節とエレミヤ書23章9節には「聖なる言葉」、イザヤ書63章10節、詩編51編13節には「聖なる霊」といった語句が見いだされます。これらのすべては、ヤハウェのものであるゆえ「聖」なのです。

新約聖書のギリシア語で「聖なる」を意味する「[ギ]ハギオス」は、動詞から派生した形容詞として「[ギ]ハゾマイ（畏敬の念をもって恐れる）」と関連しており、元来は力をもって登場し、恐れとおののきを起こさせる神的なことがらを指示するものであったようです。七十人訳においては、聖書以外のヘレニズム的な文献においてとは対照的に、「ハギオス（聖なる・聖い）」は非常に多く（700回以上、主として[ヘ]カドーシュあるいは[ヘ]コデシュの訳として）用いられ、新約ではさらに、「[ギ]ハギアゾー（聖める）」、「[ギ]ハギアスモス（聖め）」、「[ギ]ハギオテース（神聖さ）」、「[ギ]ハギオースネー（聖さ）」のような新しい語の形成を促しました。

「ハギオス」が多く用いられた理由は、それが「カドーシュ」と同様に、聖さを神の力と完全さのうちから発して、人間に出会うところのものとして言い表すことができる言葉と考えられたからであり、「聖なる」という限定句として、神に（レビ記19：2、サムエル記上2：2、イザヤ書31：1、ホセア書11：9）、神の名に（イザヤ書60：9）、神の山に（詩編2：6）冠せられ、それだけでなく、すべての祭儀的なもの、即ちこの世において直接的に神に属し、神に向かわせられているものすべてに冠せられ得たからであると思われます。

新約における「[ギ]ハギオス」およびその類語の用法は、他方で新たな意味を盛られるようになります。それは、そもそも「聖さ」が神への恐れや神との距離を生み出すのではなかったからでもあり、ヤハウェなる神が新たな仕方で、つまり、今や慈しみに満ちた救う神として、さらには霊において信仰者のただ中に直接的に臨在する神として体験されることにも対応する言葉となったからでもあります。その結果信仰者は、賜物としての「聖さ」から生きる「聖なる者（聖徒）」と呼ばれるようになるのです。

興味深いのは、もうひとつの「聖」である「[ギ]ヒエロス」という形容詞が新約にわずかしか見られないことで、それは七十人訳での用例がまれなことに対応していると思われます。前述したように、七十人訳は「[ヘ]カドーシュ（聖なる）」をほとんど一貫して「ハギオス」と訳しており、「ヒエロス」はヨシュア記6章8節の「七人の祭司たち」と「七本の雄羊の角笛」、及びダニエル書1章2節の「祭具」にしか見られません。「ヒエロス」の使用がこのように避けられたのは、この語の持つ「異教祭儀的な刻印」のためなのであろうと推測されています。というのは、ギリシア語において「ヒエロス」が言い表すのは、超越的な神の「聖さ」に基づくものでもなく、また倫理的な含蓄を持つものでもなく、ものそれ自体、神々のために清められたもの、そしてとりわけ犠牲（タ・ヒエラ、ほぼ常に複数形）を「聖いもの」と考えて使われていたからです（『ギリシア語新約聖書釈義事典I』「ハギオス」と「ヒエロス」の項参照）。

ここに、聖書中の「聖」を「ヒエロス（人間が神々のために聖別したささげ物）」の概念で考えてしまうことの間違いに注意するとともに、積極的には、「ハギオス（神の聖性の放射を受けたもの、また、神により聖別されたもの）」の概念を正しく理解して、明確に伝えていかなければならない理由があると考えられます。

2　「[ヘ]ルーアハ」の人間論的意味

旧約聖書のヘブライ語で「霊」を表す語は「ルーアハ」です。これは、「鼻から激しく息を出す」ことから来た一つの擬声語と言われています。その意味としては、まず、自然的な「風」であり、総数389のうち113例もあります。次に、「神」に関しては136回、さらに「人間や動物、偶像」について129回用いられています。そこでヴォルフは、「ルーアハ」を初めから、神学的・人間的概念として扱う必要があると言います（H・W・ヴォルフ『旧約聖書の人間論』日本基督教団出版局、79頁。本書の第二章3—2神の息（霊の命）を吹き込まれた存在：実態概念、59頁以降をも参照）。一方、スネイスは「ルーアハ」の神的起源をより強調して、この語が持っている特徴として「力」と「生命」と「神のもの」を意味すると言い、ヘブライ人は「ルーアハ」をもって人間の一部であるかのようにしばしば語りつつも、同時に、「ルーアハ」（霊）と「[ヘ]バサール」（肉）とをはっきり区別したとも言います。人間は肉であり、地の塵から作られ、「ルーアハ」（霊）によって生命を与えられることにより「[ヘ]ネフェシュ」（生き者）となったのであり、この「ルーアハ」が神に帰るとき、人間の塵は土に帰ります（コヘレトの言葉12：7、詩編146：4）。そのように、人間と肉は、神と「ルーアハ」から区別されると言います（N・H・スネイス『旧約宗教の特質』日本基督教団出版部、198〜208頁参照）。

理解しておくべきは、旧約聖書において、特に、「主の霊（[ヘ]ルーアハ・アドナイ）」というように限定句「主の／神の」が付いた場合は、人間論的・生命論的な霊ではなく、活力を創造する神の力の人間経験における現れを意味する点です（サムエル記上16：13、14、サムエル記下23：2、イザヤ書11：2他。スネイス『同書』212頁以下、月本昭男『創世記Ⅰ』日本基督教団・宣教委員会、205頁、および付論7：ヤハウェの霊、207〜210頁参照）。

とはいえ、人のうちにある「霊（ルーアハ）」は「命の息（[ヘ]ニーシュマト・ハイイーム）」（創世2：7）とも「命の息（[ヘ]ルーアハ・ハイーム）」（同6：17、7：15）とも呼ばれるように、それは人間の命の原理として、人間論・生命論的に「人間は神からの霊の命に生かされている存在」であることを表しているということができるでしょう。

3　神から与えられた命「[ギ]ゾーエー」

この「[ヘ]ルーアハ」は、七十人訳ギリシア語聖書では原則的に「[ギ]プニューマ」と翻訳されていますので、一応、新約聖書での「霊（[ギ]プニューマ）」は旧約の「ルーアハ」を引き継いでいると考えてよいでしょうが、微妙な変化があるように感じられます。それは、新約において「プニューマ」の語義が、とりわけ初代教会の霊の経験の印象のもとに異なったニュアンスを帯びてきたからかもしれませんが、第一に、旧約の「ヘルーアハ」が「神の霊」、「風」や人間の「霊」の意味でそれぞれ約3分の1ずつ出現しているのに対して、新約の「ギプニューマ」は、ほとんどが「神の霊」を意味する言葉となっていることです。実際、新約に「プニューマ」は合計379回出てきていますが、そのうち「(強い)風／息」という本来の語義で使われているのはわずか3回でしかありません。また、ある程度この語が人間の「霊」(約47回)や、「悪霊」(約38回)または「死人や天使の霊」(約9回)を指すこともあります。しかし、それらに比べて極めて頻繁に、この語によって「神の霊」のことが言われています(約275回)。

第二に、私が注目すべきと考えることは、旧約において「ヘルーアハ」が人間論的に使われている代表的な「生命の霊(ヘルーアハ・ハイーム)」(創世記6：17、7：15など)は七十人訳ギリシア語では「ギプニューマ・ゾーエース」ですが、新約においてはそのままの使い方がないことです。そして前述しましたが、「ギプニューマ」が「ヘルーアハ」のように、人間論的に重要な表現となってはいません。むしろ、それに代わるように「ギゾーエー」が新約で合計135回使われ、神から与えられた「命」を意味しています。そして、その「命」が新約聖書において救いを表すために用いられ、「ギゾーエー・アイオーニオス(永遠の命)」、即ち死人の復活の後の命、来るべきギアイオーン(世)での命の希望を表すようになっています。復活者であり、高挙者であるキリストがその命を約束する生ける方であることは、初期キリスト教の福音に固有の表現であり、新約聖書の多くの書に見出されるものです（『ギリシア語新約聖書釈義事典Ⅲ』「プニューマ」および「ゾーエー」の項参照）。

このように、新約における「［ギ］ゾーエー」は人を真に生かしている原動力や命を意味し、とりわけ、復活のキリストによって神から与えられる「霊の命」を表していることから、旧約において神学的人間を表す「霊（［ヘ］ルーアッハ）」と対応しているように私には思われます。特にヨハネによる福音書では、永遠の言である御子・キリストが永遠において命を所有しており（1：4）、それを父から与えられたすべての人に豊かに与えます（10：10、17：2）。それは、この世での体の命を与え、強め、死人を生かすこと（5：1～9、11：1～44）だけでなく、キリストに結びつく者に与えられる永遠の命、霊的な命、復活の命をも意味しているのです（3：36、11：25～26、14：6）。

4 「聖さ」と「命」の霊

新約聖書における「聖さ」の概念は、キリストによって与えられた「命」の概念と近いものと考えます。それは、「命」の賦与が聖霊の注ぎによると考えられているからでしょう。自己伝達かつ自己譲渡である「聖なる霊」は〝終わりの時に信仰者に与えられている生命の領域として現されている。〟（『ギリシア語新約聖書釈義事典Ⅲ』、「プニューマ」の項）ように、です。そして、その霊は「キリスト・イエスにある命の霊の法則が、罪と死との法則からあなたを解放したからです。」（ローマ8：2）とあるように「命の霊」とも呼ばれています。「最後のアダムは命を与える霊となりました。」（Ⅰコリント15：45）も参照してください。

旧約においても「聖さ」の概念は、前に見たように、旧約人間論における神から与えられた「霊」と非常に近いと思われるのですが、旧約における「聖」の著述において、その「命」の概念との近さを述べているものは少ないのが現実です。おそらくそれは、祭儀と結びつけて語られやすい「聖」は、日常生活領域における「命」との関係を見過ごされる傾向があるからでしょう。ここでは、旧約時代のイスラエルの生活においても、「聖さ」が「命」と近かったことを二つの点で指摘したいと思います。

モーセの十戒のなかには「安息日を覚えて、これを聖別しなさい。」（出エジプト記20：8。申命記5：12も参照）とあります。Th・C・フリーゼンが〝その日に、イスラエルは規則正しく繰り返される日を聖別することによって、神から与えられた生命の神聖なことを特別な方法で表現するのである。〟（『旧約聖書神学概説』388頁）と言っているように、神の創造された世界の完成の中で与えられている良きものを喜び、その恩恵に浴し、創造主にすべてを委ねる告白として仕事を休み、命を回復することが、安息日を聖別することです。

その根拠である創世記2章3節の「神は第七の日を祝福し、これを聖別された。」とは、神は、創造を完成した世界（その日）を人間の益のために取り分けており、臨在によってすべてのものを命で満たすことを語っていると思われます。私たちは、この「第七の日」に生かされているのです。創世記1章1節～2章3節における天地創造の記事にあって、六日間にわたる創造においては「夕べがあり、朝があった。第何の日である。」とありますが、第七の日には「夕べがあり、朝があった。第七の日である。」という言葉はありません。それは、「第七の日」はまだ終わっておらず開かれており、今に至るまで続いているこの世（時代）を意味していることを推測させます。

六日間にわたる創造の業を終えた後の、この「第七の日（この時代・世）」における神の働きを、私たちは「摂理」と呼びます。摂理とは英語で「プロビデンス」であり、「英プロバイド（供給する、養う）」の名詞形であることがよくその意味を表しているように、それによって私たちキリスト者は、神がまどろみもせず、眠ることもなく、言葉によって必要なすべてのものを供給し、私たちを養い続けてくれているということを告白しているのです（詩編121）。詩編104編でも、主は息（霊）を送ることによって人を造り（創造し ヘバラー）、彼らを生かすためにパンやぶどう酒を生み出すと、現在形で書かれており、申命記8章では「……人はパンだけで（自体で＝河野）生きるのではなく、人は主の口から出るすべての言葉によって生きる……」（3節）と、天地創造のときと同じように、主が自分の言葉によってパンを生み出すと語っていますので、この主の「摂理」の働きを「継続的創造」と呼ぶ人がいるのもうなずけます。

ですから、安息日規定の主眼は「働きを休むこと」にあるのではなく、「第七の日に生かされている私たちの命、全生活が神の聖さから来る祝福と養い（摂理のみ業）によることを覚えて、その中に安息すること」にあるのです。

5　すべてが聖なるものとされる！

もうひとつは、レビ記11章においてエジプトを出たイスラエルの民に主が告げた、食べてよい（清い）生き物と食べてはいけない（汚れた）生き物の規定についてです。そこでは、ひづめが割れていたり反芻しなかったりする動物、水中に住む生きもののうち、ひれやうろこのないもの、理由は述べられていない幾種かの鳥、地を這い回ったり、群生したりする虫や動物たちなどは食べてはならないと言われていますが、同様のことが記されている申命記14章の講解のなかで、服部嘉明はその根拠についてこう言っています。

〝食物は生命と健康に欠かせません。…福祉と健康のために、食べてはならないものがあるという規制を加えています。……いずれの区分でも食べることのできるものがまず指定されているのも、これらの規定は本質的には生きるためのものであることを示唆しているようです。……物理的には他の動物も食べようと思えば食用にすることは不可能ではないのですが、ヘブル人の考えでは、良いものを積極的に選び、少しでも不利なものは健康であるためには避けるべきであるというの

です。〃（『申命記講解』いのちのことば社、120〜122頁）

そして、このレビ記11章の末尾では「私が聖なる者であるから、あなたがたも身を清め、聖なる者となりなさい。」と、イスラエルへの聖の要求で理由づけられています（44〜47節。20：22〜26も）。

しかし、新約において、まずイエスは「口に入るものは人を汚さず、口から出て来るものが人を汚すのである。」（マタイ15：11）と言って、暗に、汚れた食物という考え方を批判しました。パウロも、「私は、主イエスにあって知り、確信しています。それ自体で汚れたものは何一つありません。」（ローマ14：14）、「だから、食べるにも、飲むにも、何をするにも、すべて神の栄光を現すためにしなさい。」（Ⅰコリント10：31）と言い、テモテへの手紙一では、結婚を禁じたり、食べ物を断つことを命じたりする傾向の危険について、次のように言っています。「この偽りを語る者たちは……結婚を禁じたり、食べ物を断つよう命じたりします。しかし食べ物は、信仰があり、真理を認識している人が感謝して受けるようにと、神がお造りになったものです。神が造られたものはすべて良いものであり、感謝して受けるなら、捨てるべきものは何もありません。神の言葉と執り成しの祈りとによって聖なるものとされるからです。」（4：1〜5）ここでは、食べ物の清い、汚れているという区別を止揚しており、一見、旧約のあり方に反することが述べられているように見えますが、実に、食べ物はそれを造られた神からの賜物であり、本来、神が人を生かすために与えられた良いものであるとの基調音が響いています。ですから、祈りとみ言葉によって、感謝しつつそれらを主が造られた目的にふさわしく食べるとき、それは「聖なるものとされる（ギハギアゼタイ）」、すなわち、人を生かすものとなることが言われているのです。

このように見てくると、旧約のイスラエルにおける「霊」と「聖」と「命」はとても近い概念を保有しており、「聖霊の注ぎ」を体験し、「新たな命」を生きるようになった新約の教会においては特に、それらは互いに意味の重なり合った言葉として理解することができると思われます。

〈研究ノート3：「贖い」と「宥め・償い」〉

キリストによる救いについての目的概念的表現の代表は「贖われる」です。ところが、「贖う」という日本語は現代の一般生活ではあまり使われておらず、意味を正確に把握して使っている人は少数と思われます。具体的には、「贖う」と「償う」の混同です。現代日本語辞典を見ると、「贖う」も「償う」もほとんど同義とされてしまっています。しかし、その語義の歴史的展開においては、違いがあります。加納喜光著『漢字語源語義辞典』（東京堂出版、２０１４年）によれば、「贖う・購う」は代価を払って物を買う意味を中心に使われており、「償う」は借金・損失・罪などに対して相応のもので報いる意味として主に使われていると言います。

そのような中で、キリスト者こそは「贖う」と「償う」、そして後述する「宥める」の区別をはっきりするべきだと思われるのですが、教会の中においてもそれが曖昧です。では、どこにその混同の原因があるのでしょうか。実に、聖書の解釈と翻訳にその原因があると思われるのです。以下、旧約、新約の原語の意味とともに、その日本語訳の問題について記します。

1 「贖う」を意味する「㋬ガーアル」と「㋬パーダー」

文語訳以来、これまでの日本語聖書において「贖う」「贖い」と訳されてきた旧約ヘブライ語には「ガーアル」、「パーダー」、「キッペル」の三つがあるのですが、そこには大きな問題が潜んでいます。「贖う」を意味する最初の言葉「㋬ガーアル」は、土地や人を買い戻すこと（レビ記25：25）、レビラート婚による財産保全の「責任を果たす」（ルツ記3：13）ことを意味し、神が主語となる場合に「贖う」と訳されて、奴隷や捕囚状態からの救出（出エジプト記6：6、15：13、イザヤ書43：1、48：20）、さらに、墓からの命の解放（詩編103：4）などを意味するのに用いられます。

「㋬パーダー」もまた「買い戻す」（レビ記27：27）の意味を持ちますが、最も多く用いられているのはエジプト、敵、苦難、死、陰府の力からの解放という意味で「贖い出す」「贖う」「救い出す」「解き放つ」（申命記9：26、サムエル記下4：9、歴代誌上17：21、詩編25：22、69：19、ホセア書13：14）と訳されるケース、そして一回だけ、すべての過ちからイスラエルを「贖う」（詩編130：8）の意味で使われています。

Th・C・フリーゼンは救いの思想についての記述のなかで、こう書いています。

〝われわれが今、取り扱っている思想に対して、旧約聖書に用いられている最も重要な神学的用語は買いもどす(パーダー)、およびあがなう(ガーアル)である。パーダーの用語によっても明らかにあらわれているように、これらの用語は象徴的な意味を持っている。その際、あがなわれる民のために神が払われる価がただ一度だけ語られている(イザヤ書43：3、4)。その他のところにおいては、この語はあがなう、自由にするといったような一般的な意味において用いられている。あがなう(ガーアル)も救うに対する比喩的な、一般的な意味において用いられている。この二つの語は苦難の状態からの救いが語られる場合に用いられる。それは民族に対する救いのわざにも、個人個人の信仰者に対する救いのわざにも適用される。〟(『旧約聖書神学概説』日本基督教団出版局、1969年、374～375頁)

2 「ヘキッペル」は異なる概念

もう一つ、「贖う」と訳されてきた言葉に「ヘキッペル(カーファル)」があります。しかし私は、これを「ガーアル」「パーダー」と同じように、「贖う」と訳すことには問題があるのではないかと疑問を抱いてきました。これらのうち「キッペル」だけは、祭儀による罪の解決に緊密にからんでいるものだからです（レビ記16～17章や民数記5～8章、15章など）。

では、「キッペル」の意味・概念はどのようなものかといえば、それは「和解」と「赦し」を意味する関係概念の言葉であると思われるのです。実際、そのように理解している旧約学者に、Th・C・フリーゼンやアーネスト・ライト、そしてH・Wh・ロビンソンらがいました。その一人、Th・C・フリーゼンはこう言います。

〝イスラエルにおいて、祭儀はむしろ神と人との交わりを維持し、常に潔く保つために存在している。なぜなら神と人との間の根本的、積極的な関係は神によって支配されているからである。祭儀はその契約において設定した神と人と共同体を統合する手段として役立っている。言葉をかえて言えば、祭儀は和解のために存在する。〟（『旧約聖書神学概説』383頁。同書の注114、115、116、及びアーネスト・ライト『旧約聖書入門』136～138頁、さらには『聖書学論集46～聖書的宗教とその周辺～』日本聖書学研究所刊（LITHON発行）、2014年、所収の三浦 望の論文「ヨハネ第一の手紙2章2節、4章10節におけるヒラスモスに関する一考察」618～619頁も参照。）

要するに「キッペル」は、神が主格となって「（罪を）取り去る・清める・覆う・赦す」を意味しています。にもかかわらず、レビ記16章などの祭儀においては文語訳以来、口語訳、新改訳、新共同訳まで、「キッペル」を「贖いをする」と和訳してきた伝統が強く支配しており、「ガーアル、パーダー（贖う）」と区別されるべき「キッペル」の意味が曖昧なままです。聖書協会共同訳も「贖いの座（ヘカポレット）」「（民・聖所のために）贖いをする」「贖いの儀式」「（祭壇の）贖い」と、これまでの伝統を踏襲しているのは残念です。このように「キッペル」が「贖う」と訳され続けて来た歴史の背景には、何よりも救いを表現する言語と概念の豊かさが意識されることなく、混同されていることに一因があると考えます。上述の「ガーアル」「パーダー」の「贖う」には、目的概念の「（人を）解放する・自由にする」という固有の意味があるのであって、そのことを明確にするためにも、祭儀における「キッペル」は、関係概念として「（罪を）清める・覆う・赦す」などと訳すことにより、明確に区別することが重要と思われます。

実際、聖書協会共同訳においても、祭儀と直接関係ないところでの「キッペル」は、「（神が民、土地を）清められる」（申命記32：43）、「（神が罪を）赦す」（詩編79：9）、「（過ちは慈しみとまことによって）覆われる」（箴言16：6）、「（神が過ちを）償い」（ダニエル9：24、「咎の宥めを行い」＝新改訳２０１７）などと訳し、イザヤ書6章7節では「（罪は神によって）覆われた」、28章18節では「（死との契約は神によって）取り消され」のように、神が主体（主格）となって人とその罪を「清める、赦す、覆う、取り消す」などと訳されています。そして、それらの多くは「宥める」と訳しても良いものです。なぜなら日本語において「宥める」は、「ゆるやかにする。寛大に処する。続日本紀（32）『免《ゆる》し賜ひ宥め賜ひて、遠流の罪に治め賜はく』」（広辞苑）とあるように、主意は「人間の罪を寛大に処すること」として使われている言葉だからです（加納喜光『漢字語源語義辞典』の「宥」の項も参照）。

そのような状況にあって、新改訳２０１７は初めて、レビ記などでの祭儀における「キッペル」を「宥めを行う」と訳しました。「贖いをする」という従来の訳を避けた点では画期的なことです。代表的には、「これは年に一度イスラエルの子らのために行われる、彼らのすべての罪を取り除く宥めである。」（レビ16：34後半＝新改訳２０１７）とあるように、です。その変更の理由は、『聖書翻訳を語る：「新改訳２０１７」何を、どう変えたのか』新日本聖書刊行会編の第4章「贖罪にかかわる訳語の変更」を参照ください。

もうひとつの問題もあります。「宥める 英 propitiate、宥め 英 propitiation」は日本語でも英語でも「怒っている神を宥める」ことを意味するので、「キッペル」の訳語としてはふさわしくないという考えです。そこでは人が主体となってしまっており、それを避けるためには、罪の「贖い 英 expiation」のほうが良いとするJ・D・G・ダンの意見に見られるものです（『使徒パウロの神学』教文館、302～303頁参照。ここで訳者は expiation を「贖い」と訳していますが、「償い」とするべきと思われます。「贖う」に対応する英語には 英 redeem があります。）三浦望の前掲論文もダンと同じような思考経路をたどっていますので、これは重要な問題です。事実、ダンが指摘しているように、旧約聖書におけるヘブライ語「キッペル」の動詞では、そのように神を客体とする用例はなく、常に神が主格です。ところが、ダンや三浦は、「宥める」という言葉を異教世界の人々と同じ「怒る神々を宥める人間の行為」のように考えることによって、「宥める」という訳語を否定してしまっています。おそらく、多くのキリスト者も似たような感覚を持っていると思われます。ところが前述したように、ヘブライ語の「キッペル」も日本語の「宥める」も、神が人の罪を寛大に処し、赦すことなのです（英語のpropitiateについて私はわかりません）。

加えて、聖書における「キッペル」を「償う」と訳すことの問題もあります。旧約の出エジプト記22章やレビ記5章24節（新改訳２０１７は6章5節）、箴言6章31節、ヨエル書2章25節などで「返す・賠償する・償う」（pay back, make restitution ＝ NIV）と訳している[ヘ]シレムと、民数記5章7～8節などで「賠償する」、レビ記5章14～26節など多くの箇所で「償いのいけにえ」と訳している[ヘ]アシャムがありますが、この「償う」のほうこそが、罪を犯した人（あるいは身代わりの人）が被害を受けた人になす、人間主体の行為です。そして、新約でそれに相当する語「返済する[ギ]アポティノー」はフィレモンへの手紙19節でしか使われていないことから見ても、「償う」をもって神が主格となる救いの行為を表現しようとするのには無理があります。もし、キリストが「いけにえ」の死をもってすべての人の罪を償ったと考えて、「キッペル」やそのギリシア訳語「ヒラスコマイ」を「償う」と訳すなら（次の3項の新共同訳のように）、第四章3―1で述べた〝充足説〟か〝刑罰代償説〟となってしまいますので、「償う」も、「キッペル」の訳語としては否定されるべきでしょう。そうすると、「贖う」と「償う」の区別が曖昧であるとともに、「宥め」の異教的見解を土台にして議論しているダンや三浦の意見は、その根拠が失われます。

結局、聖書が語る「キッペル」は「神が罪人の罪を宥める」ことです。このことから考えると、祭儀においても「人が怒る神を宥めている」のではなく、「罪に陥っている人を、また、人が神の前に犯した罪を、神が赦し、宥めている」と考えるのが順当です。聖書の「神の宥め」を決して主客転倒してはなりません。

3　新約における「贖い ギ アポルトローシス」

新約において「贖い」と訳されている言葉は「ギ アポルトローシス」です。この語はあまり多くは出てきませんが、キリストによる救いについて大切な役割を果たしています。

〝この語の基本的意味は、能動「ギ アポルトロオー」から導出された場合は〈身代金との引き換えによる解放〉、また中動「ギ アポルトロオマイ」から導出された場合は（捕虜また奴隷の）〈買戻し〉である。能動から導出された意味はヘブライ11章35節にある。残りの聖書箇所ではこの語は中動から導出された意味で使われているが、ただしそれは転義的・神学的意味においてであり、これらの場合、単に〈贖い〉と訳出されるべきである。〟（『ギリシア語新約聖書釈義事典Ⅰ』「アポルトローシス」の項、174頁）

おそらく、その意味はヘレニズム周辺世界での使い方から来たものではなく、むしろ旧約から導き出されたものです。といっても、旧約の七十人訳ギリシア語での「アポルトローシス」の用例は少なく、旧約におけるその用例箇所の検討だけでは不十分です。まずは旧約に数多く証言され解釈されている、エジプトでの奴隷状態からの解放というイスラエルの原基的な経験を考慮に入れなければなりません。出エジプトにおいて神は自らを、彼の民の強力な「救い・贖い」として示しました（例えば、申命記7：8、9：26、13：6、15：15、詩編74：2、77：16参照。それらの箇所での七十人訳は「ギルトロオマイ」）。エジプトという「奴隷の家」からと同様、神はその民をバビロン捕囚からもまた「贖う」ことになります（イザヤ書41：14、43：1、14、44：22〜24、52：3、54：5）。こうした第一と第二の贖いへの言及から終末論的な展望が開け、新約は神の贖いの行為を描く際、これに依拠することができたのです。

このような「ヘガーアル」、「ヘパーダー」の思想とは異なった、「ヘキッペル」に当たるギリシア語として「アポルトローシス」を採用しているであろうと思われる箇所が一つあります。ヘブライ人への手紙9章12節、15節の「贖い」です。9：11〜12節の「しかしキリストは、……ご自分の血によってただ一度聖所に入り、永遠の贖いをなし遂げられたのです。」は、旧約ヘブライ語の「キッペル」に相当する言葉が来るべきところに「ギルトローシス」を使用しており、日本語では「贖い」と訳されています。もう一つの15節「こういうわけで、キリストは新しい契約の仲介者なのです。それは、最初の契約の下で犯された違反の贖いとして、キリストが死んでくださった結果、召された者たちが、約束された永遠の財産を受けるためです。」の場合、「違反の贖いとして（ギエス・アポルトローシン・トーン…パラバセオーン）」は直訳ですが、新改訳２０１７は「違反〔から〕贖い出すための」と、「贖い」の正しいと考えられる言葉使いに訂正して訳しています（次項4を参照）。

ここをギリシア語の原文に沿って「贖い」と日本語訳するのは当然と思いますが、私は、あくまでも例外的な事例と考えます。にもかかわらず、この箇所の「ルトローシス／アポルトローシス」使用例が、多くのキリスト者たちに「ヘキッペル」を「贖い（ギアポルトローシス）」と理解させるようになった一因ではないかと推察します。とはいえ、それを根拠として遡り、聖書協会共同訳のように、「ヘカポレット」とそのギリシア語訳である「ヒラステリオン」（ローマ3：25、ヘブライ9：5）にまで「贖いの座」という言葉を当てるべきではないと考えます。ただしその聖書協会共同訳も、「ギヒラスコマイ」をルカによる福音書18章13節では「（罪人の私を）憐れんでください」、ヘブル人への手紙2章17節では「（罪を）宥める」と訳し、ヨハネの手紙一2章2節、4章10節の「ギヒラスモス」を「宥めの献げ物」と訳しているのは感謝なことです。ちなみに新共同訳では、これらの箇所をそれぞれ「罪を償う供え物」（ローマ3：25）、「償いの座」（ヘブライ9：5）、「（罪を）償う」（ヘブライ2：17）、「罪を償ういけにえ」（Iヨハネ2：2、4：10）と訳していたことを付け加えておきましょう。

4　「罪を贖う」のではなく、「私たちを贖う」

次に、日本語聖書における「贖う」という言葉の使い方について述べたいと思います。

聖書でのヘブライ語の「パーダー」「ガーアル」、そしてギリシア語の「アポルトロオー」の訳語である「贖う」は解放し、自由にすることですから、「主が（私たちの）罪を贖う」という言い方はあり得ません。「主は私たちを（罪の奴隷状態などから）贖う」のです。聖書はほとんど一貫してそう語っています。多くある事例のいくつかを以下で見てください。「この方こそ、イスラエルをすべての過ちから贖ってくださる。」（詩編130：8）「あなたがたの贖い主、イスラエルの聖なる方」（イザヤ書43：14）、「私が彼らを陰府の手から救い出し、死から彼らを贖うというのか。」（ホセア書13：14）、「エルサレムの贖いを待ち望んでいる人々皆に幼子のことを語った。」（ルカ2：38）、「私たちは、この方こそイスラエルを解放して（贖って＝聖書協会共同訳脚注）くださると望みをかけていました。」（同24：21）、「キリストは、私たちのために呪いとなって、私たちを律法の呪いから贖い出してくださいました。」（ガラテヤ3：13。4：5も）、「聖霊は私たちが受け継ぐべきものの保証であり、こうして、私たちは神のものとして贖われ、神の栄光をほめたたえることになるのです。」（エフェソ1：14。ほかにテトス2：14、Ⅰペトロ1：18～19も。）

ところが「罪の宥め」を「罪の贖い」と表現する影響は、私たちが教会の礼拝で賛美をささげ、口ずさんでいる讃美歌、聖歌などにも及んでいますので、注意が必要と思われます。

それに伴うもう一つの問題は「贖罪」という表現です。それは特に神学的著述において多用される術語となっているばかりか、一般社会においても流布しています。湊かなえによるミステリー小説のタイトルも『贖罪』（2013年、双葉社）です。しかし、「贖罪」という術語は「罪を贖う」という言い方の名詞形ですので、これは「罪を償う」と混同されてきたことの証しです。「贖罪」という表現は、前述した「キッペル」が出てくるレビ記16章において、文語訳が「贖罪所」や「贖罪（「あがなひ」とルビを付けています）」という術語を使ったことに端を発していると思われます。以来、口語訳が「贖罪所」という言葉を受け継ぎ、新改訳や新共同訳も「贖罪」という言葉を使ってきたことにつながっています。しかし、ようやく新改訳2017と聖書協会共同訳がともに「贖罪」という術語を聖書から一掃しました。両翻訳委員会の見識に敬意を評したいと思います。やはり「罪人の贖い」「罪の宥め」と表現すべきでしょう。

あとがき

本書は、直接的には月刊誌『舟の右側』（地引網出版）の2018年1月号から2019年12月号にわたって連載した「《神のかたち》を生きる」を再構成したものです。この連載を始める際には、2017年に出版した拙著『わかるとかわる！《神のかたち》の福音』（いのちのことば社）が400頁を越え、一般読者の方々から「神学的な議論も多く含んでいることもあって読み通すのがむずかしい」という声が聞こえてきましたので、その普及版のようなものを書くことを目指しました。しかし、毎回の頁数の制約のなかで聖書的、神学的な正確さを期そうとするあまり、むずかしい議論が全体の流れを滞らせてしまうようなところもあったように感じます。

そこで、読者の皆さんが物語のように読んでいただけること、グループ勉強会などのテキストとして用いられることを願いつつ、もう一度手を入れて、本書の構成となりました。とはいえこの間にも、新しい内容を加えるとともに思考においていくらか前進し、表現においてより洗練することができたと思っています。表題の『人はどこから来て、どこへ行くのか?』もそのような中から思いついたものです。本書によって、できるだけ多くの方が聖書の語っている人間観、すなわち《神のかたち》として創造され、完成される人間として生きることのすばらしさを知っていただけるよう願っています。さらに神学的な議論を確かめたい方は、『わかるとかわる!《神のかたち》の福音』(いのちのことば社紙装版、キンドル電子版)もお読みいただけると感謝です。

本書の狙いの一つは、読者の皆さんがキリストの救いの物語を概念別に三通りに、つまり、14頁(目次頁の後)に掲載した図表〈**救いの構造=《神のかたち》のスキーマ**〉の段ごとに語っていただけるようになることです。実際には、各章の「関係概念」(—1)をつないでいくと関係概念による物語ができます。「実体概念」(—2)、「目的概念」(—3)も同様です。そのことによって、キリストの救いの物語を聞く方々(特に求道の方々)がいろいろな概念の言葉が混ざった説明による混乱から守られるとともに、私たちも彼らのニーズにより焦点を絞った説明ができると思うからです。

私は2019年9月をもって教会の牧会的責任者としての立場を辞し、宣教に専念することができるようになりましたが、2020年のレントの季節と時を同じくして起こった「新型コロナウイルスの世界蔓延」という現世代にとって未曽有の事態のなかで、教会の活動もままならず自宅にいる時間が増えたことで、皮肉にも本書の執筆が思いのほかはかどる結果となりました。今、このウイルス感染による重傷者や死者をできるだけ抑えるために、いわゆる「三密（密閉、密集、密接）を避けることや社会的距離（ソーシャル・ディスタンス）を取ること」が勧告され、人間関係は希薄にされています。同時に多くの人が日常の社会的活動、特に働くことに制限を受けて、生きる意味とすべを失っています。そのことを思うとき、確かに人が「命（実体概念）を失わない」ためにこのような抑止策が施されているのですが、「人との関係（関係概念）が疎遠になること」、そして「働く機会（目的概念）を失うこと」も大きな問題であり、このトリレンマ（三竦み）状態の中で、これら三つの概念のすべてが人にとっていかに重要であるかを、反面的に浮き彫りにしたように思います。

お読みくださって、本書をテキストに学びたい方、その理解をさらに深めたい方、また、色々なところをもっとディスカッションしたい方がおられるかもしれません。その方々のためにはレベルに応じた少人数の《神のかたち》オンライン講習会」を適宜、開きます。興味のある方は、私のメールアドレス　yuichikawano@ric.hi-ho.ne.jp　までお問い合わせください。

月刊誌『舟の右側』連載記事を単行本にするよう推薦してくださった谷口和一郎編集長に、また、元本とも言える前書の内容との重複をお許しくださった、いのちのことば社に感謝いたします。そして、ご多忙な中この企画を受け入れ、より読みやすくするために精力的に編集してくださったヨベルの安田正人さんにお礼申し上げます。前書に続いて本書もまたキンドル版の電子図書として発行しますので、こちらも用いていただければと願っています。最後に、この原稿を前もって読み、アドバイスをしてくれた、人生の同伴者である妻、節子の協力に感謝するとともに、本書を手に取ってくださった皆さんに、神の豊かな祝福を祈りつつ執筆を終えます。

2021年6月　名古屋にて

河野勇一

ヨハネの黙示録

ヤコブの手紙

ペトロの手紙一

ペトロの手紙二

ヨハネの手紙一

コリントの信徒への手紙二

ガラテヤの信徒への手紙

コリントの信徒への手紙一

ローマの信徒への手紙

使徒言行録

マルコによる福音書

ルカによる福音書

新約聖書

マタイによる福音書

聖句索引

著者紹介
河野勇一（かわの・ゆういち）
1945 年大分県生まれ。九州大学工学部応用化学科、大阪聖書神学校、米国ミネソタ州ベテル神学校卒。
現在、日本バプテスト教会連合・緑キリスト教会（名古屋市）宣教牧師、東海聖書神学塾教師。
著書に『神の国のライフスタイル』、『きみは愛されるため生まれた』、『現代を創造的に生きるために』、『わかるとかわる！《神のかたち》の福音』。
訳書にロバート・E・コールマン『大宣教命令のライフスタイル』、リック・ウォレン『健康な教会へのかぎ』などがある。

人はどこから来て、どこへ行くのか？
——《神のかたち》の人間観——

2021 年 09 月 21 日 初版発行

著　者—— 河野勇一
発行者—— 安田正人

発行所—— 株式会社ヨベル　YOBEL, Inc.
〒 113-0033 東京都文京区本郷 4-1-1　菊花ビル 5F
TEL03-3818-4851　FAX03-3818-4858
e-mail : info@yobel.co.jp

印　刷—— 中央精版印刷株式会社
装　丁—— ロゴスデザイン：長尾 優
配給元—— 日本キリスト教書販売株式会社（日キ販）
〒 162 - 0814　東京都新宿区新小川町 9 -1
振替 00130-3-60976　Tel 03-3260-5670

ISBN978-4-909871-50-3 C0016